清代外務部
中外關係檔案史料叢編
——中美關係卷

·中國第一歷史檔案館 北京大學 澳大利亞拉籌伯大學 編·

第四册·路礦實業

中華書局

第四册編委會名單

主　　任　郝　平　胡旺林　John Rosenberg
副 主 任　李巖松　吴　紅　胡忠良　徐　凱　裴麗昆
委　　員　劉毓興　王郅文　劉赫芳　張静雯

編輯部

主　　編　郝　平　胡旺林　John Rosenberg
执行主編　胡忠良　徐　凱　裴麗昆
副 主 編　劉毓興　王郅文
編　　輯　陳燕平　孟飛旺
數字編輯　李　静　葉　斌
參加工作人員　張昊洋　蔡　譽　邢　洲　張静雯　張瑋恩

目録

一

頭品頂戴尚書銜管理熱河等處地方都統松　為

咨明事。案查華商李樹滋、美商劉承恩合辦灤平縣屬

厰子溝金礦一案，前准

貴部來電，酌定礦區，該礦應以窿口為中心，四面圍圓各

距中心十里，共計直徑二十里為限等因。當飭求治局遵照

辦理。正在傳諭該商等來熱聽候委員劃界間，據厰子

溝礦局詹美生來署面請，速派員會同劃定新界，繪具

圖說，再請咨部轉飭該商等簽字，當經電達

貴部，一面照准，派員並札飭地方官會同詹美生前往劃

界，繪具圖說，稟送核辦。茲據候補知縣李文昇、灤平縣知

縣俞良臣稟稱：卑職等遵於六月十一日輕騎減從，同抵該處，

當即往見詹美生，面商一切，即同往窿口，詳度地勢，因與承

界毗連，恐致侵越，遂與該礦師面議，將中心立在大西溝門

山東，至厰子溝腦梁，以西南至梨樹溝梁，以北西至小營梁北

至南陳營子東山，以南四面圍圓均以圖內紅線為界，以直

線計之，各距中心十里，其中心及四面均眼同詹美生立標為

記。至界內山場土地，均與詹美生當面議定，由伊等自向業

主議明山分地價給資開採，如遇有廬墓所在，其打鑽掘

井，必須設法繞越，務與民居村莊及廬舍墳墓，皆無妨礙，

方可開採，以免滋生事端。其自南界繞東界到北界，均以灤平

縣界為止，不得侵越承德府界，即承界有金線，係在十里以內，

亦必劃出，不得開採，以清界限。其餘一切事宜，均遵熱河定

章辦理。遂於二十四日繪具礦圖二張，與詹美生各行簽字，理合

稟送查核等情。到本都統，並據詹美生面請送到礦圖，毋庸

送部，即就近發給一張，由詹美生轉飭華商李樹滋、美商劉

承恩簽字後，再請換回備案。復經照准蓋印，給發並另發礦界執照

一張，一面電達

貴部查照，除俟詹美生領去礦圖，飭該商等簽字後呈

送到日，再行互換分執為據外，所有派員前往厰子溝重定

礦界緣由，相應咨明，為此合咨

貴部，請煩查照，並請照會康使知照施行。須至咨者。

計抄送礦界執照一紙

右　　　　　咨

外　　務　　部

光緒二十

日

附件

為發給礦界執照事照得熱河灤平縣屬廠子溝金礦准外務部來電酌定礦區以窪口為中心四面圍圓各距中心十里共計直徑二十里為限現經本都統派委候補知縣李文昇灤平縣知縣俞良臣會同該礦詹美生重定礦界中心在大西溝門山東至廠子溝腦梁以西南至梨樹溝梁以北西至小營梁北至南陳營子東山以南均以圖内紅線為界其界内山場土地應由該礦商自向業主議明山分地價給資開採如遇有廬墓所在其打鑽掘井必須設法繞越務與民居村莊及廬舍墳墓皆無妨碍方可開採以免滋生事端又自南界繞東界至北界均以灤平縣界為止不得侵越承德府界即承界有金線係在十里以内亦必劃出不得開採以清界限其餘一切事宜均遵熱河定章辦理除將礦圖二張各行簽字蓋印分存為據外相應另繕礦界執照交該礦劉承恩、詹美生、李樹滋收執以資信守須至執照者

二

復美康使

逕復者：日昨

貴大臣偕鐵路公司巴蓀來署，面稱粵漢鐵路經過地

方業已丈量完畢，請電盛大臣趕緊與巴公司商議，

以便早日開辦等因。本衙門已電知盛大臣查照

矣。特此布復，順頌

日祉

光緒二十五年二月　日

三

覆美參贊司快爾

逕復者：本月初九日接准

函稱：據粵漢鐵路公司人客蘭士葛利函稱：日前隨往總

署，請將粵漢附近數處煤礦允准開採，只以未諳華語，不

能將欲開之礦指明地方，兹查明係在湖南之衡州、郴州，廣

東之韶州各府，請按照更註等因。本衙門查本月初七日

貴參贊偕同客君來署，談及粵漢鐵路附近各礦，本大臣

等即面告以此事應由盛大臣酌核可否准。前因，本衙門仍守

前意，相應函復

貴參贊轉達客君可也。此復，即頌

日祉

堂銜

光緒二十五年十月　日

覆美康使

逕覆者，昨接

函稱據容蘭士葛利來禀內論粵漢鐵路一事，茲將原禀洋文附送查閱，該禀內所論各節實於中國大局有益，應請詳細查核等因。當經本衙門將洋文原禀照譯，均已閱悉。查該原禀持論以中國大局利權為第一要義，誠屬可感可嘉。惟所擬辦各節尚覺諸多窒礙，請申論之。如原禀稱湖南煤礦及今尚不思開辦，總署目光太短，衡郴礦地實與幹路相近，欲請准辦，先給憑據等語。查湖南衡郴等處煤礦自國初二百餘年以來，早經土人開辦數千百家，衣之食之皆仰給於此，其開辦係用土法，未用洋法。現該省紳商亦擬擴充辦理，惟囿於風氣，堅持不入洋股、不用洋人，見解牢不可破，若遽准洋人承辦，勢必激之生變。今原禀謂不思開辦及請給准辦憑據云云，是尚未深悉該省情形也。又原禀稱粵漢所需各支路，一由湘潭至廣信，二由湘陰至重慶，三由衡州至桂林，四由幹路迤東至水深之口，如厦門之類等語。查中國鐵路分為緩急次第辦法，除要幹要支業經定議開辦不計外，惟地不過百里、款不過百萬者尚可議辦，餘均從緩，曾經奏明奉

旨照會在案。前

貴大臣來署亦經面談，今原禀擬辦各支路袤延六七省地方，是儼然於幹路之外又增出如許幹路，顯與奏案不符。此次

貴大臣函送原禀，本未代為論說，本署因與

貴大臣交好，故將此中實在情形隨筆及之。此佈，順頌

日祉

全堂銜

光緒二十五年十月　日

統字 號

十月二十日美國公使康格函稱接據客蘭士葛利來稟

内論粤漢鐵路一事昨於貴署晤談時已將其中各節言

及兹按貴衙門所請將該公司人原具洋文之稟附送貴

王大臣查閲該稟内所論各節實於中國大爲有益應行

詳細查核本大臣曷勝盼切特此即頌日祉

五

致順天府府尹何

潤夫京兆閣下密啟者西山煤窑不令洋人干預曾於去年十二

月奏結瑞乃爾案申明禁令惟案查礦路總局於二十四年十

月間有美商施穆夥同段益三開採宛平縣屬魏家溝通興

煤窑曾經咨查由前府尹咨覆在案此事辦理在前且時

閲三年已屬無可補救但嗣後凡有窑厰交易務須遵奏

飭屬詳查有無洋人私行附股在内至該窑户領單税契

過户尤宜切實查明毋令弊混以免口實是爲至要此佈順頌

勛綏

堂銜

光緒二十六年二月　日

六

四附仁 三月初六 青字叁拾号

工

粤漢鐵路鈔案

美總工程司葛利抵滬呈驗文憑信 西歷一千九百零一年三月八號

盛大人鈞鑒：敬啓者，利刻已抵滬，按照中國政府所派督辦鐵路總公司大臣與美國合興公司所訂合同，承辦築造粤漢鐵路並各支路，利業蒙合興公司派為總工程司，茲將所給文憑呈驗，驗訖仍請發還。又附呈駐美華盛頓中國欽使伍大臣函並合興公司總董巴森士函各一件，統希察核。利知政體違和，不能接見，恐耽延時日，故今先往北京謁見敝國駐京欽使，出京之後，貴體康復，即可商議公司應辦之事。巴森士函中業經述及已備迅速開工，利亦願竭誠效力，已籌得美金洋三百萬元，足敷開工之用。再查續約第六款所載：鐵路總公司現在住址如便當合宜，督辦大臣即以此為總局辦公之所等語，請預為布置，俟利出京即可就合宜之處辦公。所有房租等事俟面為商議。諸事均希妥辦，如有

賜函請文禮查轉寄可也此頌

勛祺

附葛利呈驗文憑

美國合興公司為給發文憑事照得合興公司於一千九百零二年正月十四號禮拜二在紐約省那盛街第二十三號門牌俾魯門公事房會議公舉葛利熟悉鐵路情形堪以派委本公司總辦兼辦工程司之職特准此議給發文憑一紙聲明葛利為合興公司總辦兼總工程司

總董巴森士

參贊白蘭斯

寄駐京美國康公使電

茲由電公問貴大臣美國合興公司現派革雷來華興辦粤漢鐵路是否該公司的確實係美國人之公司其辦事主權應照合同於合同期內永為美國人主持請電覆盛

駐京美國康公使來電 西歷一千九百零一年五月五號

盛宮保鈞鑒美國合興公司的確實係美國人之公司據本大臣所知無緣故令其不永為美國公司康格

美國合興公司總董來信 西歷一千九百零一年十二月四號

宮保大人閣下敬禀者頃繕函寄往駐美華使伍公使令將原函鈔録恭呈

鈞鑒閱信後當知本公司現已從新整頓股本亦已科備以備興工造路之用中國目前亂事現已平靖本公司各董事已預備開工以上各事得以奉告本公司甚爲欣悦

近日本公司新選各董事之舉及籌科所需之股本各節前已與

閣下特派來美之代理人福開森君商悉一切

宮保如欲知其詳福君返華後定能詳告

本公司前任領袖總理佛廉士君告知僕云

閣下前曾告知謂現已開工建築萍鄉支路該支路甚關緊要其亟宜從速竣工之處是僕所深知茲謹爲告達

閣下本公司現擬將此鐵路按照合同所載辦理因中國亂事内外交迫前此工程不能開辦想

宮保諒已察及現僕甚願與

台端商一辦法爲接辦之底本請

宮保將已做到之工交本公司承接續辦或由本公司將即派往中國之總辦與

閣下商議亦可

近日外間傳言云本公司已歸別國經理此即故爲陷害之辭現本公司新舉董事之舉實足證謠言之訛本公司各董事其間或有他國之人然管理公司之權的實在美人之手其所以參用他國人者以爲如此債票在他國易於發賣本公司董事共七人中有五人係美人住居紐約城内者且所有在本公司辦事各員以及將來派往中國辦事各員悉係美國人

本公司各事現已議妥僕殊覺欣洽且又各股東舉僕爲董事之領袖以便將來各事得與

閣下續商也耑此敬請

勛安

覆粤漢總工程司葛利信

逕復者接四月十六號

來函具悉種切查派管理處人員一節曾經致電

貴國駐京欽差康大臣請其查復美國合興公司是

否的確實係美國公司其辦事主權於合同期内永

歸美國人主持等情兹接其三月二十七日復電云

合興公司的確實係美國公司據我所知無事故能

致令其不永為美國公司者云云又查於一千九百

零一年十二月四號合興公司駐美之領袖總理柏

臣氏來信云合興公司現在從新整頓公司辦事之

員皆美國人派在中國辦事之員亦必是美國人等

語兹欲

尊處實在答復必照柏臣氏信中之言辦理

閣下有權所派在中國辦事之員亦必須是美國人

乃可一接

閣下妥當回信本大臣即將管理處立定然後隨即請

旨核准前立之合同並請

俞允賜權發給債票耑此復頌

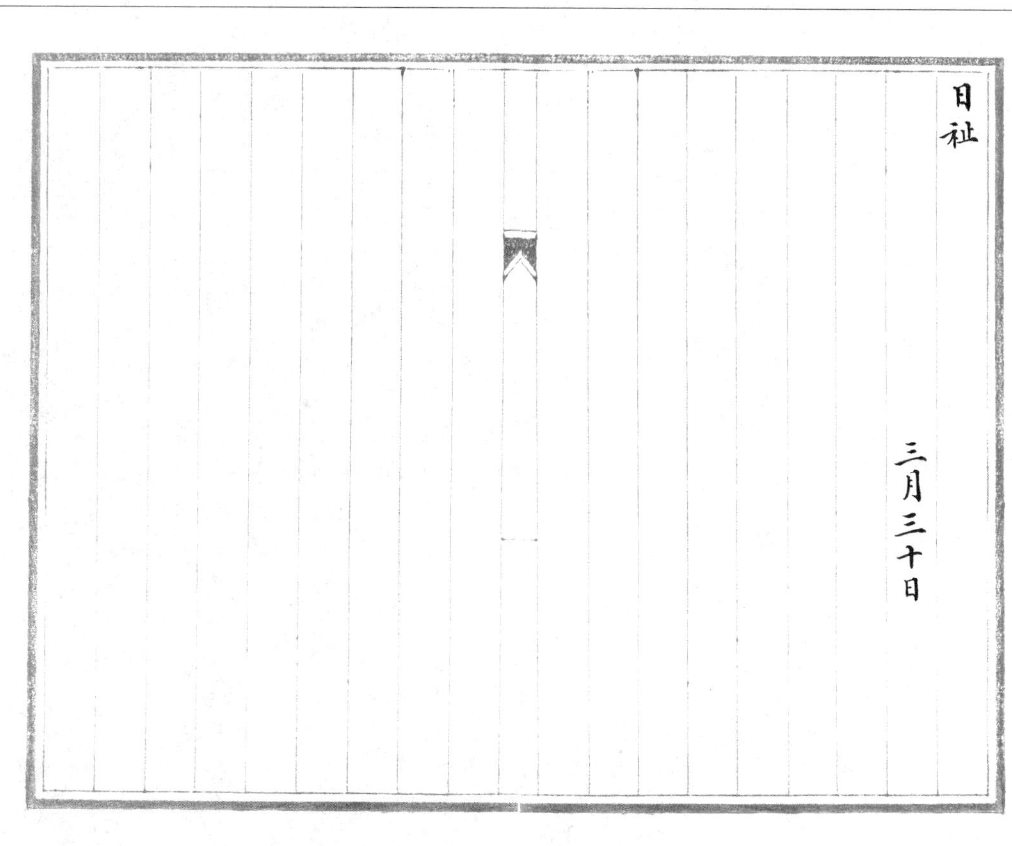

日祉

三月三十日

駐美伍大臣來函 光緒二十六年十一月十九日

敬再啓者頃奉

翰電祗悉查美公司續訂合同後因覩中國時局如斯美人心懷退縮添湊股本不甚踴躍該公司總理人親往歐洲暗中招股旋有比人購去三分之二美人現值三分之一私立合同未來商及經弟探悉切實查詢彼始終不肯直認且言股雖分售與他國而公司名目仍然不改美人斷不肯失此體面弟明知其暗售別人關係甚大惟目前中國事勢未定續約內原聲明逾期不辦可以作廢並聲明美公司不得將合同轉售別國如其將來不遵續約辦理我自有詞現時彼既不肯明認在我似不便與之深論況既經勸阻他日彼當無詞以愚見論似宜暫為含容不下斷語若指實其事異時轉不便駁議惟有姑與委蛇看將來情形若何屆時如果辦理妥善似無庸深究若辦理失宜即可將合同作廢其權固由我操也除於十一月十七日電復外茲特函詳一切是否有當尚乞

高明有以教我專此再啟

升祺並頌

大喜

再美公司售股與比人一事日前李治來署晤談弟向其面詢一切彼於其中情節頗得其詳乞

晤時就近垂詢當可深悉底蘊也再泐並啟

鈞安諸惟

荃照不備

復伍秩庸星使函 光緒二十七年六月二十六日

前奉

惠書久羈裁答比諗

協龢殊俗

宏濟艱危詹望

景光適符忭頌鐵路借資洋債論者僉謂美人力厚

而法靳距華過遠向無利人土地之例是以前年與

南皮仁和奏設粤漢幹路即以籌借美款為請重以

台從榮使米洲殷憂梓里並請就近訂約發孚悉心

調馭凡所籌措上有奏

詔俾宣下有電函往復盖幾盡人皆知美款之決無翻

異也京津事起美以股債售比一如比辦盧漢而法

人為肘後之隱此舉係律師坎黎昂值售現比國大

東公司即以其聞覬估開平其籠罩一切之概固已

應有儘有

另示美股現存三分之一聞係柏森士柏許等糾集

尚視我是否准與比辦為伸縮去留之準

尊議暫為含容不予深究自是老成持重惟西例辦

事之權以糾資多寡為輕重深慮美不敵比即未售

之股亦將盡為比有則名義出入關係極重詰責叢

集無可解免查續約十七款轉於別國即應作廢又

第二十六款出使大臣先行畫押仍須恭候

諭旨批准應請

閣下通權始末面詢柏森士柏許等如其誒次只存

三分之一則轉售他國即為承認證據應否招致該

公司經理人告以此約因亂事未定尚未奏奉

御批業已背議只可作廢惟議廢後設須與殷實美商

另訂合同

尊意有無其人倘暫不作廢此後有無別項窒礙之

處溟渤萬里實難懸揣南洋公學監院福開森請假

回國飭其恭詣

使署面商一切尚望

進而籌之至續約二十五款附修萍鄉煤礦枝路一

千九百年十二月一號以前美公司不能承接繼造

便將此節扣出註銷聽由敝處另自設法逾限已久

開辦無期萍煤為煉鐵命根照約將此路提出飭由

招商局華商自行集股遵辦此係查照合同辦理附
致一函即祈
察閱如應有此知會即請代發為幸泐復敬請
台安鵠候
玉復不備

致駐美伍大臣電 光緒二十七年十一月二十八日

美公司如將利權轉賣他人是違十七款若查有非
轉賣確據事權仍在美三兆用完便可照約續售票
請即訂小票格式候核奏刊宣勘

駐美伍大臣來電 光緒二十七年十二月初二日

美公司六千股比人購去四千現仍由美人出名董
事美五人比二人事權尚在美據稱合同並無轉與
他國人未違十七款三兆元應按第四款交出售押
之小票交繳云候示即訂小票式廷冬

駐美伍大臣來函 光緒二十七年十二月初三日

敬再啓者前奉
手教祗聆一是適因福開森來美僅謀一面遽赴歐
洲未及細商各節弟於奉
函後迭晤柏森士並經明查暗訪偵察情形查得美
人公舉柏森士為總董專在美國籌畫一切該公司
重新振作計集成本六千股每股美銀一百圓合計
股本六十萬圓前經售與比國者三分之二無可索
還美人現存三分之一惟現在仍用美人出名做股
柏森士為總董其餘董事七名内止二名係比國人
此外皆美人美人股中有著名巨富之摩近一人而
占六百餘股其人不允充董事而一切借債之事允
為擔承似屬可靠至欲議廢此約弟意中未有別人
可與另訂合同者且美人現甚踴躍亟思開辦諒未
必肯讓比人攬權雖西例辦事之權以糾資多寡為
輕重
尊處美股不敵比人之多則未售之股亦將盡為比
有誠為洞中肯綮此事弟亦經慮及第論者以為比

國弱小事事必藉大國以為維持前此盧漢鐵路所
以牽涉法人者原欲借强國之勢以保商利近聞法
人事事攬權比國人心頗貽後悔今依附美公司甘
不出名其意專在謀利未必將來復牽涉他國附會
其中是說之確否弟未敢臆斷尚乞
高明有以裁之邇來美人急催開辦柏森士殷殷請
訂小票格式據稱現已先集美銀叁伯萬圓以備開
辦之需計現經做到美國人作主且比人之股現仍
用美國人出名似已如
尊示辦理當於十一月二十一日馬電上塵
尊聽旋於二十八日奉
勘電開美公司如將利權轉賣他人是違十七款若
查有非轉賣確據事權仍在美三兆用完便可照約
續售票請即訂小票格式候核奏刊等因查美公司
股份現用美人出名董事七名美國人五名比國人
二名是董事亦美人居多似事權仍在美尚屬可信
至其將股售與比人之處據美人自稱將來亟須贖
還多少其言姑不深信惟該公司各人堅稱比人所

購祇係股份並非美公司將合同轉與比人與續約第十七款尚無違背。又三兆之數現雖籌備但彼須按照續約第四款美公司交納第一次造工應用之款無論出自售賣或揭押小票之款或籌墊之款但所應交若干係須按照每次交出售押之小票若干交繳似此必須酌定小票格式由
尊處奏刊後交出售押之小票照第五款存在受託公司或庫房隨時交銀當於十二月初二日電乞
指示以上情形電文簡畧用特函詳統祈
俯察是幸專此再啟
籌安

復駐美伍大臣電 光緒二十七年十二月十六日

權既在美請即訂擬小票式咨送敝處再與外部路局商妥奏准方能出票柏森士來滬確否宜諫

參贊陳道善言來禀

敬禀者頃晤喜利詢及新聞紙所載比國購去美公司粤漢鐵路股份大半之說確有其事否據云並無其事。此乃舊日新聞再為覆述而已

美總工程司葛利來信　光緒二十九年十一月十二日

宮保大人鈞鑒頃接紐約來電着將各處路工除造完三水一段外均即停止故已通飭湖南工隊即日離省並廣東南段幹路亦即停工現下由漢口至粵垣一帶所有弁勇通事與夫一切司事均無所用須候紐約續信方能再定請

憲台即將此情飭知各該員俾得明白停止薪水之故也此頌

日祉

致駐美梁大臣電　光緒二十九年十一月十四日

請詢柏除三水外因何事停工所用人員不先知照何能辭退宣

駐美梁大臣來函　光緒二十九年九月二十六日

七月二十五日肅布一函度達

左右頃奉七月十三日

手教並英文提票格式三紙適美公司董事惠第爾由滬歸來暢述一切知葛利辦事已能漸就範圍不勝忻慰提票格式已交柏森士據稱俟與各董事及律司商妥再行奉復俟接復函謹當奉

聞此節與誠前函所擬受託公司發票以督辦大臣

批准之工程司估計單據為憑辦法相仿加以英文

單據三項處處鈐束尤為周匝非

碩畫精詳何以臻此近日西報屢言美公司比利時股東有衝突之事誠查美公司自原日領袖人上議紳布賴斯故後股東意見不齊又值北方有事警深風鶴遂將老股本暗行出售計由比利時人購去者約三分之二美人僅占其一當時並未知照　秋庸侍郎公同酌議也自是而後美比兩處股東辦事每多齟齬深賴柏森士等從中調停不至決裂即如葛利之事亦未始非意見紛歧所醞釀而成也昨柏森士

來談及此事歷述為難情形並云擬有三項辦法一以美人現有股本全讓歸比利時將美公司一切利權推出由比人專辦二請由
宮保主持所有造路工程一切事宜專認美公司美董辦理別人不得攙惑三如以上兩項均不便行即將工程各事劃分地段何處由美董辦理何處由比董辦理均請
宮保指出分認以一事權總為轉請
核奪等語誠思粵漢鐵路交由美人承辦原以美國素不生事可無借路侵權之虞其政府勢力雄厚可均盧漢比法之勢我
宮保偉謀藎慮實有深意存乎其間今若將美公司利權概讓比人流弊實多隱患尤大他日言者必以為南北幹路盡入俄法之手矣第一項辦法斷不可行至分段指交之說雖在美比股東似乎均平利益可泯爭端然合同係美公司出名辦事亦由美人領袖當初出售股本我未與聞此時股東爭利我為剖斷無論明認比股諸多不便且係美公司之事應由該總董等自行調處則第三法仍須斟酌也惟第二法所稱造路工程專認美董別人不得攙惑係為專責成利工程起見於大局尚無窒礙謹就現在情形見聞所及質直附陳用備
采擇應如何復答施行之處伏候
卓裁專肅敬叩
崇安伏惟
鑒照

致美京梁大臣電 光緒二十九年十一月十七日

柏擬第一第三均違合同不能行應堅持第二事權專認美人。葛呈帳内有比京辦公等費甚詫異合興人員及其費用應該公司自給我不能認如美違背合同轉與他國人便應作廢事關中美體面柏應全力認定十七款辦事路工斷不能停候復宣霰

葛利致美公司電 光緒二十九年十一月十八日

昨謁盛宮保所有意見一概消融蒙諭照合同十七款祇能專認美國人别項議論均不能行已電梁星使路工萬不准停等語弟當即電粤照常開工取信於宮保並為保護美國人利益起見此舉實不容緩不用比人幫助尊處究能辦成否事機吃緊務速電示總之我等處處必須尊重盛宮保並事事必照合同各節辦理

致美京梁大臣電 光緒二十九年十一月二十八日

美比爭權柏究有力抵制否請告美外部責令合興認定十七款中國祇認美國人宣勘

致京伍侍郎轉交美國康公使電 光緒二十九年十二月初二日

上年五月貴大臣來電美國合興公司的係美國人無緣故令其不永為美國公司等因現柏森士先令葛利暫時停工據葛面稱係有他國人爭權之故梁大臣電稱柏難抵制殊出意外果爾不僅違背合同十七款並與貴大臣前電不符事關兩國體面望速電達貴政府責令該公司務照合同堅持如柏力不足務請美商有力者助之或代之以符原約倘合興竟轉與他國則廢約之過不在我也盛宣懷

致京伍侍郎電 光緒二十九年十二月初三日

鎮東函稱比與美爭路權柏森士擬美比各分一段辦理弟力持原議只認美公司頃震東電復柏難抵制外部稱無權據葛利云如柏勢孤須得美人有財力者方能承當公前謂排吁新東有力川漢難速成請公與排吁面商如得其新公司合辦或能剔開比股事屬公與弟原議乞速商示復宣江

致京伍侍郎電 光緒二十九年十二月初三日

葛利接斐倫密電柏森士將讓比人與上年康使來電相背頃致康電請即轉交美廷不干預商務此係交涉極關國政望面與康商如柏力不足能勸排吁新公司接辦可存體面宣江二

致京伍侍郎電 光緒二十九年十二月初三日

中土鐵路俄法居多粤漢初議專借美款實為大局嗣聞比人買票無異法款幸公來函電力主美公司不改今柏森士忽欲與比合辦非為力絀即為利誘若如此議者必歸咎我二人弟必力持美合同乞公與康使排吁速商辦宣江三

伍侍郎來電 癸卯十二月初六日

江一二三電均悉致康電已轉交面商據稱如合興公司違約是咎由自取經電美外部請警該公司又晤排吁據稱如葛利徑電來京則合辦情形即可商定廷魚

譯美公司總董維德阿洋文來函西正月十六號即華十一月廿九日甲辰正月初五日到

一元復始萬象更新寅維

起居迪吉

福祉日隆慰如所頌聞葛利現在回心轉意甚爲欣

慰憶去夏弟曾力曉以該路是我們代中國而造凡

合同各欵務必遵守爲謹今彼始乃曉然於此理之

真確也

閣下所言甚是而句句亦爲弟之比國友人所心焉

投合也

現時錢業市面大爲窘亂故美人於續行墊欵一事

頗有遲疑觀望之勢其實須俟售出小票方肯出資

查有銀之國者只比國耳惟望市面將有轉機

前日在美京得晤梁星使談論之下歡洽異常至遇

有詢問之事遲於答復者大約在所難免惟此必非

弟同事之過也

至前曾面許竭力代謀將總工程司及代理人職位

分開一節此事因有諸故致時延一時尚爲未定惟

望早日決辦可也總之最要者我們所派之人須爲

閣下所悦意而友視華人者方可此意葛利當初應

要早知順受乃今始明白而於電報聞滿口稱言此

所謂遲勝於無望自後各事均可平順矣

此事無論比人有何占益在内仍係純然美人之事、

凡工程事宜、均由美國出令、此層望

閣下不可畧過至辯論美公司股票誰人得多誰人

得少甚屬無謂因股票日日可以轉售而股東册籍

亦可日異也、此時我們注意者是要造成一條鐵路

於中國聲望好於中國商務有益亦爲我們争面子

也至凡關各人私情之處弟均欲闕然不論此頌

升祺

譯維德阿西正月十九號來函 甲辰正月初五日到

前日寄呈寸緘計登

台覽今因葛利身居本公司屬員而舉動多有不宜之處特再申言之

本公司股東無論美人或比人最為友視華人及敬重

閣下此層望為深信不疑

去夏弟力欲曉喻葛利謂我們建造此路是代華人辦理務必與

閣下和睦此意他從未允受而其行徑議論均屬最為詆辱不合嗣後弟亦曾將此事函責他詎彼置於不答今乃變計前時詆毁華人者轉而詆毁比人也我們一向已認比人於此生業占有分子惟築造及管理之權仍屬之美人至股東隨時可以更變則現為股東者將亦可停止也我們本欲築成一條鐵路故派葛利到中國者亦專為此事令葛利詆毁華員俄員或比員甚為無理取鬧誤用其心思也

憶去夏弟與

閣下交談之際彼此甚為洽浹弟亦曾將自己意見説明與裴式楷及别位知道現弟之心意亦與前一樣無所用其更改也凡事

閣下時常可以信得弟處無不協力幫助以盡友誼也此頌

升祺

復美公司總董維德阿洋文函 光緒三十年正月初十日譯發

敬復者，昨接西正月十六號、十九號來函，欣悉
台旆安抵故國，並欲將在滬時彼此商允之件竭力踐行。在弟處只願粵漢鐵路悉照合同築造，查合同第十七款載明美國人不能將此合同轉與他國及他國之人。弟雖與各國均有交易，而並無偏愛一國之私見，惟與外國公司交涉，必要其遵依合同辦理。粵漢鐵路合同是與美公司訂立，故其辦理之權只能認美人而已。

所願者美公司設立妥章，使在事諸人無所齟齬，設有爭執，亦不致阻碍路工。此數月間之作難，甚屬無謂，而管理處未能悉照合同操其管轄之權，亦為弟所深惜也。查續約第六款，管理處應有管理造路行車之責，豈容美公司代理人或總工程司所侵奪乎。倘
貴公司能謹遵合同辦理，日後定無為難之事，在弟處定然飭令凡由弟所委派之員亦恪遵合同行事。此次難端將來得和平了結，實賴
閣下調處之力。用特致謝，並候
台安

比領事薛福德來函 癸卯十二月初七日

啓者照得外間傳言粵漢鐵路事宜將由比商経管擬更調前次訂定合同章程等因今本總領事接得本國駐京欽差電稱比人並不願意違背前約更改經辦事宜至外間傳說紛紛甚不足信屬為轉達
貴大臣查照等由准此本總領事滿擬親詣
台端稟明一切但悉
貴大臣稍有微恙是以未敢往擾用特轉函奉布即請
貴大臣查照電達駐美中國欽差將比人擬改經辦粵漢鐵路一事申明此係傳聞失實並無其事即希
貴大臣查照施行為荷順頌
日祉

比領事薛福德來函 甲辰正月初五日

啓者西正月廿三號曾遞寸函內詳比人擬欲更調經辦粵漢鐵路一節申明此係傳聞失實並無其事請電達駐美華使以息謠言等情諒邀
台鑒矣茲本總領事於本月初旬接奉比京電稱有人傳說粵漢鐵路比美兩國擬分開經辦此說甚屬虛假在比人並無更換之意至此等謠言想係某公司內司事人員此人預知將欲撤差藉以執仇等因准此本總領事接准來電合應備函奉達即請
貴大臣查照為荷順頌
日祉

致出使美國梁大臣函 甲辰正月十二日

上年冬月接奉
惠書以柏森士擬有三項辦法第一第三均不可行第二法造路工程專認美董別人不得攙惑於大局尚無窒碍函商答復等因爾時適葛利接柏森士西十二月三十號之電飭除三水一路外餘均暫停工作詢葛何故即係比美争權弟以停工駭人觀聽並函致
處向柏争折郵程有三四十日之久羈誤事機是以疊用電達詢柏力能否抵比並懇向美外部堅持駁阻務照合同第十七欵美國人不能將此合同轉於他國及他國之人全文字義始終照辦嗣接復電柏難抵制外部無權因憶前年五月合興開辦葛利甫經抵華之日駐京美使康格曾電致敝處有美國合興公司的係美國人無緣故令其不永為美國公司之語即託秩庸侍郎面詢該使何與前電不符並屬轉電該國政府萬一柏力不足或另請美商有力者出而相代以示中國始終祇認美人之意該使亦電允轉告而此事迄未結局至葛利自接柏電以後即力言從前意見參商俱非本意現為美人争此體面務求協力扶助照約堅持並云比黨攙入係布賴斯身故後其經理善後之人私將合興公司創辦股份售比三分之一實則該公司宗旨凡有中美商務皆可攬辦鐵路祇商務之一端不能包括全體現催布賴斯之子由華兼程回美與柏共籌抵制美力必可勝比等語葛之急而求我意謂比黨繁言一恃比人墊欵較多二因葛利辦事專恣與弟處疊次齟齬比即乘機傾美冀造路多用比工因此俯首帖耳誓後不再踰範弟於葛利無所成見前函業已澈聽就此秉公論斷亦斷無袒比攻美自背原議惟管理處有總管造路行車之責係中美兩家公同主政決不能任美工程司一人專擅而其關鍵總以悉照合同辦事六字為斷葛既願改前非自應許以助力該工司旋因事赴粤電稱轉據布賴斯之子來電争權事美有喜色定於西二月二十二號比人往紐約與美股東摩根商定再將情形續電並稱柏與小布

均催葛利去美協商擬三月十號由滬啓程各等語
想此時正在磋商其如何就緒情形務求
摘要電示詳細函慰為託昨接惠迪爾來信歷言葛
利先詆華人嗣詆比人深背中美合辦之意並云銀
市艱棘其能醵資附股者祗有比人惠素黨比立言
自應如是茲將弟復惠之信錄請
接洽設惠來見亦求將此意答復為荷目前最要者
葛利回國其代葛之人必應美籍、又將來議定以後
無論比有附股與否總公司專認美公司美董辦理、
不認他國此意務祈
台端與柏森士譆切訂明俾免誤會日俄久戰商務
益疲來日大難同深憂惕肅泐敬請
台安不具

附再啓

頃聞比人私議此次派人赴美商議如中美堅持只
認美公司則比國不願出資。願讓美公司獨辦故惠
迪爾來函甚言比有股而美無資據美人排吁即美華公
司初議之人又譯稍柏許去冬來華商辦川漢鐵路者謂美商並

非無股只因現在首董柏森士不是財主如能舉一
財主素有聲望者自能不招自至此言實有至理美
股中惟摩根最富能否勸令摩根為首座柏森士是
一工程司曾來中國勘路似係粗疏一路其所用葛
利一味恣肆不特在管理處辦事毫無條理即廣東
工程屢次滋事亦由其所用之工程司挾妓飲酒無
惡不作自開辦以來動用款目迄未開報近因惠迪
爾回美欲去葛利乃來相懇願改前非然其頑性將
來能否痛改誠亦難料惠迪爾雖較柏森士為人和
平但係比黨總望柏森士惠迪爾兩人之外另有一
切實人為首董、方能一勞永逸、又聞柏森士開銷甚
鉅美公司所用之款照路局借款章程中國不能承
認即如葛利薪水我處只能認付總工程司應支者
其代理人薪水應由美公司開支好在葛利合同亦
未送交閱看大約葛利辦事固違合同柏森士辦事
亦不能照合同康使電美外部請警該公司之後未
知若何比人到美與摩根等會議之後又未知若何
喚回葛利未知去留若何即祈

查明電示是所至禱附抄清摺三扣並乞

察核再請

台安

紐約美華合興公司來電 甲辰正月十九日

本公司派美德暫當總工程司之職望閣下核准又按照合同派經士科當本公司代理人美華合興公司

寄駐美梁大臣電 甲辰正月十九日

合興派美德暫當總工司應核准代理人何以不是美員與總公司專認美人之意不符美公司屢違合同恐終須廢約務請轉商宣

寄伍侍郎電 甲辰正月十九日

據合興公司電稱本公司派美德暫當總工程司望核准又按照合同派經士科當本公司代理人等語當復美德既係美員自應核准代理人何以不是美員與總公司一向專認美人之意不符云查美公司辦事屢違合同恐終必須廢約務請與康使酌商宣效

伍侍郎來電 甲辰正月廿一日

嘯效電悉康使尚未接外部復康云祇保守約之美商不袒違約人也廷馬

美京合興公司來電 甲辰正月廿三日到

經士科不過暫行代理將來如有合式美人可充代理人之職定必派委閣下能否即派福開森前來費用由本公司出各事均可調停妥當美公司

復合興公司電 甲辰正月廿九日

尊處允派美人充代理人之職慰甚必如此方為合格福開森允派前來感

梁星使來函 癸卯十二月初十日發 甲辰正月十八日到

杏蓀宮保閣下敬肅者十一月十四十八二十八等日迭奉電示委詢各件業經隨時與美公司總理柏森士面商分別於二十一日本月初二日兩電復陳計達冰案電文簡畧一切情形未能詳盡謹再為分條縷述用備省察

一英文提票格式據柏森士復稱原定合同未經聲明礙難照辦

一代理人及工程司分任一節據柏森士函稱擬派斐倫為該公司代理人至總工程司一席堅稱為公司所派之人按照合同應由公司自理

一路工停止經誠函詢柏森士並往紐約面詰已電飭葛利照常開工

一比京辦公等費據柏稱美公司派有董事二員常駐比京專理購買材料押售股票等事為該公司駐歐代理人其一不領俸薪其一係兼美公司副總理年俸六千圓並准其開支房租書記等費

一前聞美比有分段辦理之說此說倡自上海電傳至美西報遍登面詰柏森士據云美比爭權原為購料用人起見故欲彼此均分各沾利益作為調停辦法雖有此意尚未辦到

一美比爭權柏究有力抵制與否一節查公司通例占股多者權力較大比股居三之二美股斷難與爭現在公司由美人主政美股東如摩根俾路芒等尚肯以全力相助若事機中變勢必彼此觀望而全股折入比人之手即就現勢而論比股東若羣起作難辭退柏森士另舉比黨如惠惕爾之類總司其事則美公司徒擁虛號而已柏擬設法收回比股未嘗不慮及此着惟聞比人持之甚堅未必願意售出也

一請美外部責令合興遵守合同第十七款一節誠自奉電後即晤美外部海約翰亦謂該公司不應違背合同致多窒礙惟訂立合同美外部既未與聞該公

司亦無美政府股本、美為民主之國、按照憲法不
能干預、誠答以所稱各節盛大臣皆已知之、祇以
美公司辦事違背合同若始終固執、必須廢約、特
行知照貴部存案以杜他日爭論、誠復於十二月
初九日即西正月二十五日專函柏森士聲明按
照合同第十七款中國祇認美公司辦事如該公
司將利權給讓別人必將合同作廢使知我之宗
旨重在按照合同不容其任意含混顛倒解説也
聞該公司售出匕股、仍由美人出名代理、處心積
慮既狡且密、實未便執為背約之據、容探訪再布
一餘利小票即所謂第便乂者按照合同亦應簽名
蓋印與借票一律辦理惠惕爾第謂應速將此項
小票簽印備用柏森士謂刊印之費過鉅宜造總
票一張存公司俟分餘利隨時支取誠答以此項
小票原為分餘利之用目下路未造成餘利尚無
着落儘可稍緩將來仍須仿照借票五百一千之
數分張簽印較為妥協彼等亦遂無詞
一抵押借票辦法經　誠向惠惕爾柏森士查詢據云
押票者係將借票若干向銀行抵押現款需款多
則多押需款少則少押按年付息若售票則借票
售出之日中國即須付利較之押息為多且路工
未曾估定需款多少未由懸揣而售票款項不能
任意增減倘售出之款多於需用之款暗中折耗
亦屬不少不如押票得款較為活動現在路工估
計已有確數自可酌量提票出售以濟工需且省
佛行車所得進款開支利息可資周轉大約此後
非有額外之需或不再將借票抵押矣
以上各節或得之柏森士復函或由柏面答或由別
處訪聞一切情形尚不十分歧異惟其處處以合同
為詞支款用人均不許總公司過問實屬無理誠職
守所限不能侵越然於傳達
尊恉之時亦曾極力與爭舌敝唇焦事仍鑿枘抱歉
萬狀惟近日葛利致柏森士電頻謂合同必須遵守
督辦必須協助否則大局有礙語意備極和平非復
昔時桀傲氣象皆由
藎謨周密卓見堅持彼之伎倆已窮不得不幡然思

改此後必將範我馳驅矣謹將往來函件照錄呈上
伏希
飭譯存覽是為至幸專肅敬叩
台安
附洋文

梁星使再啓　十二月十一日發　正月十八日到

敬再啓者前日在紐約晤柏森士將所稱選派總工程司應由公司自理一層再三駁斥並告以葛利事事倔强不聽指揮若再遷就於鐵路辦事大有窒礙美公司股東亦未必願意斷不宜為一人之私計礙全局之利益柏森士亦為之動容頃聞公司會議擬將葛利撤換想當能辦到也惠協爾由滬旋美曾將情形報達比國股東亦頗不直葛利所為且能主持公論經誠密託惠協爾鈔取一分茲特寄呈
冰案飭譯備覽為幸美公司售出比股當時未曾商之
尊處亦未知照使署誠與柏等函信往來迄未明認昨又面告柏等比股一層我國政府及督辦大臣斷不允許以後美公司辦事若不堅持到底縱不違背合同字面實已違背合同精神督辦惟有廢約之一法而已連日察看情形美公司顧惜利權或不敢過於偭越比股東若不遇事爭執當有轉機倘復如前翻覆實未便再為隱忍致誤要公務祈

卓斷將擬廢合同緣因由
尊處函告美公司俾知警懼或可就範敝處十二月初九日致柏森士函已畧為宣布矣專肅再請
台安伏惟
賜詧

附呈惠㒀爾來函一件函報比股東情形一件

致駐美梁星使函　二月初四日

專啓者柏森士葛利互相鉤結種種伎倆殊堪痛恨今柏退總理葛辭工程皆有自取之道而中國總公司實已大受其累敝處上年十一月十七日電致
尊處以葛利呈帳內有比京辦公等費甚為詫異云云當時尚係葛利預遣舌人將帳略交總公司中一員閱看尚未公然冊報也敝處明知其必有隱病始為此曲折嘗試之計以探從違適值美比爭權正劇之時故即將比京用費不認一條預為揭破以助美人理論之力電語所及意屬於茲事過情遷私以為葛雖預為嘗試要不敢冊報受駁即
尊處屢催柏交帳而柏終不交閱其虛偽已可概見不料葛已訂於正月念六日起程即西三月十二號忽於先二日來函并附美公司來帳及柏森士去年西十一月二十三號來信二函柏信之謬妄葛函之巧詐敝處復葛信之直截特此鈔呈
台覽葛之語病即在函中所云柏之二函係伊去年西十二月收到等語收信在上年西十二月而錄送

在今年西三月動身先二日之前中間頻使舌人陰
探准駁以施其至巧至詭之法尤可笑者函中又謂
若敝處能於其動身之前將帳目核准則甚欣感並
有餽送報效等語希冀倉卒之間迫不及察受其愰
惑殊堪痛恨查核冊報既無公司一人簽字亦未嘗
用公司紙帳情事模糊顯有破綻帳中不但有北京
用款明受指駁且將美公司辦辦經費美公司人員
薪水及公司費用應由美公司自行支給者亦納入
粵漢鐵路支帳之内計五十餘萬金元之多此條並
為葛之舌人嘗試時所送帳畧之未及在葛亦知難
以辦到故於冊報中胡亂牵入以期含混可謂謬中
之尤謬者矣當將該項帳略全行發還責令剔除美
公司自用之款另行據實報造呈核以示不可朦蔽
此葛利瀨行交帳詭計受駁之公案也合興辦事種
種胡塗歷查開辦以來如美比爭權事多轇轕於約
不符固其顯者大者而其他用人行事一味專擅竟
忘其借款仍要中國歸還本利也者以及支款停工
屢違合同均有不能令人放心之處適接美公司來

電請派福開森赴美費由彼出是以復電准照前往
就近密查公司一切情形該員秉命而行當能體察
事宜隨時面商
尊處妥慎辦理應如何允協之處伏乞
面示機宜俾無舛誤惟重煩
藎謀籌畫重洋萬里緬企
賢勞曷勝欽佩專泐敬請
軺安不備
計鈔件

梁星使來函 癸卯十二月十八日發 甲辰正月廿三日到

杏蓀宮保閣下敬肅者本月初十日肅布寸緘並呈與柏森士往來函件計上元前可達冰案十一日（西正月二十七日）柏森士來函錄送該公司所復美外部函一件開列辦事各員名籍謂公司股票任人購取係向來公司辦法外人佔股董事無權限制等語意在將私售比股一節影射彌縫狡詐萬狀而於敝處西正月二十五日之函並不切實覆答尤屬故為趨避誠當於西二十九日再致一緘聲明我國家斷不承認此等復詞仍須按照合同第十七款辦理該公司始算能盡踐言之責並將原函錄送美外部存案茲將往來兩函錄呈鑒察昨日駐美比使孟說來言奉比外部文向美政府聲明比股東並無攬權之事蓋以聲息不佳恐我廢合同則美國諉咎比人也比使謂比人雖佔股票志在利益不在事權現在葛利辦事不合於路政大有關礙比外部亦以易人為然蓋欲探我之意旨是否於比人佔股一層始終堅拒也誠語以合同訂明祇許美公司享此利益今美公司售股外人敗壞成約若不急圖補救我總公司未必能默然息耳連日探訪美公司更換葛利事在必行若能於大聲疾呼之餘兼用旁敲側擊之法比股雖不能全數收回此後辦事用人大權當不虞旁落閣下堅持定見足以隱懾詭謀誠仰承下風昌勝欣企餘容續布專肅敬請

台安惟希

澄詧

附鈔件

致駐美梁星使函 二月初四日

正月十二日肅布一緘並復惠迪爾洋文信副張十三日復加布一函附鈔清摺二扣計各件早登
荃照正月十八廿三日接奉去臘初十十八日
惠書迴環展誦具徵於認定美公司宗旨
籌慮精詳言論信函處處周密自可杜彼等一切專擅之計至為欽佩另承附各洋文函件及惠迪爾函報股東情形一件葛利恣肆惠函力攻美比意見參歧藉可略見敝處前復維函其大意但有堅持合同之定法專認美公司及整頓管理處等語適莫脅捐惟義是宜而已夫美比何爭無非破壞合同攬權自重管理處為工務總樞中美兩家公同主政查照續約第六款詞旨極為鄭重彼等皆視之蔑如即中西人員意見不同應由督辦大臣與美公司代理人會同商酌一層亦做不到政由甯氏祭則寡人此敝處所由不得不力圖更始也提票格式互相箝制為一定不易之辦法與
尊處前函卓議相同而獨為柏森士所不許我欲究密彼欲疎落試問若無一定格式則敝處事事隔膜將来但以總工程司一語為憑流弊所至安見不可揑造督辦大臣已經核准而誑合興公司迨至合興向受託公司提取過付敝處遲遲察覺已難挽回前者九十萬金元即係明證此提票格式仍當重申前議也葛利總工程司一職經美公司電稱另行暫易美德而以經士科為代理之人當復一係美人一非美人合興辦事屢違合同恐終廢約曾於正月十九日錄電寄請
台詧並電　秩庸侍郎轉商康使嗣復云祇保守約美商不袒違約人廿三日接美公司復電以經乃暫行代理將来如有合式美人定必派委等語彼既懼我廢合同則漸次可就範圍亦可准與商量以期盟好另函所照委派總工司洋參贊福開森赴美調處一節凡未盡事宜與函牘所難及者敬祈
台端接見之下使之暢所欲言以期周妥届時並求
指示一切俾收指臂之效是所至禱專泐奉復敬請
勛安

致出使美國梁大臣咨飭總公司洋參贊福開森札文 甲辰二月初五日

為咨會札飭事照得中國鐵路總公司與美國合興公司訂立條議借款建造粵漢鐵路自上年以來屢有齟齬之事總工程司葛利辦事專擅不合事理種種為難情形直至今日乃有股東内他國人争權之説查合興公司實係美國公司粵漢鐵路借款續約内載明美國人不能將此合同轉與他國及他國之人等語鐵路為權利所關與中國大局相為維繫無論明售暗替美公司斷不可行美國政府素不干預商務憲法所在本大臣夙所知悉惟鐵路關繫重大深恐以商務牽動交涉於國政有關諒亦非美國政府所願恕置中國此時自應及早查察切實聲明未便稍事含混茲查有總公司洋參贊福開森係屬美籍現經派赴美國面商

貴大臣出使美國梁大臣將粵漢鐵路各項情形妥籌辦法隨時電稟本大臣核定庶可保守中美合同免致中廢所有應辦一切事宜另已分條指示以上各節除照會美國駐滬古總領事轉達美國駐京康大臣及美國外部海大臣查照並咨明札福開森赴日前往妥商辦理外相應咨會

貴大臣請煩查照遇事即與該參贊福開森妥商指出使美國梁大臣查照外合亟札飭札到該參贊即便遵照赴日馳往妥商示辦理為荷須至咨者辦理具復勿稍遲延切切此札

致美國駐滬領事古納照會 甲辰二月初五日

為照會事照得中國鐵路總公司與美國合興公司訂立條議借款建造粵漢鐵路自上年以來屢以齟齬之事煩擾

貴總領事商酌一切實深感荷總工程司葛利辦事專擅不合事理種種為難情形直至今日乃有股東內他國人爭權之說查合興公司實係美國公司粵漢鐵路借款續約內載明美國人不能將此合同轉與他國及他國之人等語鐵路為權利所關與中國

大局相為維繫無論明售暗替美公司斷不可行

貴國政府素不干預商務憲法所在本大臣夙所知悉惟鐵路關繫重大深恐以商務牽動交涉於國政有關諒亦非

貴國政府所願契置中國此時自應及早查察切實聲明未便稍事含混茲查有總公司洋參贊福開森係屬美籍現經派赴美國面商

出使美國梁大臣將粵漢鐵路各項情形妥籌辦法隨時電稟本大臣核定庶可保守中美合同免致中廢所有應辦一切事宜另已分條指示以上各節相應照會

貴總領事希即查照並請轉達

貴國駐紮北京康大臣

貴國外部海大臣請煩查照俾利遄行望切禱切須至照會者

致福參贊函 二月初五日

逕啟者此行以保全中美合同為宗旨若照前董柏森士稟復 美外部之朦蔽及惠迪爾來函所言美國商人買小票之難則與合同大相違背本大臣雖欲保全合同恐不可得矣正月二十一日本大臣接 兩廣總督岑制台來電所云於南方大局有碍請設法力拒等語特此抄送閣下閱看本大臣竊恐 兩湖總督張宮保聞之亦必大以為不然力主廢約所謂粵漢鐵路地方係 兩廣總督兩湖總督二人之責本大臣斷不能强其遵行此違背合同也正月二十一日本大臣又接 外部伍侍郎來電駐京美國康大臣云祇保守約之美商不袒違約之人本大臣今已照會 駐滬古總領事轉達美國外部海大臣請其查照辦理貴參贊行抵美都先晤梁大臣之後應即謁見海大臣將本大臣之命意詳細稟告並將中國所以將粵漢鐵路切託美國公司辦理實係深信美國斷不料已在美國公司責任以內之事乃由美國轉送與他國之人想美政府亦如中國政府從前未及知之也今既知有此種希奇之事務望美政府視此鐵路為交涉有關之事趕緊設法補救力舉美國殷實公正之人為總董飭令美公司將中國遵照合同只認美國人五十年到底不能更改是為至要另列訓條即希貴參贊遵照索取美公司回信迅速電稟核奪勿誤此頌籌祺

名另具

附抄件

大清國欽差鐵路大臣太子少保尚書銜前工部左堂盛為
給訓條事今因美國合興公司代辦借款建造粵漢
鐵路應以保全合同宗旨為要義特派總公司參贊
二等第三寶星三品銜福開森前赴美國查察並切
實聲明合行給發訓條如左
一粵漢鐵路合同係與美國合興公司訂立者因該
公司確是美國人之公司故中國總公司專認美國
人始終不認他國人
二查照美國合衆國律例及紐約省例是否可准他
國人分買股票即云於例無礙而粵漢鐵路合同已
經訂定專認美國則凡美公司總董各員祇能專用
美國人
三因專認美國人之故則凡駐華代理人管理處議
員以及造路行車各項頭目應始終到底悉用美國
人
四以上各節合同期內自應奉行到底不能違背亦
應設法使買股票之人一體知曉不能朦蔽
光緒三十年二月　初五日

致福參贊函二月初十日
逕啟者本大臣仰體中國
國家俯察中國商民而以粵漢鐵路託之於美國公司其
心甚誠其意甚遠他人或不盡知
康大臣古領事及
閣下當可知之矣尤須粵漢鐵路是中國產業粵漢鐵
路之押款是中國必還本利之款初不料柏森士菖
利竟一味任性不明事理又安能永久享受其利益
乎菖利後來雖已悔悟亦太遲矣惠迪爾來函於建
路是代華人辦理似較柏森士能知合同本意惜乎
其身為美人而謂有銀之國非美國甚屬可怪夫美
國實為有銀之國向於中國之事尤極肯相助何獨
於粵漢鐵路合同極有關係之事將失體面本大臣
不能不深望美國有心人或極大銀主出而任之挽
回此局庶不致美國於東方利權從此棄之如遺也
貴參贊此行倘能將保全中美合同第一訓條商妥自
應再將合同內管理處總帳房關係造路行車權柄
銀錢各條款即與合興公司詳細商定庶可一氣和

衷辦事令此一條鐵路亟速造成且可望將來推廣之事如其不然疏略謬誤曠時糜費徒使經手之人從中漁利而借款之總公司國受其極大之害即買小票之商民亦莫能享其餘利之益倘能一一照行總公司並無絲毫加增之權利惟可盡心竭力以保全輔助買小票人及美公司應得合同之好處彼此容易辦事而已附發訓條十五款即希

貴參贊認真切實辦理並速

督復為要此頌

籌祺

名另具

大清國欽差鐵路大臣太子少保尚書銜前工部左堂盛　為給訓條事今因美國合興公司代辦借款建造粵漢鐵路應以此鐵路實係中國產業為發明宗旨特派總公司參贊二等第三寶星三品銜福開森前赴美國將合同內關係造路行車權柄銀錢各條款即與合興公司詳細商定庶可一氣和衷辦事收效將來合行給發訓條如左

一督辦大臣之責任　總公司督辦大臣係中國

國家特派督辦粵漢鐵路之代表人奉

旨代借美款建造此路續約第七款載明除頭次抵押並

除中國

國家認保外須聲明此鐵路實係中國產業等語辦理原約各款載明勘路詳報全路圖說建路及管車等事土工圖樣說帖選派駛車要人均須督辦大臣核准又續約第六款載明督辦大臣即照原約所載仿照海關章程設立管理造路行車事務處如遇中西人員意見不合則由督辦大臣與美公司代理人酌商辦法是管理處實為督辦大臣所設立之管理處自

有考核全路准駁全款之權方能盡其認保美國公司之借款以成就粤漢鐵路之利益

二管理處之責任　合同載明仿照海關章程設立管理造路行車事務處名之曰總辦管理處是造路行車督辦大臣均視為該處之專責不得視為有名無實合興公司駐美董事及駐華代理人均不得侵奪其管理之權

駐美董事應辦之事一管理處購辦材料二專辦餘利小票所有紐約寫字樓月用公費應如中國總公司月定包費式樣彼此不得逾額

駐華代理人之責遇管理處中美人員互議未愜乃與督辦大臣互商妥辦不得兼充別項要缺如總工程司之類

駐滬管理處之責係合中美五人乃成全路之總辦合同内並無專指一人為總辦也惟五人中必有一人領袖應由督辦大臣與代理選擇定奪如不勝任隨時可以另舉

應議章程如下

管理處辦事章程

華核帳辦事章程

管理處更訂議事章程

省佛行車及日後逐段行車稽核滙款支款餘款存款章程

三總帳房之責任　鐵路帳目中美人員一同簽字方准向銀行支領華核帳員應許隨時查核帳目聽憑按照原帳詳細報銷其報銷之法由華核帳員自行妥訂以便呈送督辦大臣造册報部不得僅用洋管帳所鈔帳畧轉付繙譯總帳房華洋人員亦不得充當管理處人員因總帳房之帳目須由管理處核奪必避嫌疑

四提取小票格式　合興公司當用督辦大臣所定提取小票三種格式以便稽核受託公司所提小票數目

既售小票以後所得款項留美購料若干支利若干滙華辦工若干美公司應逐月開帳寄送督辦大臣及總辦管理處不能數月一報

五小票已兌未兌寄存生息提取時應取報單
續約二十二款載明售票之款鐵路尚未用到者隨
時生息劃入總公司之帳務令極有裨益等語是隨
時生息之款約有三端一金元未匯之先其金應存
美國銀行生息二金元匯滬兌銀之後其銀應存上
海中美公指之銀行生息三銀兩由滬兌至廣東或
漢口等處中國銀行亦須往來生息是以按照盧漢
鐵路章程外國何日賣票若干收鐵路帳及何日匯
金到滬若干收總公司帳聽督辦大臣命令照市價
易銀若干收總公司帳何日交通商銀行匯銀若干
赴工程省分皆有報單呈送督辦大臣簽字粵漢應
照章由管理處華洋兩員簽字隨時開單報明督辦
大臣查核
六查驗材料　應購中外材料美公司應憑管理處
核定料單代向名廠選購除華料外每批運料來華
應將材料名目運船日期先行報明管理處須先知
會該處海關方能准免稅運到之時應由管理處派
華洋人員公同點驗登記帳冊並將附來廠單逐號
登明價目第九款督辦有權索要實在估明妥當之
材料方可如例有回行佣或扣佣者悉歸造路總帳
等語此皆非到華後所能辦之事應照滬甯督辦大
臣可派一人在美國考核
鄂廠等料及中國所出材料必須儘用如鄂廠能自
造之材料其估價驗貨章程應照盧漢辦法
七購地可由美籌款　購地之款合同本有美國公
司須代籌付地價或由售小票或另行籌墊之辦法
現在情形小票四千萬必有餘款可不由總公司籌
款買地亦可毋庸加售小票二百五十萬元之款
如至四千萬款用完仍可加售二百五十萬元或多
或少屆時照約辦理
八合興公司用款應包括在九五扣之内　菖利所
呈帳單一創辦此路費用二開辦後支用各項即經
復信駁回此等帳目應斷曰原約未定之先凡有費
用費自然鐵路不能承認至於定約之後有何項應
為鐵路所認者須在總工程司估價單内逐細註明
包入在内至於合興公司在外洋管理該公司所用

之費以及應酬之費要俱包括在原約第四款所定九五扣之内雖帳目内亦或有應歸粵漢鐵路支給之項必須令其交呈詳細憑據方能定其准駁

九萬利合同薪水未核准　萬利自稱有三職事一代理人二合興總辦三總工程司在中國總公司祇能認總工程司一項其應給總工程司之薪水若照合同第六款均由督辦大臣與美公司核定乃萬利受聘合同及薪水數目並未交呈督辦大臣閲看核定故只能比照李治每年准給一萬金元之數且只能認至辭退鐵路差事之日為止

十後來總工程司合同薪水須先核准　第六款總工程司美國公司選擇由督辦大臣核准又云以上五人薪水均由督辦大臣與美公司核定由鐵路支給等語是總工程司一員必須美公司代為選擇極有本領極有見識之人方能勝任其合同及薪水自應先送督辦大臣核准

十一代理人不能在管理處　合興公司代理人與總工程司二職不得以一人兼任合興公司代理人亦不得充管理處人員因管理處章程凡中西人員有意見不同者則須由督辦大臣與合興公司代理人會同商酌是以代理人不能在管理處辦事

十二要缺美國人必遵守合同保全中美利益　合興公司派來充當要缺之美國人員必須聲明本領兼臻上等又性質和平確係保全中美利益遵守合同辦事者

十三行車應註詳細章程　續約第十五款鐵路全工告竣利息均由鐵路進項交付以及造成一段行車後所得之款皆可用以奏付利息第十二款此每年進款除提付各項經費及養路修路並添換機器車輛一切費用美國得餘利五分之一中國得餘利五分之四是行車包括五十年之利害中國與美國公司均關緊要合同有未及詳言者應即就造成一段應如何竭力管理所得之款用以奏付利息迄於全工告竣應如何竭力管理修路養路各費用以及交付利息並分段餘利必須預訂詳細章程

十四行車應派專員　正約第五款路成之後不論

長短所有照管火車等事均由美華公司選派妥人經理惟其人須先經督辦大臣察看允准方可並仿照洋關章程設立鐵路局管理各事等語查盧漢行車另有洋總管即海關稅務司也另有華監督即海關監督也現在粵路甫至佛山已派温道管理行車事宜俟路長之後應照正約第五款辦理

十五在何省用款由地方大員及派往之收支委員會同簽字　鐵路辦至何省督辦大臣派一大員因為接洽地方之事而該省鐵路應用之款多有迫不及待管理處總帳房華洋員簽字即須就地發用者洋員即應由該省辦工之工程司簽字華員即應由派在該省之大員一同簽字並可由管理處所派往之委員一同簽字各自寄與管理處彙核呈送總而總而言之凡屬用款有一洋員簽字亦必有一華員簽字以符續約華美並記中西並用之宗旨

光緒三十年二月　初十　日

七

逕啟者據美國粵漢鐵路公司商人稟稱該公司與中國政府於一千八百九十八年四月十四日及一千九百年七月十三日先後為承造粵漢鐵路與枝路訂立有合同二紙現在總理鐵路公司　盛大臣違此所立二合同緣其於萍鄉至路口之枝路推諉不按合同給與該公司承造反准他公司辦理云云該公司向已將開辦此枝路一切備妥惟因去歲變亂甚鉅不過擬俟地方平安開工而　盛大臣即將此項枝路給與他人造辦相應函達

貴部大臣查照希即詳查此事轉行　盛大臣切囑其按照該公司合同內所有利權復行保護仍將此項枝路給與該公司辦理可也此泐即頌

日祉附送洋文

名另具十月十八日

附件

F. O. No. 3202.

LEGATION OF THE UNITED STATES OF AMERICA,
PEKIN, CHINA.

November 28th, 1901.

Your Highness and

Your Excellencies:

I am in receipt of information from the American-China Development Company, that their contracts made with the Chinese Government on April 14th, 1898, and July 13th, 1900, for the construction of the Hankow & Canton Railway and branch lines, are being violated by the action of His Excellency, Sheng Hsuan-huai, Director General of Railways, in withdrawing from said contracts the branch line of Railway from Ping Hsiang to Lukow and giving it to some other Company to construct, notwithstanding the said American-China Development Company claim that they are and have been, ready at all times to begin work thereon whenever, in view of the serious disturbances of last year, it was safe to do so.

I therefore request that Your Highness and Your Excellencies will have the matter forthwith carefully investigated, and such necessary instructions given to the said Director General of Railways as will restore and preserve inviolate all the rights and privileges which the American-China Development Company

have

-2-

have acquired under their contracts.

I improve the occasion to renew to Your Highness and Your Excellencies the assurance of my high consideration.

E. H. Conger

Envoy Extraordinary and
Minister Plenipotentiary of
the United States.

To His Highness, Prince Ch'ing, President,
and Their Excellencies, the Ministers
of the Board of Foreign Affairs.

八

逕啟者、茲有欣達

貴親王一事、適接本國外部大臣來文、寄到中國所允准由漢

至粵造正路支路、鐵路總理公司來函一件、內稱現更換公司

管理人、開列各姓名如左、柏理萌、韋梯爾、馬利、韋特立基、柏生

士以上均紐約人、又伯呂色勒人、梯司、法勒得此數管事人、公聚同

舉柏生士爲總辦、並派伯來斯爲司書、該管事等、公同商定、現

中華亂事了結能以開工造路糾聚三百萬金洋以造第一段鐵路並商派劈爾朋模爾甘銀行經管收發一切該銀行業經應允相應函達
貴親王查照可也此佈即頌
日祉並候
爵祺不一附送洋文
名另具十二月十五日

附件

F.C. No. 338.

LEGATION OF THE UNITED STATES OF AMERICA,
PEKIN, CHINA.

Jan. 24th. 1902.

Your Highness:-

I have much pleasure in informing Your Highness that I have just received through the Department of State information from the President of American China Development Company, which holds a concession for a railway, with branches, between Hankow and Canton in China, that the said Company has reorganized with the following Board of Directors;-

Mr. August Belmont, General Charles A. Whittier, Mr. Pierre Mali, Mr. Frederick W. Whitridge, Mr. Wm. Barclay Parsons, all of New York; and Colonel Albert Thys and Mr. Joseph de Volder of Brussels. This Board has chosen Mr. Wm. Barclay Parsons as President, and Mr. W. Kirkpatrick Brice as Secretary.

The officers of the Company have decided that, in their judgment, the recent disturbances in China have been so adjusted that it is possible to commence operations, and to that end the sum of Three Million Dollars has been subscribed for the construction of the first section of the road. Messrs. J. Pierpont Morgan & Co. have been appointed the Bankers of the Company and have accepted such appointment.

I avail myself of this occasion to renew to Your Highness the assurance of my highest consideration.

E H Conger

Envoy Extraordinary and
Minister Plenipotentiary of
the United States.

To His Highness, Prince of Ch'ing,
President of the Board of Foreign Affairs.

九

花翎四品銜湖南試用同知方蓀墉謹

稟

宮保中堂鈞座敬稟者竊卑職恭讀光緒二十一年十月二十日

上諭鐵路為通商惠工要務

朝廷定議必欲舉行欽此又恭讀二十二年

上諭有能集股招欵在千萬兩以上者准其稟請修辦鐵路設立公司等

因欽此欽遵各在案卑職伏查京鎮二千餘里其間原係南北通衢為近海商賈輻輳所在亟應興修鐵路以利百貨暢銷且建軌之後不獨商業從茲加盛而行旅往來工藝繁興人民亦多識廣見而能任事綜其利益更僕難終各國覬覦已久卑擬借道開修

奪我利權及今情勢侵逼棄取得失難緩須臾卑職為振興商務

以濬

國家利源起見因顧集股承辦茲已借妥美國寶恩滙公司洋商劉海蘭松圃

等洋欵計銀三千萬兩有美國欽使印保並該洋商合同為據言

明官督商辦盈絀概歸洋商經理此欵官借商還議於開路後每

年運載貨物車價項下坐扣不動

國帑絲毫并開路後無論盈虧每歲計運價銀餘内以二成五報効

朝廷約定四十五年為期終歸我

朝管理不與洋商相干即借欵未清以前此鐵軌亦屬公司並非為洋商

所自有事關

國計伏冀
中堂俯賜照會美欽使一面傳及洋商劉海蘭松圖等詧詢款資屬實叩求
恩准施行即懇
批給札委並乞
奏咨立案除將開辦章程詳細繕摺另呈外所有集股承建京鎮鐵軌緣
由理合具稟伏候
批示遵行此叩
鈞安仰惟
崇鑒卑職方祿墉謹稟
光緒二十七年十二月　　　日

附件一

敬再稟者卑職官職卑微自願報効
朝廷銀二萬兩合無仰懇
鴻慈俯賜代
奏請以道員歸直隸省補用出自
逾格恩施是否有合統乞
訓示祗遵肅此載叩
崇安卑職謹又稟
花翎四品銜湖南試用同知方蓧墉

附件二

花翎四品銜咨調北洋湖南試用同知方葆墉謹

稟

呈

今開

卑職現年四十三歲係安徽安慶府懷甯縣人由俊秀於光緒四

年十月遵晉捐籌餉例報捐同知并分發指省湖南即於四年臘

月投入嵩武軍幫辦營務隨同攻克烏魯木齊吐魯番等城及蕩

平南路各城次第肅清出力蒙

欽差督辦新疆軍務大臣陝甘爵閣督部堂左保

奏光緒六年正月三十日内閣奉

上諭分省湖南試用同知方德墉著賞加四品銜并賞戴花翎欽此於是年三月奉到保劄行知祗領在案旋於光緒十五年蒙前湖南巡撫部院陞憲王 准其先行稟到當差本年十月蒙藩憲孫 委廣南洋藥總局稽查差至臘月蒙釐局總辦道憲周 調委永州釐局收支差十六年四月加委本局襄辦差十八年七月期滿回省銷差二十年十月因倭人起釁卑職赴津投營効力蒙統領豫靖軍記名提督李 委辦文案兼營務處差復因和局定妥各軍遣散卑職銷差回省營中並無經手未完事件於十一月初六日由籍回省稟到二十三年六月蒙湖南

撫憲陳　委解秋季京餉差十一月初八日安抵都門當即解

部交納清楚回省銷差二十四年臘月請假來津蒙英領事府留

辦文案差二十五年十月蒙前

直隸督憲裕　咨調北洋聽候差遣向無貽誤等情須至履歷者

一〇

逕啟者，適接本國住上海粵漢鐵路公司人非倫來函，內附有
函一件，請轉達
貴部。茲特備函附送。按非倫函內所言，該公司現在即行開工，
該首領工程師約於兩禮拜後即來上海，俟彼到後，該公司即
便開辦三段工程，由廣州開至三水，又由廣州向北開辦，並由
萍鄉向路口開辦。請

貴王大臣准其所請，轉飭經由各省一帶地方官，按其所應
須保護幫助之處，盡心寔力衛助辦理。至
貴部如何行飭，並希於轉飭後，即行
見復是荷。即頌
日祉。附送洋文並抄件
名另具 正月初七日

附件

F.O. No. 341.

LEGATION OF THE UNITED STATES OF AMERICA,
PEKIN, CHINA.

Feb. 14th. 1902.

Your Highness:-

I have the honor to inform Your Highness that I have just received a letter from Mr. J.H.Fearon, the Representative at Shanghai of the American China Development Co. inclosing a letter for the Board of Foreign Affairs, which I transmit herewith.

Your Highness will learn from Mr. Fearon's letter that the Company is ready to begin work at once on the proposed Canton-Hankow Railway. The Manager and Engineer-in-Chief is expected to reach Shanghai early next month, and it is intended to commence work as soon as possible on three sections of the line;- that from Canton to Samshui, on a section of the Main Line, and on the branch from P'ing-hsiang to Lu-k'ou.

I have the honor to request Your Highness to comply with the petition of Mr. Fearon, by instructing the Provincial authorities as soon as possible to give the engineers all needed assistance and protection, and to notify me of the action taken.

I avail myself of this occasion to renew to Your Highness the assurance of my highest consideration.

E. H. Conger

Envoy Extraordinary and
Minister Plenipotentiary of
the United States.

To His Highness, Prince of Ch'ing,
President of the Board of Foreign Affairs.

一一

逕啟者，茲接有本國粤漢鐵路公司管事人來函一件，備函附送
貴部王大臣查照，該函内所稱，係按其所立合同，達知
貴部，該管理公司人現為西正月二十七日函内所稱，開辦粤漢數段
路工，出有揭借票據一次，特請
貴王大臣即出曉諭，示知凡於此事有關係之各人，此項揭借之票，較
於立合同後中國所欠各項之款，其歸期獨能儘先，一如蘆漢鐵路

辦法無異等因，相應函請

貴王大臣於此要事，刻即商辦，並希設善法，總期可以保護公司權

力，與其利益可也，特布即頌

日祉。附送洋文並原來函

名另具　正月十六日

附件一

F.C. No. 383.

LEGATION OF THE UNITED STATES OF AMERICA,
PEKIN, CHINA.

Feb. 22d. 1902.

Your Highness:-

I have the honor to transmit herewith a letter from the authorized representative of the American China Development Company, giving the Chinese Government due notice according to their contract, as follows;-

"The directors of this Company have made an issue of bonds for the purpose of obtaining funds for the construction of these portions of the railway named in my respects of 27th. of January, 1902, and I have now to request that Your Excellencies will issue a notice to whom it may concern, to the effect that these bonds shall take precedence of all other obligat ions of the Imperial Chinese Government incurred subsequent to the date of the original Contract, as has been done in the case of the bonds issued by the Lu-Han Railway Company."

I ask Your Highness to give this important matter your immediate attention, and take such action as will preserve the rights and protect the interests of this Company, and send me a reply accordingly.

I avail myself of this occasion to renew to Your Highness the assurance of my highest consideration.

E H Conger

Envoy Extraordinary and
Minister Plenipotentiary of
the United States.

To His Highness, Prince of Ch'ing,
President of the Board of Foreign Affairs.

附件二

Fearon, Daniel & Co. (of China)

協隆洋行

CABLE ADDRESS "FEARON."

AGENTS FOR
PACIFIC MAIL STEAMSHIP CO.
OCCIDENTAL & ORIENTAL S. S. CO.

NEW YORK OFFICE:
87 FRONT STREET.

Shanghai, February, 13th, 1902.

The Bureau of Foreign Affairs,
Peking.

Your Excellencies,

On behalf of the American China Development Company, I have now to inform you that in accordance with the terms of the Contract signed in Washington by H. E. Wu Ting Fang and the representative of the American China Development Company, on the 14th April, 1898, the Directors of this Company have made an issue of Bonds for the purpose of obtaining funds for the construction of those portions of the Railway named in my respects of the 27th of January, 1902, and I have now to request that Your Excellencise will issue a notification to whom it may concern, to the effect that these Bonds shall take precedence of all other obligations of the Imperial Chinese Government incurred subsequent to the date of the original Contract, as has been done in the case of the Bonds issued by the Lu Han Railway Company.

I have the honor to remain,

Your Excellencies' obedient servant,

J. Fearon

Representative of the American China Development Coy

附件三

大美欽差駐紮中華便宜行事大臣康　為
照會事現據華美鐵路公司函稱應請
貴部轉飭通行知照各處此次所出粵
漢鐵路股票應居嗣後再行招股之票
之先等語茲將該公司之函代為呈
閱並請
貴親王注意以保護該公司權利所望即
希見覆為此照會須至照會者
右　照　會
大清欽命總理外務部事務和碩慶親王
一千九百二年　二月　二十二日

附件四

華美鐵路公司代辦斐倫謹呈
外務部大臣鈞鑒敬呈者按照一千八百
九十八年四月十四本公司總辦與駐紮
美國欽差伍大臣廷芳在華盛頓所訂
之合同現已將本代辦一千九百二年正
月二十七日所擬承修鐵路段落之股票
出售今請
貴大臣按照合同通行知照嗣後
貴國再有集股出票之舉均居粵漢
鐵路股票之後為此謹
呈
一千九百二年二月十三日

一二

逕啟者，西本月初一日接住津田夏禮來電，内稱所擬承造北京自來水一事，現願退卻，次日又接其來函，復言及電内之語，並申明其大意，緣該自來水公司人以中國遲緩多時，延未允辦，致悞該公司所招集之銀無從生息，已經未曾獲利，茲不肯再行承辦此事，業將所集之銀另作他事云云，相應將此情節代爲轉達。此亦理所宜然。聞本國商人劉承恩仍願應承此事，尚望

貴王大臣將自來水一事即允予美國公司承造可也特布

即頌

日祉 附送洋文

名另具 正月二十四日

康格

附件

F. C. No. 360.

LEGATION OF THE UNITED STATES OF AMERICA,
PEKIN, CHINA.

March 3d. 1902.

Your Highness:-

I have the honor to inform Your Highness that on the Ist. inst. I received a telegram from Mr. Charles Denby of Tientsin, telling me that he withdrew entirely from the negotiations for the construction of water-works in Pekin. The next day I received a letter confirming and explaining his telegram, saying that the financial supporters of the enterprise were unwilling to hold their capital idle any longer; that they had grown weary of the long delay in granting the concession, and would employ their capital elsewhere.

It seems right therefore that I should convey this information to Your Highness.

I understand that Mr. Lowry is still willing to undertake the work, and I trust that Your Highness will give the concession to some American Company.

I avail myself of this occasion to renew to Your Highness the assurance of my highest consideration.

E. H. Conger

Envoy Extraordinary and
Minister Plenipotentiary of
the United States.

To His Highness, Prince of Ch'ing,
President of the Board of Foreign Affairs.

一三

逕復者、正月二十七日准
貴部來函内稱、據盛大臣電稱、萍鄉至淥口枝路續約訂明一千九百年十二月一號以前美不興造、准將此條删除、歸總公司自辦、現已籌款自造等因。按一千九百年七月十三日、中國政府所派官員與粤漢鉄路公司所訂續約第二十五條所列、誠有若於一千九百年九月以前不興造、准將此條删除之語、惟續約十八條亦明列有如遇有粤漢鉄路公司所不能預料、或中華或他處在未出揭借票告白以先有致行利加增或與造路有碍之亂事、該公司按合理辦法展緩限期、即係或於借款、或於出揭借票、或於興造、或於開辦時日、或於畢工日限、隨時遇事展緩、此二條義意應須合看。
貴親王知、即天下亦皆知、一千九百年土匪變亂、各省各處均行擾動、經有年餘、致興造路之事有碍、使該公司不能於一千九百年九月一號興工、是該公司猶未失其應造枝路之權、盛大臣不應謂其權已删除、以上所云、係按律法講解續約之意、並別無合律法之講解、此係本國政府囑本大臣向
貴國政府索此按續約明列義意、即係仍將該枝路按續約歸該公司辦理、如總公司已經開辦、所有合理之用款、聞該公司亦擬備款按照繳賠、是以並請
貴親王查照、立即電囑盛大臣將該枝路仍讓歸粤漢鉄路工程師造辦、該工程師已抵華、備辦造此枝路、並希囑其與該工程師和衷持平了辦此事、素悉
貴親王於凡事總以公道為本、想於此事亦必與有同心、望速見復是荷。特此函復、即頌
爵祺 附送洋文

名另具 正月二十九日

附件

F.O.No. 364

LEGATION OF THE UNITED STATES OF AMERICA,
PEKIN, CHINA.

March 8th, 1902.

Your Highness:

I have the honor to acknowledge the receipt of Your Highness' note of the 6th instant, in which you say, with reference to the P'ing-hsiang -- Lu-k'ou branch of the Hankow -- Canton railway, that His Excellency, Sheng, has telegraphed that, "according to the clear terms of the Supplementary Contract, if work was not begun by the Americans before the First of the Twelfth Moon of 1900, this Article should be cancelled and the construction revert to the general Administration; that the Administration had already secured the money and was itself building the road, etc., etc."

It is true that Article XXV of the Supplementary Contract made July 13th, 1900, between the Representative of the Imperial Chinese Government and the American China Development Company, does provide that if work was not begun on this branch line on or before September 1st, 1900, the said branch line might be withdrawn from the operation of the agreement; but it is also explicitly provided by Article XVIII of the same contract, that, "if, on account of contingencies beyond the control of the American Company, such as war or great political changes in China or elsewhere, occurring before any issue of the prospectus

of

of an important series of bonds of the loan hereby concerned, the foreign money markets are effected , or the construction of the railway is so obstructed that work cannot be carried on, the American Company will be allowed a reasonable extension of time for floating such loans, or the bond issue thereof, or for the commencement or completion of the construction of the railway."

These provisions must be construed together. It is needless to remind Your Highness of the fact which is known to all the world, that because of the "Boxer" uprising of 1900, the effect of which extended all over China and influenced the situation for more than a year thereafter, so operated that it was impossible for the American China Development Company to begin work on the line by September 1st, 1900. Hence the Company has forfeited no rights, and Sheng had no right or authority to withdraw the line.

The above is the only legal construction that can be given this contract. It is the view taken by my Government, and I am now instructed by it to demand that these plain provisions of the contract be complied with, and that this line be given to the American China Development Company to complete in accordance with the provisions of the Supplementary Contract.

For any funds that the Director General may have, in the

meantime

-3-

meantime, legitimately expended on the construction of any part of this line, I understand the Company is ready and willing to reimburse him. I must, therefore, respectfully request that immediate orders be telegraphed to Sheng to turn over this line to the Engineers of the American China Development Company, who are now in China ready to begin work, and make a fair and equitable settlement with them.

Confident that Your Highness' sense of justice and fair dealing will impel you to take the same view of the question, and expecting an early reply, I improve the occassion to assure Your Highness of my highest consideration.

E. H. Conger

Envoy Extraordinary and,
Minister Plenipotentiary
of the United States.

His Highness, Prince of Ch'ing,
President of the Board of Foreign Affairs.

一四

敬啓者日前辱承
賜教俾將川省煤油合同情形詳細述陳
欣慰無已今將原合同內所議增改之處
均已按照日前所面陳者一律更正〃另繕
白摺一扣呈上敬乞
察核加蒙
俯允即乞
咨明川督請其核准蓋印是爲至感至
會同蜀江公司議辦麻哈等處金礦一節
亦屬議久未結果能即與此合同同時核
准尤深感激此頌
日祉
名正具 三月初三日

一五

大美國欽命駐劄中華便宜行事全權大臣康 爲
照復事、接准
照復、暨抄來洋文條款一件、閱悉、所議交還京
津榆鐵路囑本大臣速爲核覆一節、查條款第
十章內載須由各國衛館武官允准、方可照辦
交還、茲欲收回此路本大臣諒無不允之理、爲
此照復
貴親王查照可也、須至照復者、附送洋文

附件一

F. O. No. 382.

LEGATION OF THE UNITED STATES OF AMERICA,
PEKIN, CHINA.

May I9th I902.

Your Highness:

I have the honor to acknowledge receipt of Your Highness' note of the I7th instant, enclosing a copy of an Agreement by which the Peking-Tientsin-Shanhaikuan Railway is to be turned over by the British Authorities to the Chinese Government, and requesting a reply.

I note by Art. IO of the Agreement that, before it shall come into force, the consent of the Representatives of the Foreign Powers having Legation Guards is necessary to the transfer.

And I agree that the transfer should be made.

I take this opportunity to assure Your Highness of my highest consideration.

E. H. Conger

Envoy Extraordinary and
Minister Plenipotentiary of
the United States of America.

To HIs Highness
Prince of Ching.

附件二

代理人所具禀呈備函附送即希
貴親王存案備查可也特此即頌
爵祺附送洋文並漢洋文各禀件
名另具五月二十四日

康格

一六

逕啟者本大臣茲有一事請問
貴大臣因礦務尚未開辦不知何日開局辦公
貴大臣與總辦
張大臣議有定期否如有開局之期希即
示知可也此荷順頌
日祉
名另具 四月二十四日

一七

卞

咨呈

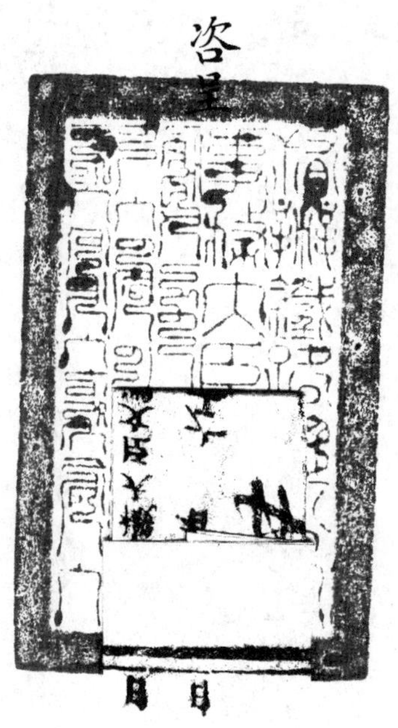

日 日

五月十二日收

欽差會辦商務大臣督辦鐵路事務太子少保頭品頂戴工部左堂盛 爲咨呈事

照得總公司粤漢鐵路遵

旨籌借美國商款原約續約訂明勘測全路從寬約估應有美國金洋四千萬圓年

息五釐五十年爲期如中國欲於前二十五年内取贖每金錢百圓加二圓半

借款總數印發中國

國家金圓小票以鐵路及全路物業作爲頭次抵押小票格式由督辦大臣出使

大臣與美國公司酌定

奏咨全用英字刋雕仍由出使大臣逐張簽印以示

國家允准及承認此項借款小票各等因逐細訂明抄咨

貴部查核在案嗣准

出使美國大臣伍　電開美公司重加整頓粵漢借款分作六千股仍係美員經手辦事工費三兆圓現亦籌備應按約內第四款交出售押小票以符前約等語當請援照盧漢鐵路訂擬小票格式咨送核奏刊用電復去後茲准咨送華洋文票式到滬本大臣詳加覆核所擬小票條款凡年息期限抵押建造以及全數分數之售票付本付息之章程悉與原訂合同一一符合除將原約續約專摺
奏請
批准摘要刊入小票以昭信據外理合抄錄票式備文咨呈
貴部謹請查核見覆以憑照約刊用望速施行須至咨呈者

計咨呈抄錄票式一本

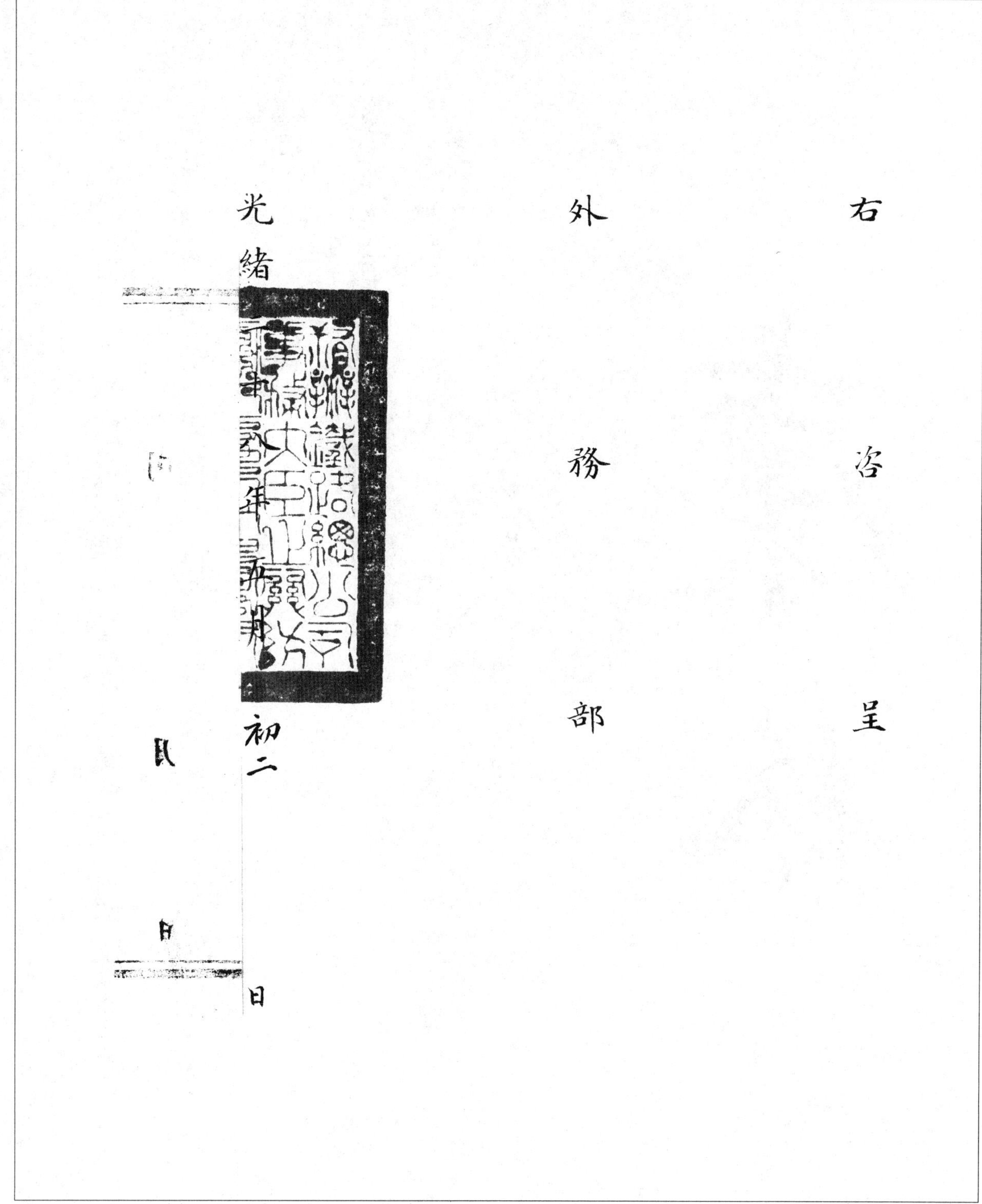
右咨呈

外務部

光緒　年　月初二日

一八

逕啟者，茲有美國公司經理人詹美生呈送西山開辦煤礦稟一件，請為轉呈等因。相應將該公司人所具原稟代為轉送，即希

貴王大臣查照可也。特布，即頌

日祉。附洋文並原稟

名另具 五月初四日

康格

附件一

LEGATION OF THE UNITED STATES OF AMERICA,
PEKIN, CHINA.

F.C.No. 393

June 9th 1902.

Your Highness:

I beg to transmit, herewith, an application for mining in Hsi-shan, from C.D.Jamieson, Agent for the "American Syndicate", for the consideration of Your Highness.

And I avail myself of this occasion to assure Your Highness of my highest consideration.

E. H. Conger

Envoy Extraordinary and
Minister Plenipotentiary of
the United States of America.

To His Highness
Prince of Ch'ing.

附件二

Peking, June 7th, 1902.

Your Excellencies:

The petitioner has the honor to beg that Your Excellencies will grant to the "American Syndicate", a concession for the working of some of the coal mines in the Hsi shan. The terms under which the petitioner begs that this concession may be granted are as follows:

I. The concession to include the sole right of mining coal by foreign methods in the Hsi Shan hills west of Peking.

II. The mining rights under ground will extend ten lis in every direction from each shaft.

III. The concession to include the right of building and operating a Tram line from the mines to the city of Peking, and lines to connect the mines with the existing Railways where necessary.

IV. The concession to be granted under the Chinese Mining Regulations as now in force, or as revised hereafter.

V. In all matters of acquiring land, paying fees, royalties, etc., the Syndicate will act under the rules of the Mining Regulations.

VI. As it is impossible to decide as to the total amount of capital necessary for the tramway construction and the opening of the mines, until a careful survey has been made, the Syndicate, upon the granting of the concession, will pay the Mining Board the sum of Taels Three Thousand, being one per cent of Taels Three Hundred Thousand.

If, when the actual work is started more capital than Three Hundred Thousand Taels is needed, the Syndicate will pay the Mining Board any additional fees due them over and above the Taels Three Thousand before mentioned.

VII. The work of surveying the property and tram lines to be commenced within sixty days from the date of the granting of the concession, and the actual work of construction to be commenced within one year from the date of the granting of the concession.

VIII. The Syndicate is an American Syndicate under the laws of the United States of America.

IX. It is most desirous that this concession should be granted as soon as possible, in order that work should commence in September; and to do this, it will be necessary to order material and tools without loss of time.

Taking this opportunity of assuring Your Excellencies of my highest consideration,

The petitioner is,

Your Excellencies' obedient servant,

C. D. Jameson
Agent American Syndicate

附件三

敬啟者茲有所陳請係請中國

政府准美公司開辦西山數處煤礦所有請准開辦之地方及章程列後

一係北京西山一帶地方請准美公司有專權用機器開採煤礦

二開礦之權應准由各處地下所開煤井地方自井口算起四面須准佔用十里地方

三既准開辦煤礦須准有造辦一條運送車路之權由山場造至北京暨其餘要緊地方均准美公司造辦運貨車路以便聯絡已設火車站之路

四須准照　國家所定礦章及嗣後修改之章辦理

五置買山地與出井稅課及報効　國家一切均照所定礦章按規銀支發辦理

六 茲尚未詳察煤礦運送車路須用資本若干現在難定其數目俟　國家准美公司開辦後即付北京礦務局銀三千兩此係三十萬兩值百抽一辦法興工時如所備三十萬兩尚不敷用美公司須再行集資其所續集之資應納規銀多少亦付北京礦務局

七 由准公司開辦後定為兩個月內勘察煤之出產與所須造之運送車路地方照常果無事故於一年內定必開工

八 本公司係美國有名公司應遵照美國律例辦理

九 請早日批准開辦緣於七八月間尚須詳查起手開辦之處且無許多暇日即須赴外洋購辦所應用機器以及各等物料

特此奉布

貴王大臣查照即請

台安順頌

日祉　附送洋文

五月初二日

一九

二品頂戴湖北補用道張桐華謹

稟

中堂王爺大人鈞座敬稟者竊職道恭讀迭次

上諭飭令認真開辦路礦富强之計原以開通鐵路為先上年和議成後

各國紛紛欲謀中國鐵路攙之目前

國勢難以堅拒中國若不自開必為外人强占與其任洋人承辦不如借款自辦利權究可自操此中得失盡人皆明現辦盧漢粵漢長幹路一條竣工尚早此外各省鐵路未見興工與其將來接續受外人之要求何如及早兼營占自己之先著此亦不待智者而始知也職道隨使日本三任長崎領事十年以來見日本所開鐵路日

新月異全國靈通返鏡而觀輒自愧奮以目前中國財力既無官帑之可發又少商股之可招舍借洋款別無湊資之法 職道曩年隨使美國日本曾與外洋各埠同鄉粵商中商集資本擬邀同囬國承辦鐵路該華商等開設華泰公司擬集成本銀六百萬兩作為基礎洋商之中以美國為最規矩最和平而可共事 職道業又與該國寶恩公司商人班士訂借銀二千四百萬兩共合成銀三千萬兩設立公司擬請承辦閩浙鐵路計自福州省城至杭州省城再由杭州至甯波海口約二千餘里皆商賈輻輳之區其間礦產亦多修築鐵路暢興商業不獨利源可開設有事故運兵救荒尤為便捷當與該公司訂立草合同經美國康公使簽字擔保款

項著實决不蹈空并言定官督商辦商借商還所有盈絀概歸華
洋商人自理與中國
國家無涉借欵一切均照粤漢鐵路奏定章程辦理且不必
國家出名印發股票似較粤漢鐵路前定章程更爲穩妥合將與美商班士
所訂草合同抄稿另摺坿呈
察核倘有未妥即求
俯賜批改職道當於訂立正合同時與洋商商酌更正如蒙
俯准奏辦當再詳擬開辦章程并派工師往勘道路繪明地圖續行
稟呈
鈞鑒是否有當伏祈

批示祗遵專肅恭請

崇安統乞

垂鑒職道桐華謹稟

光緒二十八年五月　日

附件一

二品頂戴湖北補用道張桐芊

稟爲擬集華洋商欵承辦閩浙鐵路稟乞

奏辦由

附件二

謹將擬辦閩浙鐵路草合同底稿抄呈

鈞鑒

立合同中國華泰公司總辦張桐華、美國寶恩公司總理人班士今因擬辦閩浙鐵路由中國華泰公司先向美國寶恩公司借銀二千四百萬兩，中國華泰公司另自集股銀六百萬兩，共合成本銀三千萬兩，作爲承辦閩浙鐵路礦務總公司資本，所有一切章程查照粵漢鐵路公司借款合同酌量添改，條列於後。

第一款

一 閩浙鐵路總公司爲建造由福州省城至杭州省城接造至甯波鐵路之用，寶恩公司允籌借至少規平銀二千萬兩，若此數

不敷必須添增亦可多借此借款係按工程隨時分次交納俟
寶恩公司所派總工程師勘路詳報華泰公司並無異詞由華
洋總辦彼此核准後即交第一次銀款以後隨用隨交

第二款

一俟借款總數酌定至少規銀二千萬兩即照總數印發中國奏
派辦理閩浙鐵路總公司股票交寶恩公司收執作押此項股
票應用華英兩文由華洋總辦彼此畫押每年利息每百納五
按半年交息一次利息應俟此項票售出收用該款若干隨時
起計此項股票應由華洋總辦彼此議定其格式倣中國近日
借款股票惟不以洋關作抵而以鐵路全件作爲頭次抵押股

票每張填注銀一百兩實交九十兩此項股票總數應照閩浙總公司所派工程師勘估應用之數按每百九扣計足如估計需用九十兩股票須填一百兩以符九扣之數填寫股票為全路工程之用全路圖式由華洋總辦彼此核准一經核准寶恩公司應允照辦所有圖表說帖均須及早送呈華總辦使得從容查核妥當批准之件非有筆墨作據不得照辦所發股票交寶恩公司任其出售虧盈多少歸其自理與華泰公司無涉

第三款

一閩浙鐵路由華洋總公司按照現行最善之法建造並照以下所訂各節將該鐵路火車等事行駛管理如嗣後欲由閩浙續

建至海濱或別處亦可隨時與華總辦妥商所有鐵路經行之地以及建造及駛車應需別項利權總公司華總辦允為料理華洋總公司有添建短支路之權接連要處以招運載惟有所擬推廣各路圖表須經華洋總辦彼此核准建造工程經理車務及辦理諸事一切均須順華人意見風俗民情無論建路或管車等事必須商酌凡力能辦到之處必須以圓通為主又於建路及管車等事必須與華總辦妥商酌用華人充當要缺所用墊路土工均歸中國工頭包做先由華總辦或由華總辦派人核准惟土工須照工程師所定圖樣監造工程師擬定圖樣說帖經華洋總辦彼此核准中國外國人均不得干預藉詞阻撓

至各員勘路亦不得阻擾

第四欵

一建路所用欵項除地價及土工不計外閩浙總公司每百得五作為酬勞之費所用各式材料必須有名明塲購買價值最低者如中國所出材料價廉物美則當就近購買如鄂廠等料必當儘用所買材料除上開酬勞費外別無扣用

第五欵

一路成之後不論長短所有照管駛車等事均由寶思公司選派妥人經理惟其人須先經華總辦察看允准方可並做照洋關章程設立鐵路局管理各事所有總工程師人等及各項人員

工匠等歸鐵路局管轄如有怠惰不職不遵約束之人立即開除所用司事各項人等亦由鐵路局調度

第六款

一除支給薪工及各項經費暨借款利息外鐵路所得餘利以五分之一（即每百分之二十分）歸實恩公司即照鐵路價值總數五分之一之數發給餘利虛數小票其格式由華泰公司總辦與實恩公司妥定照上開鐵路作抵之借款小票同時發給華泰公司可隨時照票內注明之數贖還即如每一百元之票只照一百收買不得多索若不收買則由發票日起計俟四十三年期滿即行停給餘利其票均作為廢紙

第七款

一此合同議定允准照辦之後賓恩公司即派人偕工程師會同

華泰公司人員前往勘路將建路建棧打樁等費估價具報若

無延阻之事自開工之日起三年之内賓恩公司允將全路建

成其勘路之費歸閩浙總公司發給

第八款

一以鐵路頭次作押之借款股票由發票之日起計以五十年為

期二十五年之内總公司將此股票無論多寡均可贖還惟票

内所注每百元須加貼二元半二十五年之後贖還則只照票

注之數收買不必加貼五十年期除如不展期亦照票數贖還

不得索加

第九款

一上款所言借款股票一經全數贖還之後中國華泰公司即可收回鐵路自行管理寶恩公司所用人等任由華泰公司自定去留

第十款

一附近鐵路之處如有五金煤鐵各礦以及煤油礦井應准本公司遵照中國路礦總局新章禀請辦理

第十一款

一寶恩公司允自籌經費在中國開設鐵路學堂專教華人建路

管路行車等事

第十二款

一鐵路所用一切物料運入中國應比照中國國家北洋鐵路辦法准其免税

第十三款

一遇軍務無論外侮内亂中國國家調遣兵丁轉運餉械及軍中用物此鐵路須儘先載運車價减半

第十四款

一自畫押允准照辦之後彼此均不得損碍此合同之利亦不得允准别項侵壞合同之事

以上均仿粤漢合同奏定章程底稿重加磋磨去損存益稍為添改合并聲明

第十五款

一所借美國寶恩公司銀二千四百萬兩言定商借商還與中國國家無涉倘日後或有虧耗亦與中國華泰公司無涉

第十六款

一中國華泰公司另自集股之銀六百萬兩倘數過六百萬兩亦儘華股支用如僅止此數仍議歸美國寶恩公司借出湊數美國寶恩公司决不推卸

第十七款

一此合同定後設日後華洋總辦意見或有不同應兩面各請公

正人評斷如評斷不了應兩面公請一公正人評斷彼此不得
再有異言

第十八款

一此項鐵路開辦後為日甚長設華洋總辦或有風雲不測彼此
子孫均應接續合辦各無異言

第十九款

一閩浙總公司應用華洋人等議歸華洋總辦公同商用至須用
洋員洋工師人等應由華總辦核定稟明中國路礦總局大臣
核奪

第二十款

一閩浙總公司銀錢出入賬目議定由洋總辦司出欵應聽華總辦派人稽察華總辦司進欵亦聽洋總辦派人稽察以昭公允

第二十一欵

一此條先訂草合同如中國國家照准後所有鐵路未盡事宜應俟奉

旨後再行訂立正合同再詳合先聲明

二〇

批准

考工司

呈爲咨復事光緒二十八年五月十二日准

咨稱粵漢鐵路借款准出使美國伍大臣電開美公司重加整頓

分作六千股仍係美員經手辦事經費三兆圓現亦籌備應按

約内第四款交出售押小票以符前約等語當請援照盧漢鐵路

訂擬小票格式咨送核奏刊用電復去後兹准咨送華洋文票式

到滬本大臣詳加復核所擬小票條款凡年息期限抵押建造以及

全数分数之售票付本付息之章程悉與原訂合同符合除將原

約續約專摺奏請

摘要刊入小票外鈔録票式咨請查核見復等因前來本部復

核無異相應咨行

貴大臣查照辦理可也須至咨者

盛大臣

光緒二十八年五月　日

二一

硃批

考工司

呈爲照會事光緒二十八年六月初八日本部具奏核

議粵漢鉄路合同一摺本日奉

依議欽此除由本部電達盛大臣知照美國公司妥

爲辦理外相應照會

貴大臣查照可也須至照會者

美康使

光緒二十八年六月　日

二二

逕啟者據本國商人劉承恩稟稱現蒙熱河都統色大人發給華

職商李樹滋與美商劉承恩示諭准其在灤平柳條豐甯昭蘇

川等處試開金銀各礦該商等已將課銀三百兩呈交兑收並札

飭豐甯兩縣遵照懇轉外務部查照核准等因據該商劉承恩

云意欲急速開工想中美交誼最深是以代為轉請在該商等既得

以速行開辦中國

政府，亦得於升課後，另進課銀，相應請
貴王大臣查照，希即轉將本大臣恭請
貴國政府，速爲核准之意代致，俾該商等早得開辦可也。特此奉
布，即頌
日祉。附洋文

名另具 七月二十七日

附件

LEGATION OF THE UNITED STATES OF AMERICA,
PEKIN, CHINA.

F.C.No. 417.

August 29th 1902.

Your Highness:

I have the honor to forward for the proper approval of the Foreign Office and the Mining Board, a Concession or permission to operate certain Gold and Silver Mines, in the Districts of Luan-p'ing, and Feng-ming and other places, guarded by the Military Lieutenant Governor of Jehol, for Li Shu-tzu, a Chinese, and Mr. E.K. Lowry, an American Citizen.

Mr. Lowry informs me that he is desirous to arrange for the early working of these mines, Therefore, in his interest, and at his request, and also that the Chinese Government may have an additional source of revenue, I respectfully ask that prompt attention may be given the matter.

I again avail myself of this occasion to assure Your Highness of my highest consideration.

E. H. Conger

Envoy Extraordinary and
Minister Plenipotentiary of
the United States of America.

To His Highness
Prince of Ch'ing.

二三

逕啟者昨於七月二十七日以華商李樹滋與美商劉承恩蒙

邑都統示諭准其開辦灤平柳條溝豐甯昭蘇川等處金銀

各礦並達查照請速核准茲將該商等先後所蒙批諭四件照

錄附送即希

貴王大臣查照是荷此泐即頌

日祉 附送抄件

名另具 七月二十九日

康格

附件

御前侍衛管理熱河等處礦務熱河都統色　批

稟悉該員所稱勘得豐寧縣屬之昭蘇川灤平縣屬之柳條溝兩處金礦均可開採俟派員前往查勘如果與各局定界無礙再行給札試辦所集股本即著自行赴局呈驗至新章先交押課銀兩尤須速行呈交以憑兌收事關國課該職員務當寔事求是勿得徒託空言切切此繳

五品軍功李樹滋　二月十八日

御前侍衛管理熱河等處礦務熱河都統色　為

諭飭事據該商稟稱踹得灤平縣屬金鉤屯北溝豐寧縣屬鉄匠營兩處銀礦均可開採情願備集股本前往試採如有成效照章升課並預交課銀三百兩請發示諭以便携同股東劉承恩前往開辦等情據此除將課銀三百兩照數兌收出示曉諭札飭地方官妥為彈壓外為此諭仰該商遵照即携同股東劉承恩前往所報處所認真開採務期早日升課以裕課款至另勘灤屬廠子溝豐屬波倫諸兩處金礦一俟將金鈎屯北溝鉄匠營銀礦辦有成效再行禀請核辦切切特諭

四月十七日

御前侍衛管理熱河等處礦務熱河都統色　為

諭飭事據該商稟稱現經續採豐甯縣屬之波倫諸灤平縣屬之廠子溝兩處地方金苗透露堪可開採與他礦亦無窒碍請給示諭一併開辦俟有成效照章升課並解交庫平課銀三百兩等情前來查該商所稟係爲裕課濟餉起見自應照准除將課銀兑收札飭豐灤兩縣遵照外爲此諭仰該商遵照務須認真採辦早日升課以濟餉需其餘豐灤兩縣金銀五金等礦如未經他人呈報者准其隨時稟報開辦切切特諭

右諭仰五品軍功商人李樹滋執此 六月初三日

御前侍衛管理

御前侍衛管理熱河等處礦務熱河都統色 批

據稟續採灤平縣屬廠子溝豐甯縣屬波倫諾兩處金礦頗稱豐旺業經查明與他礦亦無窒碍請給示諭一併開採並請領給鈐記咨明外務部立案等情據此查該商所稟各礦既經查明與他礦無碍自應准其開辦仰將應交課銀呈交以便給發示諭前往開辦所請領給鈐記一俟該礦升課後再行飭發至請咨明外務部立案之處暫毋庸議此示

五品軍功商人李樹滋 六月初九日

二四

逕啟者，據本國駐廣州領事官詳稱，粤漢鐵路公司由廣東至漢口鐵路業已開工，茲有公司所需用機器物料與公司人所用之醫器藥料進口，粤海關征税一百四十六元三毛二，該機器物料值價一千六百三十元，醫器藥料值價七百五十元，此二項均係公司造路應需之物。按公司與中國政府所立合同，凡公司所應用之件，均應進口免税。此機器物料與醫器藥料均為工程師在外所常用，及備醫公司之人與所用之工人，並非欲作别用。寔與帳棚、鐵条、土鏟等器同為不可少之物。公司所來機器係有帶千里鏡測平機五架，又有刻V字測平機一架，非勒特非亞測平尺寸等六根，鐵線十八件，外有量地帶、指南針、千里鏡二架、石印地圖一包，包内又有藍色圖及另包繪圖之紙。一千八百九十八年四月十四日，公司與中國政府簽字合同第十二條内列：凡造路與行用鐵路所需用一切機器物料，免征進口之税。一千九百年七月十三日，所簽合同附件第十四條，亦列有或造正路、枝路，與行用正枝各路及他項相關生意所用一切物料，無論來自外洋與内地，運往公司應用之處，均免関税，與釐金，按照北方造路之章，一例辦理等因。查該公司所云應行免税各節，自係不能駁辯。以上所云，已由該領事轉達總税務司知照，據總税務司云，彼尚未奉到此路應用物料免税之旨。是以請

貴親王查照，布即轉囑該海關，即將所收之不應征之税如數繳還，並行飭各口，以後不准再行有背合同征收税項，可也。特此奉布，即頌

爵祺。附送洋文

名另具　八月初八日

附件

F.O.No. 0720

LEGATION OF THE UNITED STATES OF AMERICA,
PEKIN, CHINA.

Highness:

I have the honor to report that I have a complaint from the United States Consul at Canton, that the American-China Development Company, which has now commenced the construction of the Canton-Hankow Railway, has been, by the Customs Officials at Canton, charged import duties of $146.32 upon engineering supplies valued at $1630.00, and medical supplies valued at $750.00, materials to be used in the construction of the said railway, and which, according to their contract with the Chinese Government, ought to be admitted free.

The medical supplies consist of a general line of remedies and instruments usually carried in all engineering or construction outfits in the field, are for the sole use and benefit of the employees, and are as much a part of necessary material and apparatus as their tents, shovels, rails, etc.

The engineering supplies consist of:

5 Dumpy Levels,
1 "Y" Level,
6 Philadelphia Level Rods,
18 Steel Tapes,

2 Transits,

1 Lot Lithographed Maps and Blue Prints,

1 Lot drawing paper.

Article XII of the original contract of the Company with the Chinese Government, signed April 14th, 1898, provides that, "All materials and apparatus for the construction or operation of the railway herein provided for, shall enter the Chinese Empire free of duty," etc; and Article XIV of the supplemental contract, signed July 13th, 1900, "All materials of any kind that are required for the construction and operation of the main line or branch lines, and the adjunct businesses thereof, whether imported from abroad or from the Provinces to the location of the work, shall(following the precedent of the Northern Railway) be exempt from customs duties and likin."

It seems to me that there can be no question concerning their right of exemption.

The facts have already been reported to the Inspector-General of Customs, but he replies that the Customs have not yet been instructed to exempt material for the railway line in question. I therefore request that Your Highness will cause such necessary orders to be issued to the Customs

as

-3-

as will result in the refunding of the amount wrongfully paid, and prevent further violation of the contract in the future at any of the Chinese Ports.

I improve the occasion to assure Your Highness of my highest consideration.

E. H. Conger

Envoy Extraordinary and
Minister Plenipotentiary of
The United States.

His Highness, Prince of Ch'ing,
President of the Board of Foreign Affairs.

二五

考工司

呈為劄行事光緒二十八年八月初八日准美國康大臣函稱據本國駐廣州領事官詳稱粵漢鐵路公司由廣東至漢口鐵路業已開工茲有公司所需用機器物料與公司人所用之醫器藥料進口粵海關征稅一百四十六元三毛二該機器物料值價一千六百三十元醫器藥料值價七百五十元此二項均係公司造路應需之物按公司與中國政府所立合同凡公司所應用之件均應進口免稅此機器物料與醫器藥料實與帳棚鐵條土鏟等器同為不可少之物公司所來機器係有帶千里鏡測平機五架又有刻IL字測平機一架非勒特非亞測平尺寸竿六根鐵綫十八件外有量地帶指南針千里鏡二架石印地圖一包包內又有藍色圖及另包繪圖三紙公司與中國政府簽字合同第十二條內列凡造路與行用鐵路所需用一切機器物料免征進口之稅合同附件第十四條亦列有或造正路枝路與行用正枝各路及他項相關生意所用一切物料無論來自外洋與內地運往公司應用之處均免關稅與釐金按照此方造路之章一例辦理等因查該公司應行免稅各節已由該領事轉達總稅務司據總稅務司云尚未奉到此路應用物料免稅之

旨是以請轉屬該海關即將所收之不應徵之稅如數繳還並行飭各口以後不准再行背合同徵收稅項等因前來查粵漢鐵路合同本部於本年六月初八日奏准按照合同

内載凡造路所需各種料件均准免税相應劄行總税務司轉飭粵海關税司將所收前項税銀如數發還並通飭各口遵照可也須至劄者

右劄花翎頭品頂戴太子少保銜總税務司赫 准此

光緒二十八年八月 日

二六

逕啟者日前

康大人在部迭詢劉承恩等所辦熱河金銀礦務一事自八月初一日准

貴部復以現已咨查熱河都統迄今未准

復音

貴大臣答以尚未據復俟檢案查明現在如何辦理再行

函達茲奉

康大臣囑請

貴大臣即將此事如何辦理速即函知是荷特此即頌

日祉

名另具 九月二十三日

衛理

二七

逕復者，本月二十三日接准

來函，以准工部文，詢御河水閘內現時動工，於水路經流有無妨礙，請見復等因。查該處現定動工，再越數日即可修成。

告竣，畢工後水路自必流通，可以無虞堵塞。相應函復

貴親王查照可也。特此。即頌

爵祺。附洋文

名另具 九月二十四日

附件

F.O. No.

LEGATION OF THE UNITED STATES OF AMERICA,
PEKIN, CHINA.

Oct. 25th. 1902.

Your Highness:-

I have the honor to acknowledge the receipt of a communication from the Board of Foreign Affairs, dated the 24th. inst. calling attention to the work now going on in the canal just inside the Water Gate, and asking whether it will obstruct the water channel or not.

I have the honor to say in reply that work is being done at present in the place mentioned, but will be completed in a few days, after which there will be no obstruction whatever to the flow of the water.

I avail myself of the opportunity to renew to Your Highness the assurance of my highest consideration.

E. H. Conger

Envoy Extraordinary and
Minister Plenipotentiary of
the United States.

To His Highness, Prince of Ch'ing,
President of the Board of Foreign Affairs.

二八

正月十四日收

咨呈

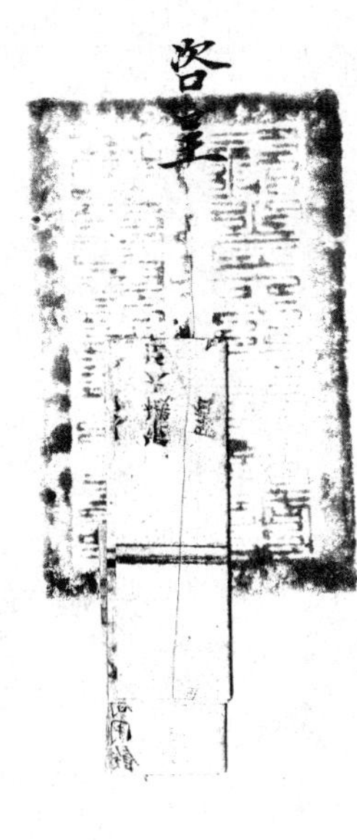

欽差南洋大臣督辦商務大臣太子少保頭品頂戴兵部尚書湖廣總督部堂署理兩江總督部堂張　為
咨呈事案照本大臣前奉
諭旨飭將各國辦理鑛務情形悉心采擇妥議章程奏明請
旨務期通行無弊以保利權而昭慎重等因昨已電致
出使各國大臣將各國現行鑛務章程詳加采譯錄
寄以資參考在案惟查前議美約訂明簽約後一
年之内須將鑛務章程妥為議定奏明請
旨頒行誠恐
各出使大臣譯寄需時未便株守茲特遴歷年派充
南洋隨員之三品銜洋員美國人福開森在上海設局
購取各國鑛務章程慎選繙譯詳加采輯以便及時
考核酌定所需員司薪水局用飭由上海道在議約經
費項下核實開支造報除分飭遵照外相應咨會為
此咨呈
貴外務部謹請查照施行須至咨呈者

右　　咨　　呈

外　務　部

光緒貳拾捌年拾　月初　日

咨呈事

預開空白

二九

逕啟者數日前據上海商會稟呈各國大臣聚會處以黃浦江口外淤沙屯積甚多以致洋式載重船隻均須於口外起下貨物因有許多艱難延悞時刻船東與雇船之人致多損耗現在黃浦水道甚形不便恐將來赴滬船隻不能駛進吳淞口實爲可虞云云該處既有如此情形本大臣等應各按本分再行提醒

貴王大臣若再行延悞不按一千九百零一年九月初七日
和約第十七款之意速設修理黄浦江之局關係實非淺鮮
是以切懇
貴王大臣即行入奏由
貴國政府速即轉囑兩江制府即將修理黄浦江代中國辦
事之員立即派定可也特此即頌
新祺　附送洋文
名另具　正月初八日

三〇

為

咨明事案查前准

貴部咨開以商人李樹滋與美商劉承恩合辦柳條溝等處礦産先未聲明華洋合辦因屬有意朦混但初稟既稱礦師劉承恩續稟又稱礦師兼股東劉承恩何以前任都統色　並不查明劉承恩為華商為洋商又未咨部核明輒行批准並先兑收押課銀兩殊不可解惟現在既據查明實係華洋合辦應由貴都統飭令該商呈驗草約查無弊混再行咨部核辦相應咨行貴都統查照飭遵可也等因准此本都統當即札飭承德府查傳該商李樹滋到案聽候諭令呈驗草約去後嗣據該府以查得李樹滋已不知何時赴京無憑傳喚等情詳經移咨

貴部就近向美商劉承恩查詢李樹滋住處傳案飭令呈驗草約核辦在案茲於光緒二十九年正月十五日據該商李樹滋稟稱為稟呈合同懇請查驗咨部事竊商人前與美商劉承恩稟請開辦灤平縣屬金鈎屯豐寧縣屬鐵匠營兩處銀礦並續稟開採之灤屬廠子溝豐屬波倫諾兩處金礦均蒙前都憲色　批准賞發示諭在案嗣因華洋合辦未將合同呈送致蒙

外務部咨催奉前都憲松　諭飭令將所訂合同呈驗以憑咨部核辦等因奉諭後商人遵即回京邀同美商劉承恩來熱並赴各該礦詳加勘驗據稱廠子溝波倫諾兩處金礦較金鈎屯鐵匠營銀礦砂線豐旺堪以經久現擬先行開辦廠子溝波倫諾兩處金礦俟將該礦開採升課後再行遵章稟請開採兩銀礦以重礦務而免紛歧所有一切局規升課章程悉遵熱河現定章程辦理均為華商是問不敢有違理合照錄議訂合同二分呈送以便查驗為此具稟伏乞查核俯賜轉咨

外務部存案寔為公便並將合同呈送前來相應將送到合同咨送為此合咨

貴部請煩查照核辦見覆施行須至咨者

計咨送　合同一紙

右　　　咨

外務部

光緒二十九年正月　十九　日

[illegible]筆帖式[illegible]

附件

北樹

合同

立合同人華商李樹滋美商劉承恩等為合辦熱河豐寧縣屬波淪諾灤平縣屬廠子溝兩處金礦情愿共出資本銀陸仟兩按照土法合行試辦言明此欵每長年按八厘行息半年取息一次取息時按照收到實銀數目日期扣算以昭公允如欵不敷用再行隨時續入資本將來倘有賠累歸商人自行清理與　國家無干所有抽課納税悉遵照熱河定章輸納如有盈餘除去廾課利息及一切靡費之外提十之二五報効

國家其前經稟請開辦之豐屬鐵匠營灤屬金鉤屯兩處銀礦俟將波淪諾廠子溝金礦開辦廾課後再行另籌股本稟請開辦一切仍照章辦理將來設局所佔礦山必與以公道價值不得恃公相强如係官

地或蒙地均按舊章辦理至保衛山廠之巡兵亦由
本局自給餉糈倘日後砂線豐旺廣開大作仍遵照
熱河章程不得逾本礦二十里以外其有未盡事宜
俟開辦後再行隨時酌訂稟請查核存案恐後無憑
立此合同為證

華商李樹滋

美商劉承恩

光緒二十九年正月　　同心合立

三一

逕啟者茲再聲明上年七月二十七日曾函送熱河都統所發
給美商劉承恩華商李樹滋等批札數件准該商等在承德府
附近等處試開金銀各礦嗣復親至
貴部與
各位面談此事經
各大臣答以閱此札批各件似無不可允行惟須俟新都統
到任後查明咨復等言現已遲延數月
貴部尚未批准茲據劉承恩面稟彼適從熱河旋京
錫都統已應許按前任之札諭准行是以切請
貴王大臣將此事速行批辦望不再延即按
貴部前所允俟新都統允准
貴部必行照允之言辦理可也特布即頌
時祉附送洋文

名另具　正月二十八日

附件

F.O. No. 468.

LEGATION OF THE UNITED STATES OF AMERICA,
PEKIN, CHINA.

February 24th. 1903.

Your Imperial Highness:-

I have the honor to remind Your Imperial Highness that on the 28th. of last August I sent you a note transmitting certain documents ,approved and sealed by the Military Governor of Jehol, in virtue of which Mr. E.K.Lowry an American citizen, and Mr. Li Shu-tzŭ, a Chinese subject, acquired concessions for working certain mines in the neighborhood of Ch'eng-te Fu. Afterwards in a personal interview with the Ministers of the Board of Foreign Affairs I was assured that the papers were in order and that there appeared to be no objection to approving them, but that the new Military Governor of the district had been asked to report upon the matter. Many months have now elapsed and the approval of your Board is still with-held. I am now informed by Mr. Lowry that he has just returned from Jehol and that the Military Governor, Hsi-liang, assured him that the concessions had his approval. I must therefore urge upon Your Imperial Highness the importance of attending to the matter at once, and I trust that there may be no more delay in giving the approval, which I was assured would be given on receipt of a favorable report from the present Military Governor.

I avail myself of the opportunity to renew to Your Imperial

Highness

2

Highness the assurance of my highest consideration.

E H Conger

Envoy Extraordinary and

Minister Plenipotentiary of

the United States.

To His Imperial Highness, Prince of Ch'ing,

President of the Board of Foreign Affairs.

三二

逕啟者美商劉永恩等所奉熱河都統原批札四件上年經本館白署繙譯帶赴
貴部交
貴大臣閱視
貴大臣當即留下云俟改日送還嗣本參贊旋華白署繙譯即回上海此原批札四件迄今尚未送還希
貴大臣即行
檢送本館是荷特此即頌
日祉

名另具 正月二十八日

衛理

三三

逕啟者茲有一事應行提醒
貴親王前曾數次允許俟新任兩江督一經抵任即速囑其將中國所應按一千九百零壹年九月初七日所定修改黃浦江一事於該局内速派一華員聞 魏大臣現已接兩江之任望即接有来函已囑該督派定此事應派之局員因已深靠
貴親王所允許之言早將
貴國願派該局人員之意電轉本國是以本國
政府亦甚相信
貴國必行速派而無遲滯也特泐即頌
爵祺附洋文

名另具 二月十八日

附件

F. O. No. 1171.

LEGATION OF THE UNITED STATES OF AMERICA,
PEKIN, CHINA.

March 16th. 1903.

Your Imperial Highness:-

I have the honor to remind Your Imperial Highness that you have several times assured me that immediately upon the arrival of the newly appointed Viceroy of the Liang Kiang at Nankin and his taking over of the seals of office, you would instruct him to appoint the Chinese representative of the Huang-p'u Conservancy Board as required by the Protocol of Sept.7th.1901.

I am informed that His Excellency, Wei Kuang-tao, has already reached his post at Nankin and entered upon the discharge of his official duties. I trust, therefore that I may be speedily informed officially that the required appointment has been made. Trusting to Your Highness ' promise in the matter I telegraphed to my Government that the appointment would be made, and my Government confidently expects that it will be done without delay.

I avail myself of the opportunity to renew to Your Imperial Highness the assurance ofmy highest consideration.

E. H. Conger
U.S.Minister.

To His Imperial Highness, Prince of Ch'ing,
President of the Board of Foreign Affairs.

三四

敬肅者，前肅布第九號函，諒蒙

堂鑒。本年二月十四日奉

鈞署寒電：公約十一款，脩濬黃浦，中外各約半費，設局興辦。現各使屢催派員，本部迭與南北洋籌商，以中外分任有礙主權，擬由中國認出全費，自行脩濬，俾各國商船往來利便，又免各國商人籌費，實為兩益。按之各國立約宗旨，亦不相背，即布切商外部並電復等因。奉此，當即將原電譯錄，函晤美外部海約翰詳達一切並告以我政府來電總揭大綱然以鄙人所聞則各國派員僑濬黃浦河一事其窒礙之處尤有不止如來電所言者僑濬之事必須熟悉河道之員非人人盡能通曉各國寓華之員究屬無幾就地取材既難其人遠從本國調員又於地方情形不能盡悉其難一也各國商務多少不同各國商船多寡不一若一律分認僑費則難昭公允若或多或少又不免參差其難二也一國之人同辦本國之事尚多

爭論況合數國之人同辦他國之事意見紛歧彼此偏執權力各不相下籌畫必難妥善其難三也黄浦淤沙洋船誠難來往民船仍可出入常年脩費既巨各國謂應將脩款攤扣民船百姓無知必多咨怨徇各國之情則滋民怨拒各國之請則失邦交其難四也有此四難故前兩江總督劉與各使辯論迄未允從今我政府既願全出脩費不必各國分攤祇要脩濬如式便利商船各國既免出脩費各商仍獲利益

洵為兩便之道又無以上四難之患諒貴大臣必以為然海謂和約第六款訂明脩濬南北兩河始允加抽切實值百抽五之稅載在約章其後南洋劉大臣迭經辯論而前全權大臣李即不以為然可見濬河一事無礙主權明於形勢者知之最悉且南北事同一律西兵未撤之時北河業經興辦至今相安脩濬黃浦何致窒礙願復貴國政府不必遲疑 桐謂細繹商約宗旨祇在商船利便今我國獨任其難願出全

費撥之立約初意並不相違各國免出借費不必派員以免煩擾似屬有益無損海謂原約已定若因細故又復翻異一款可動則全約可更若各國以此藉口紛紛更移別款或要求別項利益恐非貴國之利並密告以各國訂約之始言語嘈沓不可聽聞美廷堅持初議以不礙中國主權為宗旨實不欲他國藉端求取多所覬覦至濬河一事中外蒙福以理度之上海道總其綱各領事分其任稅務司與其事各人

員費其成互相稽察斷不致礙祈婉復政府南北洋大臣派員速即興辦是所厚望等語前美派柔克義查攷中華事務現在美都美外部以其熟悉中國情形遇有要事每向諮訪 桐 迭晤柔克義告以脩濬黃浦一事中國擬出全費自行脩濬尊意以為何如柔謂脩費無幾中國全出本不為難第以愚見度之中國自行脩濬似不如中外分認之為妙中國向來工程積弊太多工料尅減雖有廉能之吏無可如何若

各國公脩則靡費少而工程固觀於上海租界與華民地界十步五步之内判然不同即可互爲印證條所論若此號電簡畧僅撮大意兹特詳陳祈

轉達

邸堂

列憲是荷祇此敬叩

勛綏

沈桐謹肅

光緒二十九年二月二十日
代字第十號

三五

考工司

呈為咨行事光緒二十九年二月二十七日本部具奏議覆熱
河都統奏擬定礦章一摺本日奉
硃批依議欽此相應恭錄
諭旨並鈔原奏咨行
貴都統慶局欽遵查照可也須至咨者附抄摺
熱河都統
路礦總局
政務處
光緒二十九年二月 日

三六

康格

逕啟者接准
貴部於三月初一日來函以李樹滋劉永恩等所訂合辦廠子溝等處
金銀礦合同已核覆熱河都統准該商等遵照此次熱河奏
定新章妥為試辦等因茲請
貴親王查照希即將此次奏定新章飭抄一分送交本館查
閱是荷特此即頌
爵祺 附送洋文
名另具 三月初三日

附件

F.O. No. 475.

LEGATION OF THE UNITED STATES OF AMERICA,
PEKIN, CHINA.

March 31st. 1903.

Your Imperial Highness:-

I have the honor to acknowledge the receipt of Your Imperial Highness' note of the 29th. inst. in which you inform me that you have instructed the Military Lieutenant Governor of Jehol that you approve of the mining concession in that district applied for by Messrs. Lowry and Li, the mines to be operated in accordance with the new Regulations reported in a memorial by the present Military Lieutenant Governor of Jehol and approved by the Throne.

I have the honor to request that Your Highness will send me a copy of the above-mentioned Regulations.

I avail myself of the opportunity to renew to Your Imperial Highness the assurance of my highest consideration.

E H Conger

Envoy Extraordinary and
Minister Plenipotentiary of
the United States.

To His Imperial Highness, Prince of Ch'ing,
President of the Board of Foreign Affairs.

三七

逕啟者茲有美國工程師詹美生將往熱河代
貴部前所准開礦之李樹滋劉承恩查勘該礦情形以備將來定期
開辦是以函請
貴親王查照希即知照熱河　錫大人該工程師越數日
必行抵熱請其格外照料並於該工程師所望襄助之事
即行極力助之是荷特此泐布即頌
爵祺附送洋文

名另具　三月二十日

附件

F.O. No.486.

LEGATION OF THE UNITED STATES OF AMERICA,
PEKIN, CHINA.

April 17th. 1903.

Your Imperial Highness:-

I have the honor to inform Your Imperial Highness that Mr. C.D. Jameson, an American engineer, is about to visit Jehol in behalf of Messrs.E.K.Lowry and Li Shu-tzu, who have obtained a mining concession in that region, as is well known to Your Highness.

Mr.Jameson goes to look over the ground and arrange for commencement of operations. I have therefore to request that Your Imperial Highness will inform the Military Lieutenant Governor of Jehol that Mr.Jameson will arrive there within a few days, and ask him to be good enough to afford Mr.Jameson all needed assistance and protection.

I avail myself of the opportunity to renew to Your Imperial Highness the assurance of my highest consideration.

E. H. Conger

Envoy Extraordinary and
Minister Plenipotentiary of
the United States.

To His Imperial Highness, Prince of Ch'ing,
President of the Board of Foreign Affairs.

三八

咨熱河都統美康使函稱工程師詹美生前往查礦請照料襄助由

行

署右侍郎顧

三月廿三日

考工司

呈爲咨行事。光緒二十九年三月二十日准美國康使函稱：茲有美國工程師詹美生將往熱河代前准開礦之李樹滋、劉承恩查勘該礦情形，以備將來定期開辦。是以函請轉行知照熱河都統，該工程師越數日必行抵熱，請格外照料，並於該工程師所望

襄助之事極力助之等語相應咨行

貴都統查照向章保護可也須至咨者

熱河都統

光緒二十九年三月　日

三九

卜

五月初四日

大美駐華便宜行事欽差大臣康　為
照會事適接駐紮廣東省城美國領事電稱修
造廣州府漢口鉄路之美國工程師等前因土匪為
亂停工現已回至清遠地方復興工作而前所遣派
保護工程師等之二員均已棄工程師等不顧而去
云云若不極力趕緊設法保護該工程師等則更難
興於要工此節想在
貴親王洞鑒之中矣本大臣特此照會請
貴親王作速諭令該地方官等立即設法保護該
工程師等使其得興工作不再受阻擾並保護該工
程師等身體性命使不受人攻打也為此照會
右　照　會

欽命總理外務部事務慶親王
再適因本大臣之華文繙譯官未在署中故只專用
英文照會未能配送華文合并聲明
西曆一千九百零三年五月二十九日

附件

F.O. No.

LEGATION OF THE UNITED STATES OF AMERICA,
PEKIN, CHINA.

May, 29th. 1903.

Your Imperial Highness:-

I have the honor to inform Your Imperial Highness that I have just received a telegram from the United States Consul at Canton, telling me that the American engineers who are constructing the Canton- Hankow Railway, have returned to Tsing-yüan to resume their work, which was interrupted a short time sinceby rioters, and that two mandarins who were sent with them for their protection, have deserted them.

Your Imperial Highness will understand that unless full and immediate protection is given them, it will be impossible for them to carry on the important undertaking committed to them, and I must earnestly insist that Your Highness at once send orders to the local authorities to take prompt measures to prevent any further interference with them in the discharge of their duties and to secure them from personal attack.

I avail myself of the opportunity to renew to Your Imperial Highness the assurance of my highest consideration.

E. H. Conger
U. S. Minister.

To H. H. Prince of Ch'ing,

President of the Board of Foreign Affairs.

P.S. There being no Interpreter at hand, I am compelled to send this without a Chinese translation.

四〇

欽命督辦電政大臣太子少保直隸總督部堂袁
欽命會辦電政大臣候補部堂吳　為

咨呈事。前准美國紐約太平洋商務水綫公司函稱，擬由呂宋造

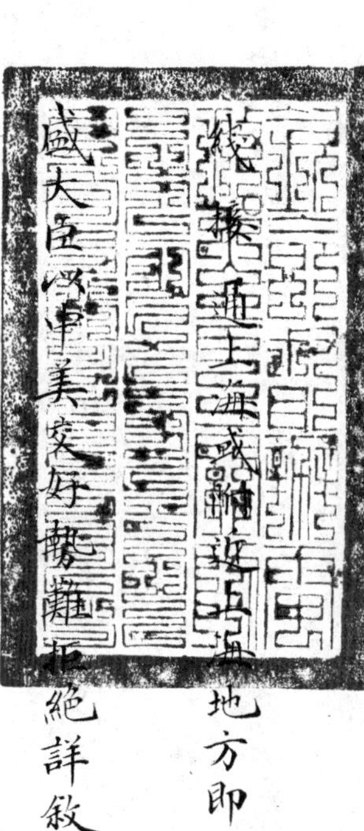

綫接通上海，或轉設上海地方，即指吳淞而言。當經

盛大臣以中美交好，礙難拒絕，詳敘各國海綫章程，並陳明查照

大東北合同妥籌辦理，於本年正月初七日電咨

大部在案。本大臣等接辦後，迭經派員與東北公司熟商。茲據該

兩公司函稱：美水綫接通上海一事，敝公司奉總董命推誠奉商貴

局，與其設法阻止，力有未逮，不如另擬和平辦法，使美公司不至奪

我三公司歐州往來報務以保全彼此固有之權利特擬聯合辦法九條請速復以便乘英京萬國電報公會集議之時將抵制之法先事商定免致美水綫造成後無所措手等語查各國水綫登岸空言阻止無裨實際除不與接綫外並無他法本局自與東北公司訂齊價合同後歲入洋報費頗鉅今添一公司自不免稍分利益惟細核該兩公司所擬九條辦法於本綫費不過吃虧尚可抵制六七若中國不允聯合堅執不准上岸既慮美綫造成於吴淞口外設一躉船無須上岸亦無須接綫儘可跌價爭攬致齊價報費全數

無著尤慮該兩公司暗與美公司聯合吃虧更巨祇得允准該兩

公司推誠聯合仍守定中國本綫界限不使利權外溢以相抵制

他國倘再援請尚可藉東方各公司力量併力拒阻除飭總局函復

大東北公司照辦外業經本大臣等電咨

大部在案昨奉

大部哿電開電悉東北公司所擬辦法九條希即咨部備案等

因准此查東北公司所擬辦法九條係與我電局預籌抵制美水

綫在吴淞上岸辦法將來允准美水綫上岸時尚須另立合同以

昭信守兹准前因相應將該兩公司所擬辦法九條照鈔清

摺咨送

大部謹請查照備案須至咨呈者

計咨送清摺一扣

右咨呈

外務部

光緒

月

日

附件

謹將大東大北公司所擬駢合辦法九條照抄清摺送呈

鈞鑒

計開

一電局應得之本綫費向來受分每字一佛郎四十二生丁若與美綫接

通傳報收費必須與此數相同

二美公司如允照辦電局可與之聯合敝公司亦然

三電局本綫費應得之數須預爲聲明

四華歐往來每字總價七佛郎如日後減跌則所定之一佛四十二生丁亦當核減

五欲成此舉必須擔保美公司能得一定之進款其款即在歐美净得報費内攤算惟尚須招他公司共分其任以減輕我三公司擔保認攤費

六若事未議定遽允美水綫登岸則該水綫登岸之口岸報費電局不能得本綫費所失之數定多於擔保認攤之數

七彼此攤認成數之多寡按照統帳總數爲增減若按西一千九百零一年即光緒二十七年分報務計算認攤之數電局約出英金一萬一千五百鎊東北兩公司約出英金四萬鎊然美報減價招徠或尚可以恢復

八電局本綫費既歸一律所收報費應入新大公司統帳攤算

九如此辦理若美政府相助而成兩公司並電局地位更可穩固

四一

逕啟者，本國商人劉承恩、與華商李樹滋承辦承德府一帶金銀各礦業，由
貴部於三月初一日准其開辦。茲該商等擬先往厰子溝用土法試開一小礦，按熱河都統奏定該處礦務章程，應須請領准行執照，其小礦照費則應繳銀五十兩，茲由該商劉承恩送來領照費公砝平銀五拾兩，懇爲轉請送交礦務總局發給執照等因。相應將該送到照費票銀五十兩附送
貴親王查照，轉送礦務總局。因該商劉承恩、李樹滋擬僱工程師田你三人定於下禮拜內起程赴熱，並請將所發准行之照從速送交本館，以便轉交收執。該商等未起程之先，另有作工華人十名於明後日隨帶所用器具及所應用炸藥，持有劉承恩等信函爲憑，先行出口前往。並請
貴親王知照古北口，於該華人等到口時，勿得攔阻；一面知照
熱河都統，該商劉承恩與洋工程師田你前往開辦厰子溝金礦，請其行飭灤平、豐甯二縣即行出示曉諭百姓，俾知該商等係
奉有准行開辦批照前來，以免滋生事故可也。特此。即頌
爵祉。附洋文並銀票五十兩

名另具 五月二十九日

康格

附件

F.O. No.515.

LEGATION OF THE UNITED STATES OF AMERICA,
PEKIN, CHINA.

June 23d. 1903.

Your Imperial Highness:-

I have the honor to inform Your Imperial Highness that Messrs. E.K.Lowry and Li Shu-tzŭ, having obtained a concession to work gold and silver mines in the neighborhood of Ch'êng-tê Fu, which concession was approved by your Board on the 29th. of March last, the said E.K.Lowry and Li Shu-tzŭ are about to begin work by native methods at the small mine in Ch'ang-tzŭ-kou, and at the request of Mr.Lowry I have the honor now to ask Your Imperial Highness to issue the necessary permit, as provided in the new regulations, submitted by the Military Governor of Jehol and approved by the Throne. According to the said Regulations, the fee for such a permit is Tls.50.00, and I inclose Mr.Lowry's check for this amount. As Mr.Lowry and Mr.Li Shu-tzŭ with their engineer, Mr.Denny will leave here for Jehol early next week, I trust Your Highness will have the required permit issued at once. Their Chinese workmen, ten in number, will leave in two or three days, and will bear a letter from Mr.Lowry for their identification; I have the honor to request also that Your Imperial Highness will have such instructions issued to the guards at Ku-pei K'ou as will prevent their being detained there. They will carry with them their tools and the powder needed for blasting. I have the honor to further request Your Imperial Highness to inform the Military

Lieutenant

2

(F.O. No.)

Lieutenant Governer of the coming of Messrs.Lowry and Denny,and direct him to order the Magistrates of the two Districts, Luan-p'ing and Fêng-ning to issue proclamations, notifying the people that Messrs.Lowry and Li have concessions for mining in these districts, and thus preventing any disturbance of their work.

I avail myself of the opportunity to renew to Your Imperial Highness the assurance of my highest consideration.

E. H. Conger

Envoy Extraordinary and

Minister Plenipotentiary

of the United States.

To His Imperial Highness, Prince of Ch'ing,

President of the Board of Foreign Affairs.

四二

考工司

呈為劄行事光緒二十九年閏五月初二日准美國康使

函稱本國商人劉承恩與華商李樹滋承辦承德府廠子

溝金礦先用土法試開一小礦該商等偕工程師田你三人

定於下禮拜內起程赴熱未起程之先另有作華人丁平甫 趙玉 蔣文崑

三名於閏月初四日隨帶所用器具及應用炸藥弍百

磅持有劉承恩等信函為憑先行出口等因初三日復准劉

承恩到部面請發給護照除由本部繕就護照劄行順天府

蓋印記函送美康使轉給外相應劄行霸昌道於前項華

洋人等持照到口時即便查照驗明放行勿得攔阻可也須至

劄者

右劄霸昌道 准此

光緒二十九年閏五月 日

四三

中堂

王爺鈞座敬肅者前月二十七日將鈔錄美約全文郵寄

大人

台端發遞後深恐約文迭經增改語多簡括其中損益

得失之故非詳細疏註或有詞不達意之虞隨又逐

款逐節分疏原委寄呈備

核正在鈔繕間奉到

鈞處東電暨 香帥 慰帥各電飭令將第四款內第

七節鹽觔第十一節出廠稅第十四節兩國會定日

期第十款專利牌照以及聲明銷場等稅照會與美

使商改商刪各節當即遵照往晤美使切實商議美

使恐我於所商之各款外再續有駁論不肯即與我

議再三辯論美使屬再電請

部示此外有無再行商改之處必須一齊斟酌以免枝

枝節節轉無議結之期已一面於陽電詳陳

鈞聽一面趕將註釋約文繕正寄呈

督閱統乞迅速

查核電示再當與之極力磋磨總期盡一分心得一分

益以仰副

維持大局之至意專肅恭請

鈞安惟希

垂詧 制盛宣懷 呂海寰 伍廷芳 謹肅 六月初八日

附約文疏註一本

四四

逕啟者，茲接有粵漢鐵路總辦工程司革雷由滬來函云，管理中
國鐵路公司
盛宮保囑出使華、盛頓中國欽差，不按合同所約在粵漢鐵路保
票上簽字等因，茲照録革雷來函附送
貴親王詳細查閱，希即行囑
盛宮保刻即將阻止出使美國大臣簽字之意撤去，並按照合
同將此保票交於粵漢鐵路公司，想
貴親王亦知如不照此辦理，該保票定行跌價，必致該公司多
有受虧也。特布，即頌
爵祺。附送洋文並照録來函一件

名另具　六月二十一日

附件一

F.O. No.534.

LEGATION OF THE UNITED STATES OF AMERICA,
PEKIN, CHINA.

August 13th. 1903.

Your Imperial Highness:-

I have the honor to inform Your Imperial Highness that I am just in receipt of a letter from Mr.Willis E.Gray, General Manager and Engineer in Chief of the Canton - Hankow Railway, stationed in Shanghai, complaining that for some reason His Excellency, Shêng, Director General of Railways, has sent orders to the Chinese Minister at Washington not to sign the Mortgage Bonds of the Railway, as required by contract.

I inclose a copy of Mr.Gray's letter and have the honor to request Your Imperial Highness to carefully consider the same and direct His Excellency, Shêng, to at once withdraw his order forbidding the signing of the bonds, and to have the same delivered as provided for in the contract. Your Highness will readily see that, unless this be done, the bonds will depreciate in value and the American China Development Company will suffer heavy loss.

I avail myself of the opportunity to renew to Your Imperial Highness the assurance of my highest consideration.

E.H. Conger
U.S.Minister.

To His Imperial Highness, Prince of Ch'ing,
President of the Board of Foreign Affairs.

附件二

(Enclosure in F.O. No.)

COPY.

Shanghai, August 6, 1903.

Dear Sir:- ********* On page 2, Article 2, of the Main Agreement you will find the agreement of the Chinese Government, which reads as follows:

"To secure the amount of the loan as hereinbelow provided, and when its exact total shall have been fixed as hereinbelow provided, (the same to be, however, in any event not less than sufficient to net §4,000,000 Sterling) there shall be engraved and turned over en bloc to the American China Development Company, Imperial Chinese Gold Bonds in the English and Chinese languages;"

On Page 7, Article I4, Main Contract, you will find an obligation on the part of the Chinese Government as well as the American Company to take no action which will in any way impair the value of these bonds.

On Page 35, is Article 24, reading:

"It is hereby AGREED that as concerns all matters in these agreements, whatever provisions are contained in the main agreement and are not mentioned in this Supplemental Agreement are to prevail."

On Page I2, Article I. of the Supplemental Agreement, the amount of the loan was increased from four million pounds to eight million pounds or forty million gold dollars. "The 40,000,000 dollars' loan is to be issued at separate periods and in series not less than four, each series is to be in such amount as the Engineer-in-Chief may determine under the direction of the Director General and the American Company in accordance with the extent of the work to be undertaken, so as to prevent the Chinese Government from suffering any undue loss in interest".

Nothing

(Inclosure in F.O. No.)

Nothing in this Article changes Article 2, which distinctly states that the bonds shall be engraved and turned over en bloc to the American China Development Company.

On Page I7, Article 5, Supplemental Agreement, it is provided:

"The Chinese Minister in Washington and the American Company are to agree upon the selection of a proper Trust Company or Safe Deposit in New York to keep these bonds, subject to the needs and requirements of the American Company, so as to enable it during the progress of construction to sell these bonds in separate lots from time to time, etc."

On Page I6, the same Article, it is provided:

"The bonds and the American debentures are to be engraved entirely in the English language and shall bear the facsimile of the signature of the Director General and of his seal of office, in order to dispense with the necessity of signing them all in person, as, owing to the distance being great and the bonds numerous, the transmission of same is difficult. But the Chinese Minister in Washington is to sign each of the bonds and debentures and put his seal thereon, as a proof that the issue and sale of these bonds as well as the debentures, are duly authorized by and binding upon the Chinese Government."

Passing over the next two paragraphs, Article 5:

"The first mortgage bonds of the railways to be built under the provisions of this Supplemental Agreement are, as soon as they are engraved and signed and sealed by the Chinese Minister in Washington as hereinbefore provided, to be countersigned by the American Company ."

More than $I2,000,000 of these bonds are signed and sealed and in the hands of the Minister in Washington, who refuses by direction of H.E.Shêng to turn them over to be countersigned by the President of the American Company as provided in the above paragraph of Article 5. The delivery of the bonds en bloc to the American Company does not constitute an issue of bonds, nor a sale of bonds. If it did, the moment the bonds were signed and sealed by the Minister in Washington and countersigned by the President of the American Company, the entire block of bonds

would

(Inclosure in F.O. No.

would begin to draw interest. It certainly will not for a moment be contended that the Chinese Government would consent to guarantee the interest on these bonds en bloc while lying in a safe deposit or trust company's vaults.

In the first paragraph of Article 5, Page I5:

"The date of the bonds mentioned in the 2d.Article of the Main Agreement and of the debentures mentioned in the 6th.Article of the same Agreement shall be of even date with this Supplemental Agreement.Interest shall begin to run upon the bonds only from the date of their respective sales and deliveries to the public and due adjustment of such interest will then be made with the respective purchasers for any fractional period of time etc."

I desire to call your attention to the fact that upon the prompt fulfillment by the Chinese Government of its obligations to deliver to the American Company en bloc the entire amount of bonds depends to a very great extent the value of these bonds in the eyes of the public. With the knowledge that a portion of the bonds have been signed and delivered, and the further knowledge that a portion of the bonds have been signed and remain yet undelivered, and the knowledge that the signing of the remaining bonds has ceased, investors certainly will not consider these bonds a desirable investment. Therefore their value becomes at once impaired. This failure of the Chinese Government to protect the validity of the bonds and its own integrity in the execution of the terms of the contract must result in great loss to the American Company, and the American Company unless the contract be speedily fulfilled by the Imperial Government will be compelled to hold the Imperial Government responsible for the heavy loss which

4

(Inclosure in F.O. No.)

which it will sustain. **

Your obedient servant,

(Signed) Willis E.Gray,

Engineer-in-Chief & General

Manager.

Honorable E.H.Conger,

Envoy Extraordinary & Minister Plenipotentiary,

Peking.

四五

八月初九日收梁大臣信摘錄付 工司 雲字二百九十三號

粵漢鐵路借票簽印經於上年奉

旨允准由盛大臣按照合同簽印送交收受五月初旬開簽經於第五號函內陳明並經函達盛大臣矣上月接盛大臣電因工程師辦事不合務令暫停簽美公司既有違言誠於間調停函電往復極勸力爭前月復往紐約與該公司總辦面商辦法添派妥人專辦工程事務幸得就緒一俟接准盛大臣電復即當照舊續簽矣

梁誠

光緒二十九年六月二十七日

美字拾號

四六

逕啟者案查熱河都統衙門前有奏准新定熱河礦務章程
本館未曾得有底本兹請
貴大臣轉飭將此新章照抄一分送交本館以便備案俾得
隨時查照辦理有費
清神統容晤謝特此奉佈即頌
升祺
名另具七月十七日

四七

逕啓者，茲有一事，須向

貴親王聲明，即係光緒二十八年六月間，熱河色都統批准華商李

樹滋約同美商劉永恩，開辦熱河一帶各礦，及灤平縣廠子溝、豐寧

縣波倫諾金礦，並准其於豐、灤兩縣其餘金銀五金各礦，如未經他人

呈報者，准其隨時稟報開辦，業於本年三月初一日接准

貴部函復云，查李樹滋等所訂合辦廠子溝等處金礦合同，已由

熱河都統咨送到部、現經本部核復、准該商等遵照此次熱河

奏定礦務新章妥為試辦云云、惟未將

貴部所批准之言、註明於都統原批准該商開辦札諭之上、並

未加蓋部印、按熱河奏定新章、凡禀開各礦、應由都統查明一切、

均與定章相符、方予咨外務部查核、俟覆准後、始准給照開辦、

因有此奏定新章、不惟應有都統批准蓋印之札諭、即

貴部亦須於原給批諭上加註部批、蓋用部印、否則該商等難
以招股、以應開辦之需、緣恐人視所奉批諭爲未全、未足爲據、不
願附股、是以將所奉色都統原批諭二件、轉送
貴親王大臣查照、即希將前復本大臣批准該商等試辦之言、加
註於都統原批諭之上、並蓋用部印、從前有人奉
貴部批准開辦之礦、曾有如此辦法、茲亦請援照如此辦理可

也特此奉布即頌

爵祺附送洋文並批諭二件

名另具八月初五日

附件

F.O. No. 554.

Legation of the United States of America,
Pekin, China.

Sept. 24th. 1903.

Your Imperial Highness:-

I have the honor to remind Your Imperial Highness that in the XXVIII Year of Kuanghsü, Sixth Moon, the Military Lieutenant Governor of Jehol, Sê, granted to Messrs. Li Shu-tzŭ, A Chinese, and Mr.E.K.Lowry, an American citizen, certain mining concessions in that region, including permission to work the gold mines of Ch'ang-tzŭ-kou in Luan-p'ing Hsien and of Pe-le-nê in Fêng-ning Hsien together with the right to work any or all of the remaining gold and silver mines or other of the five precious metals in these two districts, which had not been already applied for by others.

On March 29th. of the present year Your Imperial Highness wrote to me as follows:-

"We find upon examination that the contract entered into by Li Shu-tzŭ and others for the joint operation of gold and silver mines at Ch'ang-tzŭ-kou and other places has already been sent down to our Board by the Military Lieutenant Governor of Jehol, and our Board after deliberation has now replied to him that we consent to the said persons operating the mines in accordance with the new Regulations reported in a memorial by the present Military Lieutenant Governor of Jehol and approved by the Throne."

This sanction by the Board of Foreign Affairs has not, however, been yet indorsed upon the original documents which set

forth

(F.O. No.)

forth the concession made by the said Military Lieutenant Governor of Jehol, and which bear his seal. Inasmuch as the Jehol Mining Regulations require the applicants for mining concessions in that region to obtain the approval of the Board of Foreign Affairs, it is necessary that these original papers bear not only the seal of the Lieutenant Governor of Jehol but the indorsement and the seal of the Board of Foreign Affairs; otherwise the concessionaires will be unable to induce capitalists to invest money in these mines through fear that the papers are not complete.

I have the honor, therefore to forward these documents inclosed and to request that Your Highness will direct that the sanction of the Board of Foreign Affairs, as reported by Your Imperial Highness to me, be indorsed thereon under the seal of the Board of Foreign Affairs, as has been done repeatedly in the case of other concessions granted.

I avail myself of the opportunity to renew to Your Imperial Highness the assurance of my highest consideration.

E. H. Conger

U.S.Minister.

To His Imperial Highness, Prince of Ch'ing,

President of the Board of Foreign Affairs.

四八

逕啟者茲有一事佈達

貴親王本館聞有他人在熱河一帶呈報開辦礦務已蒙

貴部批准而所批准之處則係於光緒二十八年六月間所批准李

樹滋劉永恩等所得開之礦頗有干涉查

貴親王於本年三月初一日來函內稱已經

貴部核復准該商等遵章妥為試辦復查熱河都統所給李

樹滋劉永恩等札諭有開採灤平縣廠子溝豐甯縣波倫諾之
權力並於該兩縣內其餘金銀五金各礦如未經他人呈報者
准其隨時稟報開辦是以請
貴親王查照希將所聞復批准他人呈報之礦是否係在李劉
等商呈報開採以後復准他人在該兩縣開辦抑或他人在李劉等商
未經呈報之先已行呈報迄今方請批准請即查明
見復是荷特此即頌
爵祺附送洋文

名另具　八月初九日

附件

F.O. No. 556.

Legation of the United States of America,
Pekin, China.

Sept. 29th. 1903.

Your Imperial Highness:-

I have the honor to inform Your Imperial Highness that a report has come to this Legation that certain mining concessions have been granted in Jehol which conflict with those made in the Sixth Moon of XXVIII Year of Kuanghsü by the Military Lieutenant Governor of Jehol to Messrs. Li Shu-tzŭ and E.K.Lowry and which were approved by the Board of Foreign Affairs as reported to me by Your Highness on March 29th. of this year. According to the terms of the concessions made to Messrs. Li Shu-tzŭ and E.K.Lowry they have the right to work the gold mines at Ch'ang-tzu-kou in Luan-ping Hsien and at Po-lo-nê in Fêng-ning Hsien together with the right to work any or all of the gold and silver mines or those of other of the five precious metals in these two Hsiens which have not been previously applied for by others.

I have the honor therefore to request that Your Imperial Highness will inform me whether any concessions have been granted in the districts mentioned since the grant to Messrs. Li Shu-tzŭ and E.K.Lowry, and whether there are any applications pending, which were made before theirs, for mining rights in the two districts mentioned.

I avail myself of the opportunity to renew to Your Imperial

(F.O. No.)

Highness the assurance of my highest consideration.

E. H. Conger

Envoy Extraordinary and

Minister Plenipotentiary of

the United States.

To His Imperial Highness, Prince of Ch'ing,

President of the Board of Foreign Affairs.

四九

考工司

呈爲照會事。光緒二十九年十月二十六日准商部咨稱：光緒二十九年十月十四日本部具奏重訂鐵路章程一摺，本日奉

旨：依議。欽此。相應恭録

諭旨，刷印章程咨呈遵照，並希照會

各國駐京大臣等因前來。相應將商部重訂鐵路簡明章程二十四條照送

貴大臣查收備案可也。須至照會者。附章程一本

各國公使

光緒二十九年十月　日

五〇

逕啓者：兹有本國大學堂教習維理士來京，彼曾應允本國政府所囑，允爲考察北京城内外及西山一帶地方土質石層，能否挖深可以得有自來之水。第一要處係須察考後門内之煤山係何土質，及該山岩石形式均係面向何方。擬於本月初八日前赴煤山察閲，請轉請

貴親王知照管理該山之員，准其前往，俾得詳加查察能否開造自來水井。不惟有益住京洋人，亦於華民有益。切望

貴國政府襄助該教習察考成功。至本月初九日該教習並欲出京前往西山查察該山一帶石層，繞至南口由湯山旋京，並請

貴親王囑派兵丁一名護送前往，免致阻擾。是荷。特泐，即頌

爵祺。附送洋文

名另具　十一月初六日

康格

附件

F.O. No.

Legation of the United States of America,
Pekin, China.

Dec. 24th. I903.

Your Imperial Highness:-

I have the honor to inform Your Imperial Highness that Professor Bayley Willis of the Carnegie Institute, Washington, D.C. is now in Peking and has consented to examine the topography of the city and vicinity to determine the possibility of boring doe artesian wells in the city. To do so it will be necessary first of all to examine the formation of the Prospect Hill, and I have the honor to request that Your Imperial Highness will obtain for him the necessary permission to enable him to visit the Hill on Saturday next, December 26th. The construction of artesian wells will be of great benefit not to the foreign residents alone but to all the inhabitants of the Capital and I trust that Your Highness' Government will give Professor Willis all the assistance which he needs. He will start from Peking on Sunday next to examine the Western Hills and follow the range as far as T'an Shan, and I have the honor to ask that Your Highness will have a soldier detailed to accompany him, so as to prevent any interference with his work.

I avail myself of the opportunity to renew to Your Imperial Highness the assurance of my highest consideration.

Envoy Extraordinary and
Minister Plenipotentiary of
the United States.

To His Imperial Highness, Prince of Ch'ing,
President of the Board of Foreign Affairs.

五一

考工司

呈為劄行事光緒二十九年十一月初六日准美國康使函稱現有本國大學堂教習維理士擬辦自來水於本月初九日前往西山一帶察看土質石層至南口由湯山旋京請派兵丁一名護送等因除由本部派弁一名護送並函復該使外相應劄行順天府飭知該管地面妥為保護可也須至劄者

右劄順天府府尹　准此

光緒二十九年十一月　日

五二

大亞美理駕合衆國欽命駐劄中華便宜行事全權大臣康　為

照復事十月三十日准

貴親王照會以轉准商部送到所奉

批准具奏重訂鉄路章程一摺將刷印章程一本照送備案等因本大臣深信章内所言鉄路係為中國興盛之基

貴國不能不籌設妥法辦理並信中國開造鉄路必須倚借洋款一如外洋各國造路市常集資於他國之人惟此次重訂之章恐未必能有成效緣此章過於嚴刻難行想洋人未必樂於照此章程出借也為此照復

貴親王查照須至照會者　附送洋文

右　照　會

大清欽命全權大臣便宜行事軍機大臣總理外務部事務和碩慶親王

一千九百三年拾貳月貳拾玖

光緒貳拾玖年拾壹月拾壹日

五三

逕啟者兹有一事函達

貴親王現時美國協豊公司代理人柏士来京該公司係美國最

殷厚之公司特派柏士前來請准開辦一条鐵路本大臣擬偕其

赴部晉謁

貴王大臣面陳該公司所擬之辦法是以請

貴親王定一得便接見時日

示復以便前往是荷此布順頌

爵祺附洋文

名另具十一月二十七日

附件

F.O. No. 588.

Legation of the United States of America,
Pekin, China.

January 14th. 1904.

Your Imperial Highness:-

I have the honor to inform Your Imperial Highness that Mr. A.W. Bash, representing the Chinese Investment and Construction Company of America, a Corporation having large capital, is now in this city and has a proposition to submit to the Board of Foreign Affairs for the construction of a certain line of railway. I desire to call at the Yamen of Your Highness' Board and present Mr. Bash to Your Imperial Highness and the Ministers of the Board that he may explain his proposal, and I have the honor to request that Your Imperial Highness will set an early day and hour when it will be convenient for you to see him.

I avail myself of the opportunity to renew to Your Imperial Highness the assurance of my highest consideration.

E. H. Conger

Envoy Extraordinary and
Minister Plenipotentiary
of the United States

To His Imperial Highness, Prince of Ch'ing,
President of the Board of Foreign Affairs.

五四

敬啟者鐵路利益一事現閱美國商部清單內云美國境內鐵路長二十萬一千四百五十七邁拉（每邁拉合中國三里）去年分車票入款共一千八百九十兆十五萬六百七十九元（按五元為一金鎊）除經費一千二百四十八兆五十二萬四百八十三元外餘利六百四十一兆六十三萬一百九十六元由餘利內提報効國家之款五千三百萬元各等情足見用如許經費即可養如許人民而票價之多既可知其如何便利於民報効之鉅更可恃為國家大宗進款美國如此其他有鐵路之國亦莫不如此中國地大物博現方振興路政若能日臻妥善逐漸擴充數年後得利之鉅當勝美國十倍未知

貴部閱看洋報曾否得見此節故特備函佈達專此順

頌

升祺

名另具 光緒貳拾玖年拾貳月貳拾日

五五

敬啟者早數日謁見

貴大人囑將所擬請者開送等言茲特備一節畧明言所擬請

開造鉄路副件大要之意見

貴大人自悉該日所陳者係為何故因由杭州經江西造路至廣州府係關最要擬將此一條路作為幹路又造一枝路經九江直至漢口與漢陽又造一小枝路至萍鄉煤礦本公司係已經設立並已集捐金洋若干又有本國外部海大臣作証給予蓋印文憑故不可耽悞多日工夫本公司須在中國早定有開辦之事免致集股之人有未愜意而散將其資財另作別用由是觀之

貴大人如以所言為好自應將所擬備副件開送茲惟在先行開辦杭廣之路即請

貴大臣斟酌早日

示復是盼特肅即頌

新祺 美商柏士謹啟

五六

逕啟者、據本國商人劉承恩稟稱、現時熱河求治局、不肯按外務部
所囑之言、繕給執照、熱河都統寔已備照發給、惟所給照內、則非劉
承恩按新章所應得者、又該給照內所載列、與本館向外務部來往
函件之意不符、是以劉承恩與李樹滋不願領受、在一千九百零三年
二月二十四日、本大臣函達
貴親王、以
貴部耽延時日、不批准熱河都統所已准劉承恩李樹滋在附近承德府開
辦之礦務、至是年西三月二十九日、准到
復函內稱、本部允准該商、按照熱河都統奏定新章開辦該礦云云、
茲熱河所發執照、惟列有李樹滋之名、而不列劉承恩之名、查此兩

年中

貴部因此事來函，均常列有劉承恩之名，謂其有開辦礦務之權利，去夏本大臣復請

貴部發給劉承恩執照，於西九月二十七日准

貴親王復以已囑熱河都統給發此照，由此觀之，則係美使館請華官給照於美商，華官惟給照於華商所行，非所請，殊爲可笑。如只華人獨有開辦權利，使館何須代其請辦准承此事。又查執照内另有錯處，緣該照内列有大辦以周圍窿口二十里爲限，小辦以周圍窿口十里爲限字樣，在一千九百零三年三月二十九日函内云，准該商照熱河都統奏定新章開辦該礦，是年三月三十一日本大臣復

請將該新章照抄一分送閱、隨於四月初七日、由
貴部抄送本館、查該章之意甚為清楚、並無大辦窿口周圍二十里
為限之語、惟第八條內列、大礦二十里小礦十里為限云云、何有周圍
字樣、請觀第九條可悉此意、係以窿口直徑二十里為限、因此條內
列有嗣後新開之礦、不准在舊礦窿口相距二十里內之語、如謂本
本意係以周圍二十里計算、則直徑不過六里零百分之三十六、由此
觀之、兩大礦外界相隔十三餘里之地、均不准何人開辦、豈非係屬不
明之語、又該照另有錯處、係因未將
貴親王一千九百零三年九月二十七日、函內所言應行明列者列
明、該函內曾言該執照應將本部所准開辦一切事務載明、並本部

已囑熱河都統、按照新章給照等語、若該照內不載明
貴部係按新章批准開辦、直係使洋人不得集股、茲所給照內未
列有係奉
貴部批准等語、已經開辦此礦工程師詹美生、將此照所缺各節、向
熱河道台聲明、該道云、求治局不願遵從外務部所囑照辦、茲將
其所發執照、照抄附送、
貴親王一經閱視、自必洞悉其非所應得之照、熱河求治局、如
是延悮不遵
貴部所囑、寔係無故阻礙開辦該礦、使劉承恩得有不應得之難處、
以致多費資財、預備開辦敝子溝之礦、現已用費將及五萬銀之數、

本大臣相應明告
貴親王、該商如此費用多資、係因
貴部曾語本大臣係准照新章開辦、即係上年西四月初七日所送
之新章、非係熱河現所發給劉承恩未愜心之執照、同時抄給章內
有續定四條之章、該續條內有大辦周圍二十里、小辦周圍十里為
限之語、此係以上已經言過、與新章第九條不符、無論符與不符、豈
能於早准開辦之商、亦令其按續定之四條定限、本大臣謂新章
原意係以直徑二十里為限、尚不若第九條內所言為有據、又有曾
批准開平煤礦、亦係以直徑計算為可憑、更有熱河道向工程師詹
美生所言、亦係以直徑二十里計算、是以本大臣請

貴親王、速即行囑熱河都統、轉飭求治局、務遵外務部原囑、再
行備照發給劉承恩等商、照内必須列明已經批准美商劉承
恩、華商李樹滋開辦、並註明外部係按照章程批准、更聲明所
准開辦廠子溝金礦、係以距窿口直徑二十里爲限、望
貴親王即行允照、作速施行可也、特布即頌
爵祺、附洋文並抄件

名另具 正月二十一日

附件

欽命頭品頂戴尚書銜管理熱河等處地方都統松　為
發給執照事照得熱河礦務風氣日開經前都統錫　於光緒二
十九年正月本都統於光緒二十九年八月先後　奏定章程內
載所有商人稟請開礦呈驗資本由都統衙門查明一切核與定
章相符准其照章辦理酌定礦界自放墩處起丈大辦以圍圓二
十里小辦以圍圓十里計算務將四至標記明晰繪圖立案以免
侵佔一面飭令該商呈繳押課銀兩一面發給執照以憑開辦並准
外務部奏定新章凡開礦領照均納照費視資本多寡酌量繳費
大礦壹百兩小礦伍拾兩各在案查熱河奏設求治總局礦務胥
隸其內茲據求治局呈稱商人李樹滋稟請勘明灤平縣屬廠子
溝處所金礦情願籌集股本遵章開辦經局查明地段驗明資本
核收押課均與　奏定新章相符該商李樹滋赴局遵章請給執

照已由局驗得該商成本銀壹萬兩應繳押課銀壹千兩隨繳照費銀壹百兩統俟核明呈報應請給予執照以憑遵守等情前來本都統查核該商既願遵章辦理宜照部章給照准其前往開辦除頒發奏定新章仰局轉飭該商一一懔遵屆期繳課毋得滋弊干究外相應填明執照交該商收執以憑遵守須至執照者

右照給商人李樹滋收執

光緒二十九年十月十一日

都統行

五七

逕啟者正月二十一日本大臣曾函請
貴親王咨行熱河都統轉飭務遵外務部原囑之言再行備
照發給劉承恩等使其能以招股開辦礦務隨於二十六日准
復以已咨行熱河都統迅速核辦在案現在是否得有復音如
尚未接復即請再為咨催迅速辦理緣如此延悮工夫係於
該商等開辦甚有阻礙之難望即施行是荷此布即頌

爵祺 附送洋文

名另具 二月初八日

五八

片

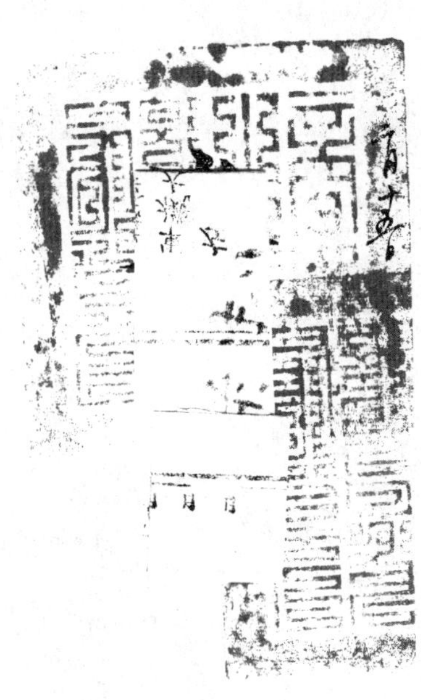

商部爲咨呈事光緒三十年二月十二日據職商解錕元禀稱與美商勞爾壼商訂在漢口塞的克特公司借銀二千萬兩預備開辦甯漢鐵路等情查所禀各語核與本部奏定鐵路章程諸多不符業經批駁在案除批示外相應録批咨呈貴部查照備案可也須至咨呈者

右咨呈附鈔件

外務部

光緒叁拾年貳月拾伍日

附件

批職商解錕元稟

據稟已悉查本部奏定鐵路簡明章程第六條內開集股總以華股獲占多數為主不得已而附搭洋股則以不逾華股之數為限並不准於附搭洋股外另借洋款等語該職商等辦甯漢鉄路係華商具稟自應按照第六條定章辦理阅稟並未將招集華股若干切實聲明所需貲本銀二千萬兩悉數借自美商殊與本部定章不符且未經稟候核示輒與洋商訂立議借合同於本部路章第十條第十二條亦相違背所請着不准行此批

五九

頭品頂戴尚書銜管理熱河等處地方都統松　為
咨覆事光緒三十年二月初一日准
貴部咨開光緒三十年正月二十一日准美國康使函稱本國商人
劉承恩禀稱熱河求治局不肯按外務部所屬之言繕給執照
熱河都統所發執照與本館向外務部来往函件之意不符是以
劉承恩與李樹滋不願領受熱河所發執照惟列有李樹滋之名而
不列劉承恩之名查此兩年中貴部因此事来函均常列有劉承
恩之名謂其有開辦礦務之權利又查執照内列有大辦以周圍窿
口二十里為限小辦以周圍窿口十里為限字樣在一千九百零三年
三月二十九日函内云准該商照熱河都統奏定新章開辦查該章
並無大辦窿口周圍二十里為限之語惟第八條内列大礦二十里小礦
十里為限前抄給續定章程四條有大辦周圍二十里小辦周圍十

里為限之語與新章第九條不符豈能於早准開辦之商亦令其
按續定之四條定限又該執照内並未將貴親王函内所言應將本
部所准開辦一切事務載明並本部已囑熱河都統按照新章給
照等語若該照内不載明貴部係按新章批准開辦直使洋人不
得集股已經開辦此礦工程師詹美生將此照所缺各節向熱河道
聲明該道云求治局不願遵從外務部所囑照辦茲將其所發執
照照抄附送應請速囑熱河都統轉飭求治局務遵外務部原囑
再行備照發給劉承恩等照内必須列明已經批准美商劉承恩華
商李樹滋開辦並註明外務部係按照章程批准更聲明所准開
辦廠子溝金礦係以距窿口直徑二十里為限望速施行等因前來查
熱河廠子溝金礦本係華商李樹滋美商劉承恩合股開辦所發
准辦執照内自應將美商劉承恩之名一併列入以為招股開辦之據

至本部批准緣由當在執照内敘明一節已於上年八月間咨行貴都統
在案應即查明添敘其礦界以圍圓二十里計算該使以此礦批准
在先應以相距二十里為限核與前次奏定章程尚屬相符相應咨
行貴都統查照迅即飭局更正並聲復本部可也等因准此查商
人李樹滋等請辦灤平縣厰子溝金礦求治局均係按照定章辦
理並非不願遵從部文此次康使函内謂熱河所發執照僅列華商
李樹滋之名未將美商劉承恩之名列入又未將
貴部批准開辦等語載明查華洋合辦礦章招集股本應令各
居其半仍由華商出為領辦若洋商不由華商領辦者應不准行
係礦務總局會同總理各國事務衙門於二十五年六月間奏准通行
之件是以遇有華洋合辦礦務概由華商出名禀辦俟核准後應
給執照即發交華商收執歷辦如是此案原係李樹滋單名具禀

始於禀內聲敘礦師劉承恩繼稱礦師兼股東劉承恩其含混情
形迭次咨明
貴部在案嗣於所給李樹滋諭單內敘入股東劉承恩會同指明
礦界等語尤不得謂無開辦礦務之據原辦並無錯誤本無所用
其更正至局發礦照係通行之件稍有歧異易滋疑議故
貴部核准緣由未經敘入該局曾於示諭該處居民該商等開辦金
礦係奉
貴部核覆准其試辦不得阻撓諒該商等亦必寓目現在既准
貴部來咨令將美商劉承恩之名同奉部核准緣由飭局在於執照
內添敘與礦章尚無出入應即飭局遵照部咨辦理惟所稱此礦奉
部批准在續定章程以前應以相距二十里為限非特與定章不符其
間窒碍不一而足查熱河原定礦章大礦在二十里限內雖未敘明

圍圓寔無距窿口直徑字樣故續定新章内載明向来以圍圓合算又定章新開之礦不准在舊礦窿口相距二十里之内是相距二字係指新舊兩礦毘連而言蓋欲劃寬界限以杜爭端詞意甚明無容牽混此案該商李樹滋於呈驗肯本後於二十九年閏五月即派員帶領商人李樹滋等遵照奏定章程劃明界址圍圓二十里所給執照按劃定圍圓里數填給該商知係奏定章程毫無異辭按之前後辦法尚無不符之處今該商自為距窿口直徑二十里之説赴部翻異若照該商所請直徑二十里周圍計之六十餘里矣佔地既寬其中民間廬墓及他人礦區圈入甚多異時横起爭端在所不免設各礦商紛紛效尤又將無詞禁止以是碍難遷就况該礦擴至二十里之遥則奏准官辦之駱駝梁金礦本屬一脈亦將易於侵踰又距該礦三里許之狗頭山另有線道與

避暑山莊山脈相連，偶有侵犯，關係甚重，前此有呈請開辦者，概行批駁。是以委員劃界時勘明狗頭山線道另爲一區，議定該商李樹滋等不得擅開，並立專約畫押備案。此又該礦室礙之是情也。總之，原定礦章大辦以二十里爲限者，本按圍圓計算，該商任意狡混礦區，無憑劃界，應請

貴部會同

商部妥定辦法，以資遵守，除行求治局遵照外，相應將此案先後辦理情形，同委員定界時議立專約一併抄録咨送

貴部，請煩查照，會同

商部妥議核覆，以便轉飭遵辦，望速施行。須至咨者。

計録送礦約一紙

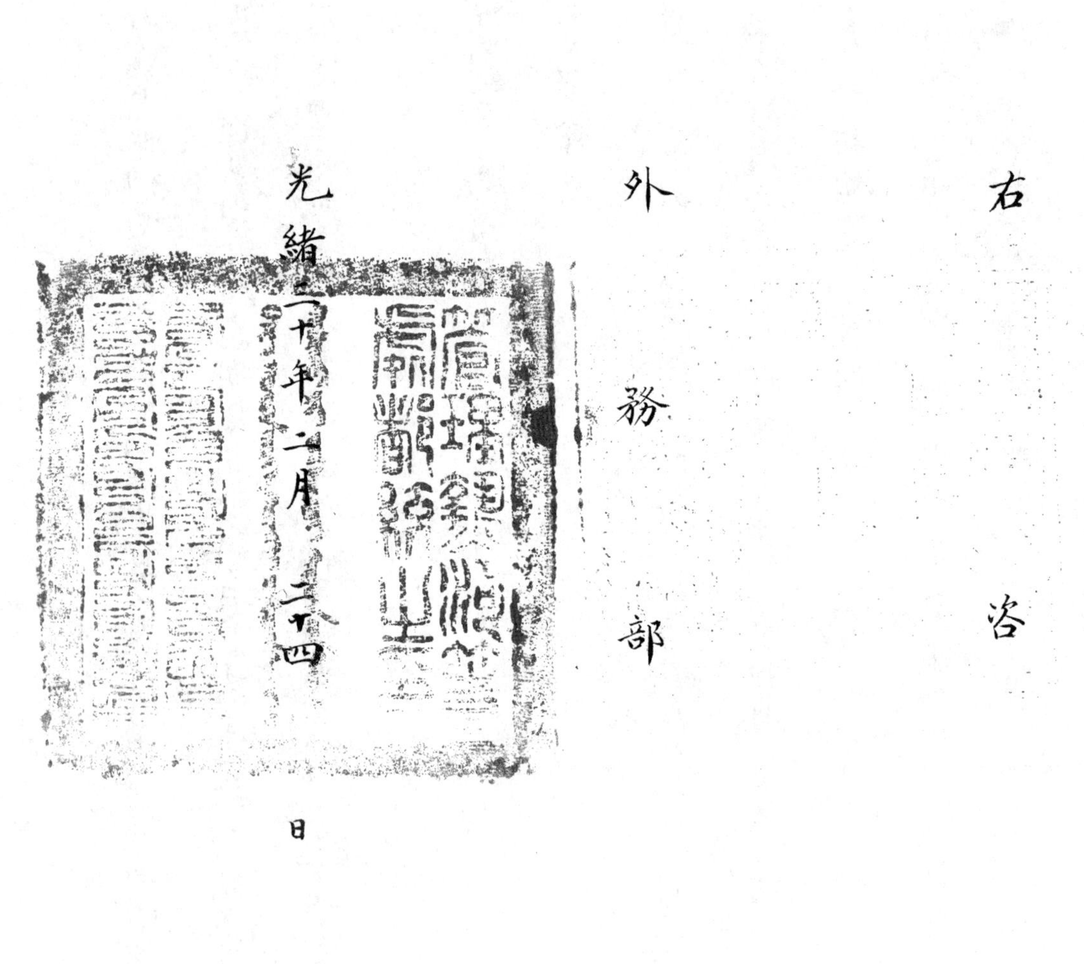

右　咨

外務部

光緒三十年二月　二十四日

王爺
大人鈞鑒敬肅者宣懷等前據鄂湘粵三省紳商之請
奏辦粵漢鐵路因比較各國路政惟美最新故定
議籌借美款又其時駐美
伍大臣隸籍嶺表殷憂桑梓故請
旨飭與美商合興公司巴時等商訂合同先原約後續約
凡公司辦事章程務取嚴緊而其預杜別國干預
之漸則於第十七款括之文曰此續約及與原約
一體訂立者准美國之接辦人及代辦人一律享

受但美國人不能將此合同轉與他國及他國之人一切磋商始末具載奏議嗣美公司以重加整頓爲詞辭退巴時改舉柏森士爲總董派葛利爲駐華代理人兼總工程司墊款美金三百萬元來華興工當時西報有他國人暗附股分之説是於葛利驗到後電詢美康使合興公司是否的係美公司永照合同行事永爲美人主持康使覆電有的係美國人之公司無緣故令其不永爲美國公

司字樣疊詢葛利亦稱並無他國在内其攜來栢森士信則云外間傳言俱係砌詞陷害總董中雖間有他國人其管理事權實在美董之手

伍大臣來信則稱美人因中國拳亂未靖集股不旺經理人親赴歐洲暗售比人三分之二屢經窮詰不肯明認因謂既係暗售應暫含容如其將來辦理失宜我可藉詞廢約宣懷函託另覓真實美商照約接辦

伍大臣亦稱一時未得其人詎葛利開工後遇事專
恣以管理處為伊一人之權銀錢帳目不照合同
與華員會同簽字似此踰範不特粵漢權利難保
并恐他路效尤當電　梁大臣暫時停簽小票勒
令遵照合同辦事正爭執間適美公司副董維德
阿來華考察路工即將其不合辦事規則逐條開
付並令電告美公司嗣後代理人與總工程司不
能以一人兼充致多跋扈葛利並應撤換美電允

行乃請　梁大臣開簽小票嗣後管理處議事亦漸就馴謹迭於上年十二月十三日據葛利函報接柏森士電除三水外南北兩端均即停工面詢緣由稱係美比爭權之故因即電致　梁大臣轉告美外部務飭該公司遵守合同第十七款行梁電覆外部無權而其先時郵寄之函則稱柏森士擬有三項辦法一美全讓比二中國專認美國人他國不得攙惑三南北分段比美分辦其覆宣懷

屬告外部之信則云海約翰亦謂該公司不應違背合同惟訂約時美外部既未預聞該公司亦無美政府股本美爲民主之國按照憲法不能干預業已面告海大臣請先存案如美公司辦事顯背合同即行廢約等語宣懷函電並復請照第二辦法始終堅持外並電詢康使因何與的係美商之電不符事關中美體面務請美政府責令守約該使亦稱該公司如果違約咎由自取而栢森士在

美呈遞辦事各員名籍到部則稱公司股票任人購取外人佔股董司無權限制以掩其暗售之迹宣懷因詰葛利何以扶同諱匿葛言比股三分之二係合興公司創設之始總括華美各種商務而言鐵路祇商務一端不能賅及全體西歷二月二十二號比人往紐約與美董摩根協商當可有濟旋接　梁大臣電栢森士告退改舉維德阿充總董調葛利回美以在滬之經士科暫充代理人在

粤之美德暫充總工程司並電商能否即派美員
福開森赴美籌議　宣懷與美領事古納面商此中
情節太多非函電所能明白當派總公司參贊美
員福開森於二月十七日啓程赴美持古納文書
先謁美外部並與　梁大臣面籌一切再赴紐約
與美公司總董等籌議大局臨行給以訓條俾有
遵守一曰保全中美合同為要義其目有四無論
美國通例紐約省例有無准予他國人分買股票

之事而粤漢鐵路業經訂明專認美國則凡駐美董事駐華代理人及管理處議員造路行車各項頭目應於合同期内始終專用美國人一日發明粤漢鐵路實係中國產業爲宗旨其目有十五凡合同内關係造路行車之權柄材料銀錢之出納悉應悉心商定永遠奉行所有總公司應辦之事應收之權亦於訓條中賅括無遺並咨明　梁大臣務令該參贊到美後一切面商　梁大臣安籌

辦法仍逐條電請 敝處酌定隨時報明

大部查核此粤漢鐵路自始迄今曲折變幻刻派專員赴美逐層磋訂冀無踰越之詳細情形也伏查美外部海約翰以民主憲法不能干預美駐使康格以該公司若果背約咎由自取設詞推宕意謂商務出入例與政府無干應請

大部切致康使轉電美外部主持飭令合興公司凡原約續約所訂定者中國絲毫不能遷讓雖第十

三款載有所發金錢小票俾紐約銀行與商人購
定交與在紐約或倫敦或别處市面通銷等語似
他國賣票中美兩公司均不能禁然第十七款切
實聲明此約祇准美國公司之接辦人或代辦人
一律享受美國人不能轉與他國則合與公司如
果力有不逮祇能仍招美國商人接辦不能轉與
他國之人此為中國優待美國人之宗旨不可誤
會美公司於駐美董事駐華代理人管理處議員

造路行車各項頭目合同期內始終專用美國人
此為合同第十七款之精義不可活動否則面目
徒存精神全失不僅他國藉口干預若因路政釀
成交涉於美國聲名亦多侵礙聞康使告
秩庸侍郎云祇保守約之美商不袒違約之人但須
請其切實電請外部視為交涉所關與尋常商務
不同嚴飭合與公司切實保全第十七款宗旨即
應承認他國之人無權干預鐵路各項頭目俱用

美國人則其股分雖有如無不足為重輕矣所有
往来電函鈔錄成本併呈
鈞核事關國際要端用敢詳晰上陳伏乞
俯賜審察維持幸甚禱甚肅此敬叩
崇祺制盛宣懷謹肅二月二十七日
計附呈鈔案一本

六一

逕啟者，茲有美國協豐公司代理人柏士所具禀呈，轉送

貴親王查照，該啟中大意，係請

貴政府批准該公司所擬借與中國銀款，造由浙江杭州至廣東

廣州之鉄路一条。前曾携帶柏士往謁

貴部大臣，彼已當面詳言其意。本大臣復於會晤時，言及造此条

路，係最關緊要。該協豐公司，寔係美國極富可靠，甚爲體面之人

所設立如
貴政府能批准所請、本國政府甚為欣悅、緣可使兩國更為敦
睦、本大臣甚盼
貴親王早為酌核批准、並速
見復是荷、特泐即頌
爵祉、附洋文並柏士稟啟一件其繪圖俟送到再送
名另具 二月二十七日

康格

附件

敬啟者本公司特派敝代理人之文憑曾經呈請
貴部與商部查照並代美國協豐公司請
貴部批准借本公司若干款於中政府以為造廈門漢口幹路
並數条枝路在案現於前所請者擬稍變更請
貴王大臣酌商批准現擬幹路由浙江杭州起首經江西至廣東
廣州為止另造枝路經九江往湖北漢陽並造小枝路至萍鄉煤
礦玆繪有造路之圖附送請閱江浙二省向無通内地鉄路該二
省地方多山故於行旅運貨諸多不便幸附山有河山中各有山
口若造幹枝各路尚無難處江西省與廣東省北山中產有煤鉄並
產絲茶稻米江西則產磁器造此路於公司定有利益所有中美國
通商交易自必年盛一年本公司意在使兩國交誼歷久不渝
貴部如允批准所請係於兩國均甚裨益在中國可以採運百貨
使之遍處流通在美國可以運動鉅資以為興辦之助於兩國
豈不相宜
貴部素知本國政府從不願無論如何情形佔領他人地土惟
願設法使中國與天下各國均得生意興隆因美國於中國
所行之商務及與中政府之交涉悉本公平並願為中國契
友常勸各國務保全中國地土不失主權據想中國政府應
行允照所請以使兩國交涉和平永無稍變且於百姓亦利益
同沾緣用此極鉅之款備辦料物以興工作該一帶百姓生理自
隆於輸納稅課錢糧必能踴躍即於公家按季賠款亦屬有
裨有海關總稅務司從前所開册報可憑者即係凡有鉄路之處
所收稅數較前收稅數年加一倍或至三倍本公司業經盡心集資
若許遵照本國律例設立公司並有所呈本國外部海大臣所

給之文憑已蒙閱驗茲之所請者即係欲將六百萬金磅或多或少之數借與
貴國政府以造以上所言由杭至廣之一條鉄路其合同即照粤漢鉄路合同一樣繕立現在三省戰事無人能預言其如何了結惟知其了結日即為中國為難之時是以趁此機緣應用與中國為友大有財力之美國公司以為扶助故切請
貴部速為斟酌不稍躭延即行批准並希
示復肅此即請
鈞安並頌
時祉不一 美商柏士謹啟

六二

逕啟者西本年四月二十一號接准
貴親王函以據熱河都統咨復劉承恩等在廠子溝開辦金礦一事之言轉送照抄該都統所言前給李樹滋諭單已敘入股東劉承恩會同指明礦界等語不得謂無開辦之據現已將美商劉承恩之名同奉部核准緣由飭局在於執照內添敘惟所稱此礦奉部批准在續定章程以前應以相距二十里為限非特與定章不符其間窒礙不一而足查熱河原定礦章大礦在二十里限内寔無距窿口直徑字樣故續定新章不過將原章所定礦界聲明以圍圓合算又定章新開之礦不准在舊窿相距二十里之内是相距二字係指新舊兩礦毘連而言詞意甚明無容牽混此案經該商李樹滋呈驗貲本後於二十九年閏五月即派員帶領李樹滋等遵照奏定章程劃明界址圍圓二十里所給執照按劃定圍圓里

數填給該商等知係奏定章程毫無異詞揆之前後辦法尚無不符之處今該商自為距窿口直徑二十里之說赴部翻異若照所請直徑二十里則奏准官辦之駱駝梁金礦本屬一脈亦將易於侵踰並特抄李樹滋與曹振循所立之專約一紙等因前來查熱河都統雖發有開辦之據並非劉承恩所應得者緣該照內未列有劉承恩之名亦未聲敘係奉
貴部所批准與按原章所列礦地以二十里直徑為限之意
來函內又稱據該都統之言已屬求治局加添劉承恩之名及奉
部批准各緣由惟不於照內按原章意註明二十里為限之言則係該都統所辦不按情理該不能不行致辯如此延悞工夫不少劉承恩等以應得之照寔係使其甚為受虧該都統謂係劉承恩赴部翻異查劉承恩所請者係按原章大礦二十里為限之意

何得謂為翻異蓋原章大礦二十里為限之言確係按直徑二十里算計不能復有他說若謂係按圍圓計算則原章第八條所列不准新開之礦在舊窿口相距二十里内之言係屬糊塗之語請試思圍圓二十里按直徑不過六里有餘里數該條有不得相距二十里内之言豈非不明是不准開辦之地竟較准開辦者轉至多多也該都統謂定章内列開辦新舊礦之窿口詞意甚明此係誠然惟續章四條則改二十里之限為圍圓而不改新舊窿口相距之里數寔屬糊塗由此觀之所謂翻異係在該都統非在劉承恩該都統又云若按直徑而言則奏准之駱駝梁金礦亦將易於侵踰此言殊非確論緣駱駝梁距廠子溝倍遠於二十里係歸承德府管轄所批准之廠子溝係歸灤平縣管轄何有侵踰至論抄送之專約劉承恩並不知悉亦未曾簽押迨本大臣將抄送之專約與

其閱視該商云，迄今初次知有此專約，亦係初次始聞之。按中國例或外國例，此約均應不准照行。該委員曹振循原知開辦該礦內有劉承恩，豈有立專約而不知照劉承恩之理。且立此專約係在地方官出示准該商等開辦以後，是以本大臣不能以此專約為憑。

早數日本大臣曾赴

貴部面商此事，彼時有部中大臣曾言礦章所增四條，係於所准劉承恩等開辦之礦無干，即按從前所批准他人開辦之礦及數位中國官員與數位洋工程師之意，均以原定礦章係以二十里直徑為限。故本大臣必須切請

貴親王刻即行囑熱河都統務遵

貴部原囑之意，並按原章之意，於該照內添註二十里直徑字樣。

貴親王確知美政府從無勉強中國批准美商所請開辦何事，惟於美商所已得有何等權利，美政府定必儘力以保護之。該都統所不願照辦之由，確屬虛而鮮寔，不應視為緊要攸關。本大臣深信

貴親王斷不能聽其如此藐視

貴部所囑，與其輕待美商所已得之利權。自劉承恩等商蒙批准開辦，迄今將及一年，尚未發給其所應得之照。以無多時日可辦之照，延至一年之久，殊出情理之外，如此躭延，寔屬難愜人意。茲惟望不任其再延，切望

貴親王早日以已囑熱河都統立即備照發給該商作復也。此復，即頌

爵祺。附洋文

名另具 三月二十四日

六三

敬再啟者美國合興公司借款建造粵漢鐵路近因比股稍多爭權齟齬各節諒經　盛大臣函陳
鈞署矣　誠　疊接　杏孫宮保函電屬為傳達一切經於西正月二十九日將實情照會美外部立案以備駁詰頃　杏孫宮保專派鐵路參贊洋員福開森來美面商辦法以為公司合同訂立多年鐵路業已動工比股非自今始若遽言廢約恐增交涉難題儻能勸令美政府認明合興為美國公司國際交涉由美專

辦鐵路利益由美照料以後別國自必不能干預意
外波瀾不至或起經該參贊繕備節畧由　誠　介紹謁
晤美總統自行呈遞總統將原呈交廷臣會議　誠　又
於西五月十日即三月二十五日照會海外部旋接
復文認准三事當經將洋文並譯文詳電　杏孫宮
保轉達
鈞署度已上塵
清聽事關重要謹將往來文各一件錄洋譯漢一併附呈

堂覽即乞

備案爲幸　誠維美國自日俄開戰以來對付東方政策

又復一變揆其用心大有實行干涉收攬利權之意

故於合興一案毅然以國際交涉自任在我雖未嘗

不可藉以牽掣列强而商礦諸利又多一覬覦之人

矣以上各節並請

代回爲叩專此再請

台安

附漢洋文各一件

梁誠又頓首　光緒三十年四月初六日

美字又第三十四號

附件一

COPY. CHINESE LEGATION,
WASHINTON.

No. 33. May 10, 1904.

Sir:

I have the honor to inform you that, in view of the present condition of the American China Development Company, the control of which has passed into other than American hands as stated in the enclosure to my informal note of the 29th of January last, I am instructed by my Government to in⁀quire, --(1) If the American China Development Company is considered by the United States Government to be a bona fide American Company; (2) If the United States Government will maintain the sole right to deal with all diplomatic matters affecting the interests of this Company; (3) If the United States Government will take steps to make public its position concerning the Canton-Hankow Railway and its intention to protect the Railway's interests.

Accept, Sir, the renewed assurances of my highest consideration.

(Signed) Chentung Liang-Cheng.

Honorable John Hay,
Secretary of State.

附件二

照譯致美外部海約翰文

光緒三十年三月二十五日
西一千九百四年五月十日

為照會事照得前因美國合興公司辦事經他國人民專權業經本大臣於本年西正月二十九日知照貴部在案茲奉本國政府訓條以該公司事關大局囑以三事奉詢計開一美政府是否以為合興實係美國公司二美政府願否專權辦理關係該公司之交涉事件三美政府願否將對待粵漢之定見及保護之主義宣布於衆以上各節理合備文照會貴大臣務希查照見復是所切盼須至照會者

附件三

COPY. DEPARTMENT OF STATE,
WASHINTON.

No. 41. May 11, 1904.

Sir:

I have the honor to acknowledge the receipt of your note of the 10th of May, in which you inform me you are instructed by your Government to inquire:

1. If the American China Development Company is considered by the United States Government to be a bona fide American Company;

2. If the United States Government will maintain the sole right to deal with all diplomatic matters affecting the interests of this Company;

3. If the United States Government will take steps to make public its position concerning the Canton-Hankow Railway and its intention to protect the Railway's interests.

To which I have the honor to reply as follows:

1. The United States Government considers the American China Development Company to be in good faith an American Company.

2. The United States considers that, as the Company is at present organized and conducted, this Government alone has the right to deal with diplomatic questions affecting the interests of the Company.

3. The United States will make public its position concerning the Canton-Hankow Railway, and its intention to interpose its good offices on all proper occasions in the interests of that railway.

Your Excellency will understand that this Government

reserves

Sir Chentung Liang-Cheng, K.C.M.G.,
etc., etc., etc.

2

reserves its right to cease its recognition and its assistance of the above-mentioned Company in case of any change in its organization or conduct which may seem to justify such action on the part of this Government.

Accept, Sir, the renewed assurance of my high consideration.

(Signed) John Hay,

附件四

照譯美外部海約翰來文 光緒三十年三月二十六日 西一千九百四年五月十一日

為照復事照得接准
貴大臣西五月十日照會内開奉中國政府訓條屬詢三事計開一美政府是否以為合興實係美國公司二美政府願否專權辦理關係該公司之交涉事件三美政府願否將對待粵漢之定見及保護之主義宣布於衆等因准此本大臣承囑見復茲特逐節復答於後一美政府以為合興實係美國公司二該公司若照現在經理辦法美國以為本國政府獨自有權辦理關係該公司之交涉事件三美國願將對待粵漢之定見及將該路遇有合宜應辦事件自必極力相助之意宣布於衆儻若該公司將其規模辦法更改以致本國不應承認襄助本國政府即可停止承認襄助謹為
貴大臣預先聲告為此照復
貴大臣請煩查照須至照會者

北上

入收項

收龍侍郎等致　瞿大人電

瞿尚書鑒洪密粵漢幹路經由湘省南北洞達美公司承辦此路續約定限三年竣工時閱四年未動尺寸今又背約將股票私售比國實係法股經貴督撫兩院及湘紳迭次電請盛宣保接約補請立廢合同由湘省集款自辦現已議有端倪並非空言抵制迭接盛宣保復電已派員赴美將股收回以免合同中廢觀盛意係在收回比股由全美約湛等係欲責美背約立廢合同命意不同且美公司暗中售比佯稱收回我又何從查察如果照盛意辦理則此次在紳竭力爭持而實等辦法全局皆空路權所至利

權兵權隨之從至後患何堪設想幸比有背約之咎續約本訂明有背約作廢之條自應據此力爭挽回大局公爲湘省領袖此事利害關係至鉅義無可辭應請切電盛大臣責令力持廢約並求曲全機勢所在稍縱即逝時不可失務乞同爲堂主持不勝迫切仰望之至龍湛霖王先謙王之春馮錫仁張祖同黃自元蔣德鈞等同叩佳

考工司

呈為咨行事案查陝省紳董于彥彪請辦延長縣烟霧溝石油礦一事前准

來咨內稱查明延長縣烟霧溝係該縣書院公業于彥彪與該縣貢生劉德馨等私立合同未免意圖蒙混按照定章諸多未合所請應毋庸議等因茲於光緒三十年四月初七日接准德國穆使函稱據天津德商世昌洋行禀稱前經訪聞陝西省延長縣地方出有油礦公司遵照中國礦務章程辦理遣派紳董于彥彪前往該處與山主商酌並會同設法以便得有承辦之權照例遞呈迄今未奉確批乃由本公司經理人訪查陝西藩司意欲攬以自用並有美商某人等已擬與藩司商酌以得承辦該油礦之權本大臣查世昌洋行所禀係屬實在情形應請轉咨陝西巡撫於世昌洋行先得之權切為留意等因前來當經本部按照前次

來咨駁復該使惟查該使函內所稱有美商某人等已擬與藩司商酌以得承辦該油礦之權一節該處礦產是否有美商請辦相應鈔錄來往信函咨行

貴撫查照迅即查明聲復可也須至咨者 附抄件

陝西巡撫

光緒三十年四月　日

六六

為

頭品頂戴尚書銜管理熱河等處地方都統松

咨覆事准

貴部咨開華商李樹滋與美商劉承恩合辦廠子溝金礦一案本年二月間准咨復各節並委員定界議立專約等因當經本部一併函達美國康使去後茲准該使函復稱熱河都統所發開辦之據雖加添劉承恩之名及奉部批准各緣由惟不按原章意註明二十里為限之言所辦不按情理原章大礦二十里為限確係按直徑二十里計算不能復有他說至抄送之專約劉承恩並不知悉亦未曾簽押本大臣不能以此為憑又請刻行熱河都統務遵原章之意於該照內添註二十里直徑字樣等因前來本部查前任錫都統奏定礦地以二十里為限雖未指明為圍圓為直徑但證以第九條相距二十里之文則所定

礦界自不僅以圍圓二十里計算，美使迭次論辨，未嘗無據。此案已閱一年，往返駁查，終無斷定之日。原續各章既有參差，自應以批准先後為斷。該礦批准之案既在續定章程以前，即照原章辦理，亦屬可行。相應抄録美使來函，咨行貴都統查照，即希按照原章換給執照，並聲覆本部可也。附抄件。

等因。准此。查商人李樹滋等請辦敞子溝金礦，熱河均係按照定章辦理。此次康使函内並不和平，商酌横加責備之詞，無非聽該商等狡辯，為多佔礦區地步。熱河原定礦章大礦以二十里為限，雖未指明圍圓，實無直徑字樣，故於續章内申言之，不得謂前後章程有所歧異。即證以第九條相距二十里之文，係指兩礦毗連，難免互相侵越，新開之礦不准在舊礦窿口相距二十里之内，以杜爭端，意在劃寬界限，非謂礦地標估得有二十里利益也商部現行礦章礦產止限定三十方里今該公使所云直徑二十里若再以直徑推及橫徑開方計之積四百方里矣估路太廣故不能不切實辦明也該礦稟辦一切本係李樹滋一人出名劉承恩之名一則曰礦師再則曰礦師兼股東而已是以委員議立狗頭山專約以李樹滋畫押為憑又查華洋合辦礦章招集股本各居其半仍由華商出為領辦若洋商不由華商領辦者應不准行係礦務總局會同總理各國事務衙門奏准通行之件前次發給該礦諭单交華商李樹滋收執本屬照章辦理並非輕待美商況諭单內曾敘入股東劉承恩會同指明礦界等語尤不得謂無開辦礦務之據且該礦於二十九年閏五月按圖圓劃界七月間即據呈報開工十二月間復請

展限升課，即飭求治局照准辦理，恤商不爲不厚。至本年正月間開辦，已逾半年，該商等忽請按直徑定界，不以前發定章爲據，肆欲更易。二月間准

貴部咨行來熱，當經明白咨覆，其非熱河有意耽延可知。

當此

朝廷振興商務，礦務本爲大宗，所以一再辯論者，正爲慎重礦務起見。錫前都統原定二十里爲限，本無直徑字樣，因亦無横徑里數。現在該公使堅請按直徑二十里定界，

貴部來咨以該礦批准在續定章程以前，尚屬可行，自應遵照辦理。惟直徑既以二十里計算，横徑里數亦須定有限制，究竟礦區是圓是方，應如何劃界，相應咨請

貴部迅速核定見覆，以便一併飭局遵照，另行委員劃界。

再行咨請轉覆美使可也

望速施行須至咨者

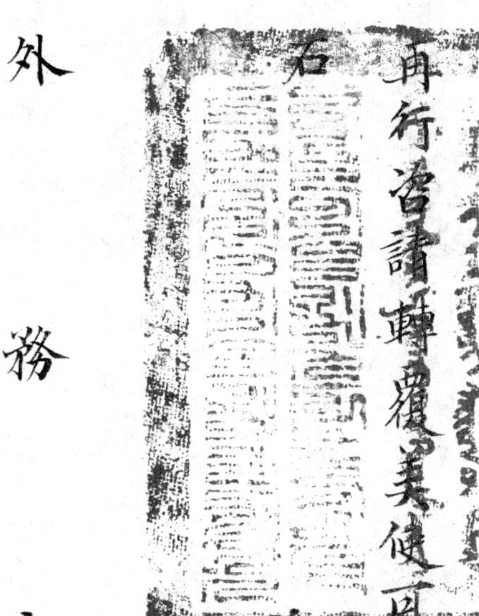

右 咨

外 務 部

光緒三十年四月 廿九 日

六七

王爺殿下
大人閣下敬肅者四月初五日在江寧接奉
歌電開江四電均悉查前閱美國新聞紙載粵漢公司總董維德阿函告報館辯明該公司股票雖分售比人仍係美人承辦盛大臣前與盧漢公司訂明倘粵漢路約作廢即歸盧漢承辦現議廢約則此路反為比公司所得云查該總董所稱尊處與盧漢公司訂明一節是否有文函作據希即詳復又奉四月初九日
佳電開虞電悉希仍將比公司所索函件來往原文全鈔寄部等因查二十四年三月美訂原約之時

訂有專條一款内云比公司訂立合同借款建造
盧漢鐵路若該合同廢去允准美華合興公司籌
辦美華合興公司亦允願籌借英金五百萬鎊爲
建造該路之用等語其時比公司代理人俞貝德
亦有函來照索曾復一函云粤漢借款美京已訂
草約萬一美國借款中裂自當先問比公司是否
願承其乏且言明以上所言先儘商辦之權止給
比公司不准比公司以絲毫權利分與他國公司
等語此皆括兩國草約有無中變而言不過借此
互相激勵其成功並預防其中變而操縱仍可在

我故不載入合同亦不咨請核准及兩公司詳細合同定後此説早廢且盧漢比公司與現買粵漢股之比人並非一家如廢美約其買股之比人不能持此爭執前因新聞紙提及此事已派繕函之法文參贊柯道鴻年與沙多道破沙多亦以為必無此事當屬沙多電告盧漢比公司索其外部憑據一紙昨由駐比楊使寄來二月二十八日比國外部尚書法佛華交來法文一紙譯員徐家庠譯稱粵漢鐵路之比股並不與盧漢公司干涉故粵漢公司不得倚傍盧漢之權云該尚書面懇電告

敝處則此件尤足為粵漢比股與盧漢合同無涉之確據總之美國合興公司董事貪利將其公司股票分售比人自敝處派員向彼詰問其總董堅持不允廢約乃藉詞粵漢如果廢約此路反為比公司所得作此恫喝之詞為彼藏身之固其用心甚為狡詐倘美國應允廢約盧漢公司如執前函為索辦粵漢鐵路之柄敝處自可按理駁拒斷不足慮茲將華洋文鈔件全鈔寄呈

大部鈞核專肅敬請

崇安制盛宣懷謹肅 甲辰四月二十三日

大亞美理駕合衆國欽命駐劄中華便宜行事全權大臣康 爲

照復事。西本月九號，即中四月二十六日，准

貴親王照會，詳言修理黄浦江辦法，用以代一千

九百零一年九月七號定立和約内第十七附件

所定之辦法，在與中政府立此約之各國政府於

此三年中常催請中政府特派按十七附件四條

辛字所列明之一員，俾修黄浦江之工可以即時

開辦。

貴親王與貴部别位大臣曾將欲即刻派員之言

迭次告知想

貴親王自應悉若更改此約或欲新行何法辦理

必須先與立此約之各國政府均行商允據想中

政府現所言之辦法恐各國未必皆允中政府現

之所言者寔屬甚悞工夫並不應望各國允將海

關稅項支用些須以辦此工因海關全數稅項已

作為保還借款與賠款之用豈能望於第六條所

明列該進款某某用項外另擬别用况現所擬之

辦法據看猶不若一千九百零一年中國與各國

所定之辦法能保其所應作之工得有成效許久
時
貴部中有一位大臣曾言反辦法與現之所言者
不甚相差彼時本大臣答以中政府必先按該約
十七附件第四條辛字內所列明者派一官員俾
改如何辦法
貴親王既於照會內現擬有如此辦法應即按照
所請照譯轉達本國政府惟觀現時情形本大臣

未能力勸本國政府照允也為此照復

貴親王查照須至照會者 附送洋文

右　　照　　會

大清欽命全權大臣便宜行事軍機大臣總理外務部事務和碩慶親王

一千九百四年六月二十二　日

光緒叁拾年五月初九

六九

逕啟者兹接本國外部來電囑詢
貴親王修理黄浦江一事各國如於中國所擬辦法照允中
國係具何保狀為據俾開辦此事早日得有成就等因相應
函達
貴親王查照即希將此事欲以何為擔保之據明以告我以便
本大臣得以轉報政府修理黄浦江河道係為最要之事迄未
辦妥是以再催請
貴親王刻即設法將此事妥辦並望速復是荷此布即頌
爵祺 附送洋文
名另具 五月十四日

F.C. No.

H.

LEGATION OF THE UNITED STATES OF AMERICA,
PEKIN, CHINA.

June 28 1904.

Your Imperial Highness;

I have the honor to inform Your Imperial Highness that I have received a telegram from Mr. Whittier, President of the American-China Development Co. asking me to transmit to Your Imperial Highness the protest of the said American Company to the establishment of a native railway company in Hunan, which company shall be given rights to build rail-roads competing against the lines of the Hankow and Canton Railway; the protest being made because the granting of such rights is in direct opposition to article three of the original contract with the American-China Development Co. I write this letter therefore, to transmit to Your Imperial Highness the protest of the said company as stated above, and at the same time I desire to renew to Your Imperial Highness the assurance of my highest consideration.

E.H. Conger

Envoy Extraordinary and
Minister Plenipotentiary
of the United States.

To His Imperial Highness, Prince of Ch'ing,
President of the Board of Foreign Affairs.

附件

逕啟者：適接粤漢鐵路公司總辦韋棣爾來電，請轉達
貴親王，内稱該公司不能照允在湖南設一中國鉄路總公
司，給以造路之權，有干粤漢鉄路權利，其所不能照允者，係因
未接粤漢鉄路合同第三條等因，相應將該公司不允之電，
轉達
貴親王查照可也。特泐，即頌
爵祉

名另具 五月十五日

七一

逕啟者適接本國協豐公司代理人柏士來函送到禀函一件

懇爲轉送等因查該禀大意係請

貴國政府准該公司借與川督若干款項以造由成都經過

重慶以至漢口一條幹路之用緣聞川督意見係欲招致中

國人入股集成鉅款以造此路如其辦無成效請允准借用協

豐公司之款應用是以先行禀呈備案云云本大臣甚樂將該

代理人所具禀呈備函附送即希

貴親王存案備查可也特此即頌

爵祺附送洋文並漢洋文各禀件

名另具五月二十四日

附件一

F.O. No. 68[illegible]

W. LEGATION OF THE UNITED STATES OF AMERICA,
PEKIN, CHINA.

July, 6th. 1904.

Your Imperial Highness:-

I have the honor to inform Your Imperial Highness that I am in receipt of a letter from Mr.A.W.Bash, Agent of the China Investment and Construction Co., requesting me to forward to Your Imperial Highness the inclosed letter, in which he makes application for a concession to provide a loan for the construction of a railway line from Chengtu, Szechuen, to Chungking and Hankow, in case the Viceroy of Szechuen should find himself unable to prosecute his reported plan to raise money from native sources for such a line. He begs that Your Board will place this application upon file.

I have much pleasure in complying with Mr.Bash's request and so forward the application inclosed.

I avail myself of the opportunity to renew to Your Imperial Highness the assurance of my highest consideration.

E. H. Conger

Envoy Extraordinary and
Minister Plenipotentiary
of the United States.

To His Imperial Highness, Prince of Ch'ing,
President of the Board of Foreign Affairs.

附件二

THE CHINA INVESTMENT AND CONSTRUCTION COMPANY

OF AMERICA

No. 66 BROADWAY

SHANGHAI, CHINA.
~~NEW YORK,~~ June 29th. 1904.

To Their Highnesses and Excellencies; Members
of the
Wai Wu Pu; PEKING, CHINA.

It is reported that His Excellency, the Viceroy of Szechuen, is endeavoring to raise money from native sources for the construction of a railway system connecting Cheng Tu---the capital of that Province---with Chung King and Hankow.

This being a great undertaking requiring large capital and scientific and skilled experts, there is a possibility that he may not be able of himself to carry through the project.

Therefore; I wish, in the name of the China Investment and Construction Company of America---for whose standing and reliability I have heretofore presented to Your Excellencies the strongest, Official vouchers--- to lay before Your Honorable Body for your consideration and to be placed upon the Records of your Office, the following proffer:

IN THE EVENT THAT His Excellency, the Viceroy of Szechuen, finds himself unable to prosecute his plans unaided; or in the event that the Central Government decides to itself let a contract to a Foreign Corporation for the building of this line; I respectfully make application for a concession to provide a loan for the construction of the aforesaid line.

And will be grateful to Your Excellencies if you will notify me when such occasion arises that I may then make a definite proposition for the

(2)

business.

Kindly inform me that this communication has been placed upon your Official files for future consideration, and oblige

Your most obedient servant,

A. W. Bash

Agent and Representative
of the
China Investment and Construction Company
of America.

附件三

具稟美國協豐公司代理人柏士稟爲風聞四川總督現欲設法招致
中國人入股集聚鉅款興辦由成都經過重慶以至漢口之鐵路竊
以擬辦如此重大之事需款必極浩繁而所用之工程師且必須有非常
本領極爲精明幹練之人設無他國公司勷助恐未必能以成功
貴親王及各位大臣均深悉敝公司底裏並曾閲悉本國之官府所給
文憑如將來川督集款無成抑或
貴國政府擬准他國公司承修此路即請

貴國政府允准借用敝公司之款以濟興修如遇有此意見之時務希
先行
示知自應另備詳細禀呈聲敘一切玆先將大畧具禀存案以便將來
檢查酌核伏乞於接收此禀後並行
賜復是盼肅此敬請
爵安即頌
時祉代理人柏士謹禀

逕啟者，昨閲英字新聞紙内有其所譯中國官報内一件新聞云：川督接有法國駐川領事照會，内稱奉其國駐京大臣電云：現在京有法國富商集有若干款項，與外務部相商，擬借與中國，以造川漢鉄路，所商將及定妥。茲將此新聞附送

貴親王查閲。請問

貴親王此事是否確寔，如果有之，應提醒

貴親王上年所接來函内，曾允許將來中國如欲借款

以造此路必先儘英美兩國之款借用前數日復函内又
有此言此事確否望即
見復是荷特布即頌
爵祉附送洋文並新聞紙
名另具 六月初十日

康格

附件一

F.O. No.

W

LEGATION OF THE UNITED STATES OF AMERICA,
PEKIN, CHINA.

July 21, 1904.

Your Imperial Highness:- I have the honor to call the attention of Your Imperial Highness to an article in a Tientsin paper, said to have been translated from a Chinese official news-paper, in which it is stated that the Viceroy of Szechuen has received an official communication from the French Consul at Chungking to the effect that he has a telegram from the French Minister at Peking, stating that French capitalists are negotiating with the Wai-wu-pu as to the loan of French money for the construction and management of a railway line from Chungking to Hankow. I inclose the article for Your Highness' consideration, and have the honor to inquire if the statements therein contained are correct, and if so to remind Your Highness that last year and again recently Your Imperial Highness gave me a definite promise that if a loan should be made for the construction of the line mentioned, the first application would be made to American and British capitalists.

I avail myself of the opportunity to renew to Your Imperial Highness the assurance of my highest consideration .

E. H. Conger

Envoy Extraordinary and
Minister Plenipotentiary
of the United States.

To His Imperial Highness, Prince of Ch'ing,
President of the Board of Foreign Affairs.

附件二

FRENCH RAILWAY ENTERPRISE.

The Viceroy of Szechuan has received an official communication from the French Consul at Chung-king to the effect that he has a telegram from the French Minister in Peking stating that there are some French capitalists negotiating with the Wai-Wu-pu (Board of Foreign Affairs) as to the loan of French money for the exploration, construction and management of the Chuan-han trunk line. The capital is to be 3,800,000,000 francs (?) which has already been borrowed from French investors and that the negotiations will be satisfactorily settled at no distant date to the benefit of both France and China. The Consul concluded his despatch by saying that as the Pei-han trunk line and other railways in China are now in course of construction by French railway experts with satisfactory results, he suggests that only French engineers be engaged on the first mentioned trunk line.

四川新聞

包攬川路述聞○駐重慶法國安領事照會川督錫制
軍文　略稱敝領事前[illegible]奏設川漢鐵路不勝欽佩嗣後又承
貴部堂諭及敝領事是以關切在心嗣又聞所有招股勸路籌
款諸事槪由公司自辦敝領事亦未便與聞乃今聞奉仍舊章
寳屬妥善敝領事將信轉達適又接奉本國駐京公使電開華
利公司刻在貴國外務部商定招股勸路代辦合同將次就緒
足見果有其事不能不預爲知會查招股籌款固屬不易雖係
他國承認而法國款項居多其運移周折其中扣費不免何若
彼此相關庶無隔閡似覺直當勸路工程辦理等項槪聘各國
人員查勘與其重費聘請來川情形不熟何若就近聘請似較
便宜敝領事現查雲南滬漢等路刱起公司均係法國創設迄
今聘用法員不少諸徵妥善有退可查況敝國華利公司業在
北京定立川漢鐵路招股勸路辦理合同該公司已代集有各
銀行法款三十八萬萬佛郎應請各員隨時商定均係按照滬
漢鐵路條約之利相符實與貴國及敝國彼此兩有裨益敝領
事因公務有濟不敢稍存私見又承貴督部堂交睦優隆不得
不預爲通知以便貴部堂轉行該公司知照庶免臨時周章云

七三

逕復者六月十九日准

貴親王函復以本大臣送次所詢修理黄浦江一事各國如於中國所擬辦法照允中國係具何保狀爲據兹閲復函内所言似係所答有未盡所詢之意緣所答者只係修理黄浦江之費由江南與户部認籌而於本國所詢與别國將來所必欲中國總須指有妥保無論有何事故定於每年如數

撥出款項無誤應用之意則未復明此節非係本國政府不應詢及者因此事已遷延將及四年在約内原有極妥辦法中國雖經允許總未辦成轉於該辦法常有阻遏即係總未派出所應派之員是以須再請
貴親王查照速復本國政府所詢之意須明言
貴國政府以何具保每年定必撥出此項銀款中國如具此

妥保本國於所擬新辦法自不能不允否則仍須按照約內原議辦也此泐即頌

爵祺附送洋文

名另具 六月二十一日

康格

附件一

F.O. No. 696

LEGATION OF THE UNITED STATES OF AMERICA,
PEKIN, CHINA.

July 25th 1904.

Your Imperial Highness:

On June 27th last, by direction of my Government, I had the honor to address a note to Your Imperial Highness inquiring what guarantees of early action and satisfactory conclusion of the work China would give, in case the signatory Powers agreed to accept the new proposals of the Chinese Government concerning the Whangpu Conservancy matter. To this I have as yet received no reply..

In order that I may inform my government, I regret that I am obliged to again ask Your Imperial Highness for the courtesy of an early reply.

I also avail myself of the opportunity to renew to Your Imperial Highness the assurance of my highest consideration.

E. H. Conger

Envoy Extraordinary and
Minister Plenipotentiary
of the United States.

To His Imperial Highness, Prince of Ch'ing,
President of the Board of Foreign Affairs.

附件二

川土藥約四千餘萬徐州約二三十萬
以之抵撥款四十六萬之款有盈無絀

七四

考工司
呈為咨行事前准
咨稱華商李樹滋美商劉承恩合辦廠子溝金礦一案
其礦區應如何劃界咨請核定見復等因前來本部查華
商李樹滋美商劉承恩合辦廠子溝金礦一事礦界原章
雖無直徑字樣然有彼此窿口相距不得逾二十里之文今
各該礦應按此定界以窿口為中心四面圍圓各距中心十
里是即直徑二十里於原章相距二十里亦無出入除已電達
外相應咨行
貴都統查照可也須至咨者
咨熱河都統
光緒三十年六月　日

七五

F.O. No.

W.

LEGATION OF THE UNITED STATES OF AMERICA,
PEKIN, CHINA.

August 11th. 1904.

Your Imperial Highness:-

In reply to Your Imperial Highness' note of the 5th. inst. stating that the Chinese Government would give as a guaranty for the faithful carrying out of the proposed Whangpoo Conservancy scheme certain opium revenues, I have the honor to say that I at once telegraphed the substance of Your Highness' note to my Government and have received a reply to the effect that, while it is not willing to deny the sufficiency of the revenue proposed as a guaranty, yet it thinks that in view of the enormity of the enterprise, the great cost of organizing the work,and of the necessary plant, and the long continuance of the work, that some kind of satisfactory bond measure should be arranged.

At any rate before my Government can consider any abrogation of the provisions of the final protocol, a full programme of the plans for work and maintenance must be submitted.

If then China is really desirous of promptly taking up this work and hastening it to a conclusion, I suggest that she forthwith present to the representatives of the Powers a full and detailed plan which, secured by the revenues mentioned and support- by some kind of bond measure, will insure the speedy and satisfactory carrying out of the important work and its permanent maintenance in good condition.

If this should be done at once, my Government will not oppose it, and I shall be glad personally to do whatever I properly may for its furtherance.

It should be clearly understood, however, that, whereas the United States is willing to waive temporarily its right to insist on China complying with the terms agreed to by her in Article VI of the Final Protocol concerning the improvement of the course of the Whangpoo River, it will do so only so long as the Chinese Government promptly and satisfactorily discharges the new

obligations

2

(F.O. No.)

obligations which it now wishes to assume. Should it become evident at a later date that the conservancy work is not being done promptly, or that a disposition is evidenced not to carry out the work to the satisfaction of all interests concerned, the United States will insist upon full and strict compliance with the terms of the original agreement.

I avail myself of the opportunity to renew to Your Imperial Highness the assurance of my highest consideration.

E. H. Conger

Envoy Extraordinary and
Minister Plenipotentiary
of the United States.

To His Imperial Highness, Prince of Ch'ing,
President of the Board of Foreign Affairs.

逕復者西歷本月五號接准

貴親王函復以欲將四川全省與江蘇徐州府兩處土藥稅為擔保每年修理黄浦江全費之據等因本大臣當已刻速將此意電轉本國政府兹接復電云中國所指之稅款雖不願謂為不足擔保此工惟此工程極大須經年久方可成功加以購辦機器設立局所用款浩繁應須設法具有如何保結等言總之此項工程必須先將用何作法修理及用何法保固詳細開列清單送經本國政府閲視後方可允改原約所列之辦法中國如係寔願刻即開辦此工以期迅速成就本大

臣擬請
中國政府立即備一詳細清單將用何作法修理與如
何保固及中國所指的款出具保結逐細聲明俾各國大
臣閱視所開辦法足能使此要工速為成就果能如此照
辦本國政府自無不願允從本大臣亦樂將分所應行
合理之事遇便勸贊惟應先行聲明美國於所有使中國
必須照原約第六條辦理此事之權力願為允讓中政府
亦必須速按所擬之意刻即開工盡心辦理方能允讓此
權嗣後中國辦理情形如有不肯盡心延悮時日或致預

於此事之各國人視所辦爲未妥美國政府定必固請中國仍按原約所列者照辦也特此函復
貴親王查照即頌
爵祺附送洋文

名另具七月初二日

康格

附件

F.O. No. 197.

H.

LEGATION OF THE UNITED STATES OF AMERICA,
PEKIN, CHINA.

Aug.1, 1904.

Your Imperial Highness:

I have the honor to acknowledge the receipt of Your Highness' note of the 31st ult. in response to my two notes asking what guarantees of early action and satisfactory conclusion of the work China would give in case the signatory Powers would agree to accept the new proposals of the Chinese Government concerning the Whangpu Conservancy matter.

It is to be regretted that this communication does not by any means reply to the inquiry of my Government made in my notes. Your Highness' statement is practically that the Provinces of Anhui and Kiangsu and the Board of Revenue will furnish the necessary funds. What my Government wants to know, and what the other Governments will unquestionably require, is that ample and sufficient guaranty of some kind shall be given, that will, under any and all circumstances, insure the actual furnishing of the money promised, and its prompt expenditure annually, upon the work. This cannot be considered an unreasonable condition, in view of the fact that nearly four years ago China agreed in the final Protocol to an excellent plan for this work, but which, instead of carrying out, she has persistently obstructed by her failure to appoint her

member

F.O. No.

H/

member of the Commision. I must therefore again ask Your Imperial Highness to kindly reply to my Government's inquiry, and state specifically what guaranty the Chinese Government will furnish to the Powers that these funds as promised will be forthcoming. If such satisfactory guaranty can be furnished, my Government will not object to the new proposals. Otherwise it will insist that the plain agreement of the Protocol be promptly and faithfully executed.

I take the occasion to renew to Your Imperial Highness the assurance of my highest consideration.

E.H. Conger

~~Envoy Extraordinary and~~
Minister Plenipotentiary
of the United States.

To His Imperial Highness, Prince of Ch'ing,
President of the Board of Foreign Affairs.

七七

考工司

呈為咨行事光緒三十年六月二十日准
貴都統將華商李樹滋美商劉承恩承辦廠子溝金礦新照一張咨送前來當經本部函送美國
康使去後茲准復稱昨接來函内云熱河都統將開辦廠子溝金礦執照咨送到部請轉給該商李樹滋劉承恩收執又按該照所載應將原照送繳註銷等情本大臣茲將該商等原領之照附送即希轉繳註銷等因相應將原照一張咨送
貴都統查照註銷可也須至咨者　附照一張

熱河都統

光緒三十年七月　日

七八

修理黃浦江原辦法列明於一千九百零一年各國所定條約附件十七條此附件共列有二十七條講論此事是以中國政府欲改辦法須允准另立一條約並應預備清單列明辦法送與各國大臣閱視請其允准單内應須列明

一　中國自行撥款以修此工

二　中國自行延聘外洋工程師或為何國所薦抑由聞名往聘所延之人須為各大國大半以為合式者

三　各大國原條款所擬之意即係中國須借若干款項以修此工而歸結此款之期則以二十年為限每年須存四十六萬銀以還本息並非謂開辦初年只修理四十六萬銀之工緣此銀數不敷初年開辦之用因須購辦機器若干件恐初年須用至百萬有餘是以中國須備具保票數張列明次序以便遇有款項不足時可以得款應用茲指定四川江蘇徐州府土藥稅以擔保所出之保票

四　並應列明如中國不按新擬辦法辦理各國可仍照原條款十七附件内所列辦法辦理並不必俟中國有所派定之人員

萬寶齋

七九

頭品頂戴尚書銜管理熱河等處地方都統松　爲

咨覆事。准

貴部咨開：爲咨行事。光緒三十年六月二十日准貴都統將華商

李樹滋、美商劉承恩承辦廠子溝金礦新照一張，咨送前來。當經

本部函送美國康使去後，兹准復稱，昨接來函，内云熱河都統將

開辦廠子溝金礦執照咨送到部，請轉給該商李樹滋、劉承恩

收執。又接該照所載，應將原照送繳註銷等情。本大臣兹將該

商等原領之照附送，即希轉繳註銷等因。相應將原照一張咨送

貴都統查照註銷可也。附照一張等因。准此，除將執照註銷外，相

應咨覆，爲此合咨

貴部，請煩查照施行。須至咨者。

右　　咨

外務部

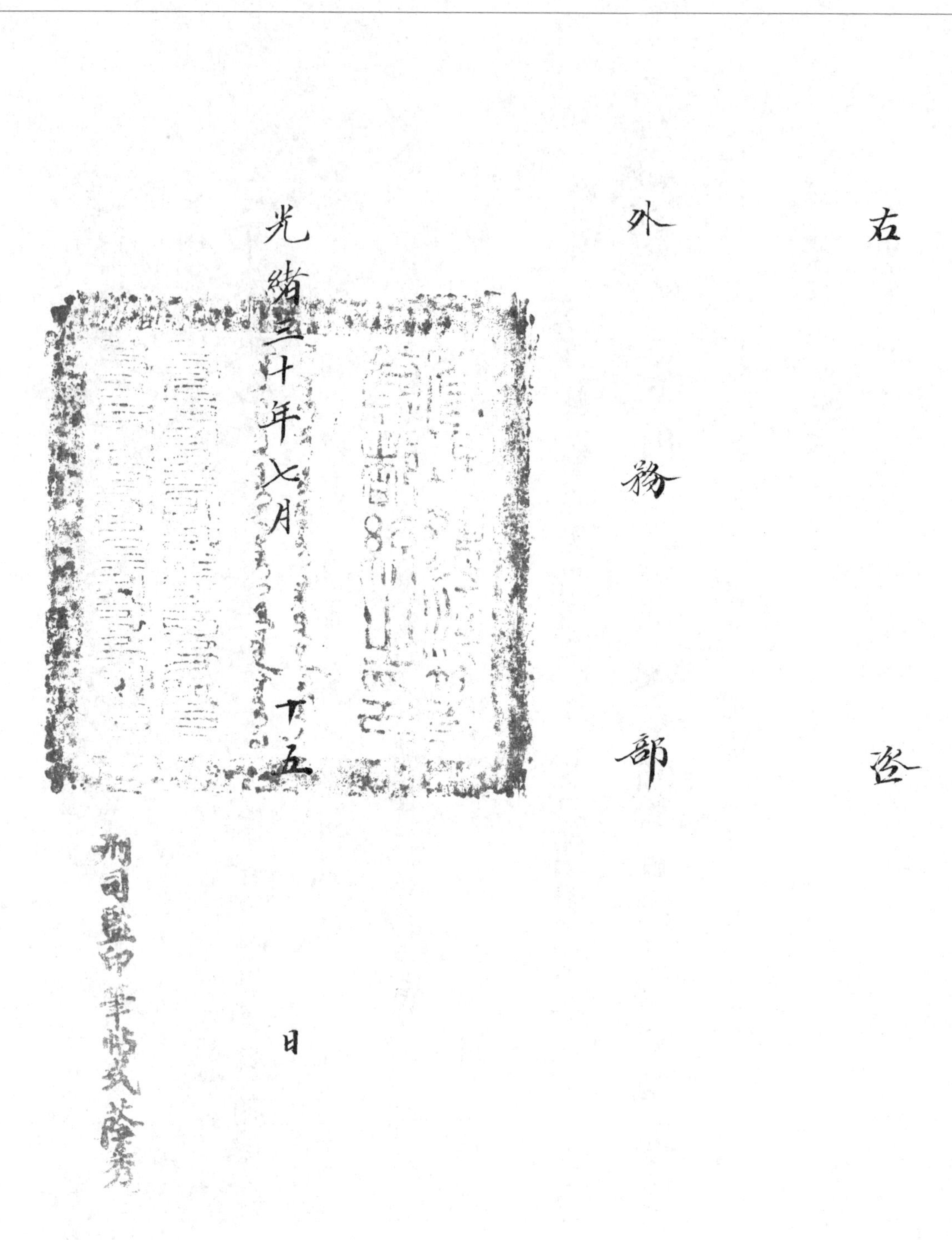

光緒三十年七月十五日

花翎江蘇試用道趙毓奎謹

稟

中堂
王爺
大人爵前敬稟者竊維商務之要莫要於築路近來稟請呈辦者往往毫無的款以一紙空詞希圖邀准甚至藉路招摇騙取股款職道有鑒於斯自去冬籌畫至今始敢呈請也職道游歷數省體察時勢杭漢鐵路實為當務之急又有富商魏雲漢善璞等糾集鉅款相助舉辦查該路自杭州起經過富陽新城桐盧嚴州蘭溪龍遊衢州常山玉山廣豐興安貴溪安仁東鄉進賢南昌安義建昌德安南康九江瑞昌興國武昌等府州縣至漢口止計程二千餘里需款三千餘萬兩惟當今時勢招此數千萬華股實屬不易若因噎廢食失此無窮利源而不關殊為可惜職道躊躇四顧請變通

辦理暫借力於美也蓋美與中國素無嫌隙今借其商人之力而
權自我操他國斷不過問從前美國築路亦聽歐商集股並無域
外之分嫌疑之見通力合作成效已昭職道斟酌損益現擬附搭
美商漢美公司班維德股本銀一千二百萬兩集華股銀一千八
百萬兩共成三千萬兩承辦杭漢鐵路如蒙
俯准職道與該商議訂合同呈請立案且洋股僅十分之四與
商部定章不相違背創辦之始股本斷難一時招齊茲先籌定華
洋股款一千萬兩存儲京津各銀行爲設局勘路買地等項之用
其餘股款陸續招集築軌尺寸及各項章程遵照粤漢辦理條目
繁多　部中均有成案可援俟奉准後詳細酌定稟請遵辦此係
商辦兩國國家概不干預亦不於附搭洋股之外再借洋款致令

利權盡屬外人蒙准日先報効練兵經費銀二十萬兩嗣後開工
年年照章報効以裕課源無論盈絀歲以爲常查
商部定章交涉洋款應歸
外務部呈辦爲此繪圖貼説叩懇
恩准奏請開辦杭漢鐵路以闢利源而興商務實爲
公便並請刊發杭漢鐵路公司木質關防以昭信守肅稟敬啟
爵安伏乞
垂鑒職道龢奎謹稟
附呈地圖一紙
光緒三十年八月 日

八一

大美國欽命駐劄中華便宜行事全權大臣康 爲

照復事西上月二十六號准

貴親王照送另擬修濬黃浦河道章程十二條

貴政府欲以此條代一千九百零一年九月七號

和約所列辦法請轉達本國政府查核見復等因

當已刻即按照轉送本國查核據本大臣意見該

條内所列保工之法尚有未全須將新辦法稍爲更改

方可使本國政府允從此節前已面告

貴部大臣想已轉達

貴親王知照矣爲此照復須至照會者附送洋文

右　　照　　會

大清欽命全權大臣便宜行事軍機大臣總理外務部事務和碩慶親王

一千九百四年拾貳月初捌日

光緒叁拾年拾壹月初貳日

附件

F.O. No.744.

W.

LEGATION OF THE UNITED STATES OF AMERICA,
PEKIN, CHINA.

December, 7th. 1904.

Your Imperial Highness:-
I have the honor to acknowledge the receipt of Your Imperial Highness' despatch of the 26th. ult.presenting a new plan in twelve articles for the improvement and preservation of the Whangpoo River, which plan the Chinese Government wishes to have substituted for that agreed upon in the Protocol of Sept. 7th. 1901.

Your Highness requests me to transmit this to my Government for its consideration. This I will do at once; but I am quite sure that the plan will have to be somewhat amended in order to meet the views of my Government as to a proper guaranty, which views have already been explained to Your Imperial Highness.

I avail myself of the opportunity to renew to Your Imperial Highness the assurance of my highest consideration.

[signature]

Envoy Extraordinary and
Minister Plenipotentiary
of the United States.

To His Imperial Highness, Prince of Ch'ing,
President of the Board of Foreign Affairs.

臣

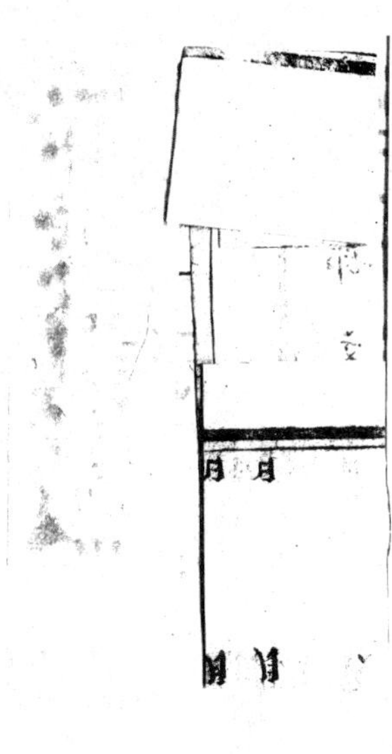

商部爲咨呈事。光緒三十年十一月二十二日接准軍機大臣字寄本日奉上諭：刑部代奏主事梁廣照條陳粤漢鐵路事宜一摺。粤漢鐵路前經諭令張之洞妥議籌辦。兹據奏稱路權放失，亟應收回自辦，不可遷延貽誤等語。著商部、張之洞妥籌辦理，以挽利權。原摺著抄給閲看。欽此。遵旨寄信前來。查粤漢鐵路訂約始末以及現議廢約情形，本部均未經接洽。相應咨呈貴部，務希將粤漢全案卷牘電文及盛大臣咨送貴部全卷彙録，迅速送部，以憑查核可也。須至咨呈者。

右咨呈

外務部

光緒叁拾年拾壹月廿四日

八三

敬啟者本月十九日肅布美字第五十三號函計邀
堂鑒粵漢鐵路廢約辦法經於歷次函電陳明在案十四
十六等日迭接 香帥杏孫督辦來電屬向美外部
商請註銷正續合同外部海約翰初猶以公司事權
屬美爲辭不認廢約 誠將合興名美實比種種確據
逐一臚舉海乃言註銷合同係中國自有之權美國
斷不阻止惟美民利益所關不得不力籌保護俟查
明合興内情再復當於十七日電達 香帥查照又
晤桑克義亦言日前美股東所擬辦法如能辦到似

可毋庸議廢細繹海柔兩人之言廢約一事皆非所願蓋以合同利益甚大不欲輕易放棄虎口之肉盜囊之財探而出之固不易也正在駁論間忽接受託函稱前日合興交存小票四百萬圓係該公司按照合同隨時提出之件不能再爲扣禁已如數仍交合興收取 誠即復函畧言該受託代存物產不遵警告不守義務當任其咎等語以爲將來理論張本且阻其再行交票也合興機變百出防不勝防從前允辦各事無不失信今聞廢約將成復向受託串提小票

反謂續約訂明隨時提取又謂已經暫辦批准推其狡悍之行充類至盡則美股東所擬收回比股亦不可靠受託現存三千三百餘萬小票皆不可保矣竊維謀定後動者動必無悔先發制人者毋制於人今註銷合同既有成議則應迅即舉辦以固利權不可謀及外人致生沮尼而且公司薪工雜費合興墊支款項日積日鉅愈累愈深觀望遲疑尤多虧折似應由暫辦逕行知照合興聲明廢約美政府如代美股出頭理論再與分別辨正即有索償之事應亦不難

了結是否有當應候
列憲卓裁電商 香帥及盛督辦核酌以上各節經於二
十一日馬電馳陳合再詳布即希
代回
邸堂列憲鑒核訓示爲荷附呈 香帥來往電四件照會
美外部文一件受託公司來往函二件統乞
備案肅此即請
均安
梁誠頓首 光緒三十年十一月二十五日
美字第五十四號
附鈔件

附件一

照譯梁大臣致海外部文 光緒三十年十一月十六日（一千九百零四年十二月二十二日）

為照會事照得本國政府前於一千八百九十八年四月十四日暨一千九百年七月十三日與合興公司訂定正續合同近因該公司屢次違背不得不將作廢本大臣現奉本國電咨照會貴部並請將正續合同註銷所有廢約之故請為　貴大臣畧陳之續約第十七款議定美國人不能將正續合同轉與他國及他國之人等語中國政府雖經屢援此款向該公司鄭重聲明然現查公司底股隸比利時等國者已居多數事權因以他屬該公司董理前曾函告本大臣已將違背合同之非美底股收回售歸真實美人至今尚未辦到正約第十四款有彼此均不得損礙遵守合同之利乃該公司首先違背於中國政府表理各節概置不聽反勒令受託公司將其所存小票鉅數送交收執又派並非代表美國股東之人前赴中國不聽中國政府官員批准強行干預全路之事所辦工程既逾原限廣州一節逾估甚鉅該公司所用工程司藉路經商漁利洋匠疊有槍斃人命並有竊貲遠遁索賬不送索究不交量制中國應有轄察之權華官屢次警責該公司置若罔聞查該公司承築之路經過戶口最多之鄂湘粵三省該三省紳民休戚相關勢有不能置之度外該公司辦事諸多糊混以致上下譁駭數月來屢經會議指陳公司及執事人洋人過失公憤正張無可掩蓋萬口一詞力持廢約經已聯名具呈

外務部上達

宸聽

朝廷俯順輿情

諭飭湖廣張制軍暨鐵路總公司議辦廢約之事張制軍為三省代

表斷不能强千萬人遷就壞局，自屬生路，民情可見，各國皆同。此中情形，貴大臣當能洞悉。現在中美商務日興，方未有艾，想貴政府屢次代我國保全主權，亦不願他國人干預侵損我國之主權，尤不願他國干預侵損貴國在華之利益也。茲將所接中國湖廣總督及鐵路督辦來電兩道鈔譯附送，務希貴大臣查閱詳酌照復，以憑轉報。為此照會貴大臣，請煩查照見復。須至照會者。

附件二

照譯受託公司致梁大臣函 光緒三十年十一月十七日 一千九百四年十二月二十三日

敬啟者：本日合興公司將敝公司所存貴國政府五釐金款借票計面值四百萬金圓及附連息票經已提去。查提取此項借票一事，前經合興公司於西十一月二十一日指控本公司索交，業由本公司函電專達貴大臣在案。本公司於本年西五月四日經蒙按照貴國政府及合興公司於一千八百九十八年四月十四日暨一千九百年七月十三日所訂正續合同，派令收存借票，以代紐約城農務受託揭借公司之任。同月十七日，據農務受託公司將貴國政府簽發五釐金款借票經合興公司互簽者計面值一千一百萬金圓，又未經合興互簽者計面值二千六百七十七萬八千金圓移交本公司收存。上開一千一百萬金圓借票一項內有本日

送交合興之四百萬金圓先經合興公司於未交本公司之前向
農務受託公司提出本公司於接收之時特將此項借票另包
存放封面寫有合興總辦書記姓名留候該公司提取其餘
七百萬金圓借票及合興未互簽之二千六百七十七萬八千金
圓借票既經照約交本公司收存現仍收存妥當專候合興
公司按照合同辦法提取謹此奉告

赫邇受託公司謹啟

書記賴利代押

照録梁大臣復受託公司函 光緒三十年十一月二十一日（一千九百四年十二月二十七日）

逕復者頃接

貴公司西本月二十三日來函備言已將我國政府借票面值四
百萬圓交付合興公司等語並承認

貴公司於西五月四日經按中國政府與合興所訂合同派充
受託收存借票然則
貴公司肩此受託之責任不得不按約辦事而
貴公司收存借票亦不以日期先後稍改責任固可知矣又況
此項四百萬圓借票非按照合同得中國政府代表人之允許
不得交付屢經本大臣明告
貴公司遵照辦理今乃擅自發票不候允許所有因此損失
受虧之處我
帝國政府惟認
貴公司擔其責任合即復告此復

中國公使　啟

附件三

照錄張香帥盛大臣來電 三十年十一月十三日到

洞奉廷寄合興正議廢約着悉心核議挽回利權等因宣查合興顯背合同必應作廢續約十七款不得轉他國現查底股比法居多事權他屬正約十四款禁別人侵壞合同現派非美公司之錫度來華干預全路工程逾限廣川一節逾估甚鉅工程司藉路經商漁利各洋匠疊次槍斃人命並有竊賣遠遁索賬不送索出不交壟制中國應有轄察之權請照會美外部註銷正續合同中美商約正盛想美政府屢次待中國保全主權亦不願他國人干預侵損也祈取覆電示洞宣元甲

請面告美外部中美交厚故創辦時立意借美款今美名比實上下譁駭謂與俄法路貫串腹心關我命脈即損美名譽合同精神全失不得已請作廢前美政府照覆云如該公司改其規模辦法即不認保護務祈認定前言即允註銷云此就國際說勿用照會洞宣元乙

張香帥盛大臣來電 三十年十一月十五日到

合興事三省紳民萬口一詞力持廢約公呈外務部上達宸聽朝廷俯順輿情洞為三省代表斷不能強數千萬人遭就壞局自處生路因飭由洞等廢約請專以民情公議為主補入照會洞宣翰

致盛大臣電 三十年十一月十七日發

香帥同鑒遵照會並面告外部據云公司事權仍屬美經議力駁始允詳酌照復容續陳

八四

大清欽命全權大臣便宜行事總理外務部事務和碩慶親王那　爲

照會事粵漢鉄路一事迭經

康大臣於一千九百零四年十一月十五號及十九

號函達並照會

貴親王在案本署大臣茲奉本國外務部電稱中國

出使美國大臣已知照美政府云中政府擬將合與

公司粵漢鉄路合同作廢本國政府以該公司寔可

信係美國公司並人人均悉美政府最以爲獨有權

力能與中政府商定該公司所有交涉干係之事

中政府現所擬辦之法有極大關係本政府不能

如此允辦俟有於此事可憑之確據證此辦法爲公

允當行方可照辦是以囑本署大臣確切知照

貴親王本政府以

貴政府所擬辦法暫須停辦須俟有與合興公司關

係最要之人將其於此事之是非明晰言之彼時再

議辦法係爲定不可免之事也爲此照會

貴親王查照須至照會者 附送洋文

右 照 會

大清欽命全權大臣便宜行事軍機大臣總理外務部事務和碩慶親王

一千九百伍年正月初玖日

光緒叁拾年拾貳月初肆日

八五

敬啟者，本月初五日肅寄美字第五十六號函，計邀
堂鑒。粵漢廢約事，疊次函電陳報一切。前准
湖廣張香帥電飭照會美外部註銷合同，經已照達。
適合興股東聞廢約議決，羣謀摩根為挽回計，美外
部又相催促，摩遂獨力將比股千二百分加價購回，
稟明外部存案。初一日美外部照會，極力申明美股
東權利，有不任廢約之意。夜間又來照會，稱已電康
使向
鈞部聲明不認廢約辦法。當經肅電奉
聞，並將照會洋文電致　杏孫督辦轉達　商部、香帥，
計亦得邀

登答茲特鈔錄原文並譯漢配呈用備
鑒核查公司合同與兩國訂約迥別如有違背實據儘
可隨時註銷毋庸謀及該管政府合興暗替比股事
權旁落我遽廢約彼本無辭自福開森來美比人似
稍就範遂向美總統自遞節畧詢以三事並由
杏孫督辦咨誠代詢外部得其復文全行認許而公
司交涉乃侵入政府交涉矣然海約翰猶能主持公
道於該公司無理要請概行拒絕又時勸美董收回
事權蓋明知理屈不能持久也湘紳集議之始合興
停工之際若能出其不意遽告廢約美政府當不過
以賠補為詞尚不至竟成交涉無如聚訟不決坐失

事機。至　香帥電來之日美股東購收此股已有成議計原股六千美人僅佔二千餘今收回一千二百已近四千之數美股既佔多數事權自必復美原約自必相符美政府既已承認於先勢須保護於後觀其照會語意決絕似難轉圜若徒逞筆舌再與爭辯不特費財曠事我受暗虧而且意見愈深交際愈受影響即使廢約可成償補之資較外間所億計者必相倍蓰於我路政尤多沮害此不得不從長計議者也竊維原訂合同本甚明晰合興强爲誤解致生諸弊今若不能廢約即宜勒令續訂專條將原約解明分清權限事事鈐轄毋使稍寬或可藉防微杜漸之謀爲一勞永逸之計，儻以美國代爭之故，姑爲遷就目前之圖，他日人事變更，根基深固，再有違約失權等弊，益恐無從論理。今日朝野上下所斤斤力爭，轉瞬已成陳迹，及今不圖，悔將何及。以誠愚昧，苟無以善其後，又不如仍行廢約之害之小也。自入春以來，比權擴張，誠即持廢約之議，經於歷次函電旁論，涉及想邀

鑒察。今幸廢約定議，乃又轉多顧忌，自相矛盾，何以嘲然！我所持以廢約者，合興事權他屬也，違背合也，屢警不悟也。廢約則合興無詞，美政府無詞，天人亦無詞，理直氣壯，無之不可。今則美人收回比

矣事權屬美矣美政府確切擔認矣廢約則美國固不甘願環球皆可責言理曲氣餒無一而可此相時度勢文不能始終執一也誠職司覘國既有確聞不得不據實歸報應如何辦理之處仍求

邸堂列憲主裁迅即定議大局幸甚除分函外謹此布達

即布

代回請示是荷專肅敬請

均安

梁誠頓首

光緒三十年十二月初七日

美字第五十七號

附漢洋文鈔件

附件

附六　　正月十九日

照譯美外部海約翰來文 光緒三十年十二月初一日 西一千九百五年正月初六日

為照會事本大臣得有確實消息美國承辦粵漢鐵路之人已將公司股本實在多數收回管理其實所有股本本未全讓他人美國承辦人此舉虧損甚鉅祇因
貴國責言抵拒不得不勉為其難當蒙
貴國政府善為酌辦亦應得我國之保護也相應照會
貴大臣請煩查照須至照會者

照譯美署外部盧米斯來文 光緒三十年十二月初一日 西一千九百五年正月初六日

為照會事案照本部於西前月二十二日承
貴大臣告以中國政府定意將所與合興公司一千八百九十八年四月十四日暨一千九百年七月十三日訂立之正續合同作廢當經查照在案昨本部海大臣電咨駐華公使康格以合興公司既係本國政府所信為真實美國公司而所有關係該公司之交涉事件本國政府亦堅持應有獨一之權與中國政府辦理中國政府現在所擬辦法若非經有關此事之各人陳明情節本國政府斷不能允認作准並囑康使力勸中國政府應將所擬辦法暫時從緩專俟各人詳陳情形又告以本部查悉美股東已向他國股東將股本多數購回以期事權全握確有此舉現在更須緩辦等語至
貴國外務部如何復詞本部並經咨請康使電復合併聲明相應照會
貴大臣請煩查照須至照會者

考工司

呈爲咨行事。光緒三十年十二月初四日准美國署使照稱：粵漢鐵路一事，迭經康大臣於一千九百零四年十一月十五號及十九號函達，並照會貴親王在案。本署大臣茲奉本國外務部電稱，中國出使美國大臣已知照美政府，云中政府擬將合興公司粵漢鐵路合同作廢。本國政府以該公司實可信係美國公司，並人人均悉美政府最以爲獨有權力能與中政府商定該公司所有交涉干係之事。中政府現所擬辦之法，有極大關係，本政府不能如此允辦，俟有於此事可憑之確據，證此辦法爲公允當行，方可照辦。是以囑本署大臣確切知照貴親王，本政府以貴政府所擬辦法暫須停辦，須俟有與合興公司關係最要之人，將其於此事之是非明晰言之，彼時再議辦法，係爲定不可免之事。爲此照會查照等因前來，相應咨行

貴部查照可也。須至咨者。

商部

光緒三十年十二月　日

八七

考工司

呈爲照復事粤漢鐵路一事叠准

康大臣及

貴大臣函照以中國所擬辦法須俟有與合興公司關係

最要之人將其於此事之是非明晰言之彼時再議辦

法等因知照前來查此事有關商務且粤湘鄂三省紳

民公呈争論現由商部暨湖廣總督張辦理所有

康大臣及

貴大臣叠次函照業經移交並電知在案應俟商部

暨張制台復文到日再行轉達相應照復

貴大臣查照可也須至照會者

美國署使

光緒叁拾年拾貳月　　日

八八

考工司

呈爲咨行事光緒三十年十二月二十日准駐

美梁使電稱張盛電仍廢約美外部謂比

股既收萬不應廢摩根等極有信望美廷

須堅持保護等語相應咨行

貴部查照可也須至咨者

商部

光緒三十年十二月　　日

八九

大美國欽命駐劄中華便宜行事全權大臣固　為

照會事。今接准本國政府訓電，囑本署大臣須竭力駁詰，不允中國政府將合興公司合同作廢。因該公司前售與他國人之股票，現經該公司美國人多出優價，將股票買回，是以該公司定由美國人管轄，如中國政府廢此合同，美國政府必以此事與搶刦無異，故一定不能聽從，相應據電聲明。

照會

貴親王查照可也須至照會者　附送洋文

右　照　會

大清欽命全權大臣便宜行事軍機大臣總理外務部事務和碩慶親王

一千九百伍年正月貳拾柒

光緒叁拾年拾貳月貳拾貳

九〇

考工司

呈爲咨行事。粤漢路事，光緒三十年十二月二十二日准美國固署使照稱，准本國政府訓電，囑本署大臣須竭力駁詰，不允中國政府將合興合同作廢。因該公司前售與他國人之股票，現經美國人多出優價買回，是以該公司定由美國人管轄。如中國政府廢此合同，美政府必以此事與搶刼無異，故一定不能聽從等因前來。除電鄂督酌核電復，以憑照復美使外，相應咨行貴部查照可也。須至咨者。

商部

光緒三十年十二月　日

九一

逕啟者：本館存有粤漢鐵路所刊洋文合同一册，兹附函呈送，即希貴王大臣檢收，轉囑譯員校查詳閲。一俟用畢後，並希將原册送還是荷。特此順頌時祉。外附洋册。

名另具。二月初十日

固立之

九二

大亞美理駕合衆國欽命駐劄中華便宜行事全權大臣康　為

照會事。茲准合興公司呈請函達

貴親王，據稱現有督辦閩廣農工路礦大臣張建勳，欲由廣州府至黄浦口建築鐵路，擬派人測量地段。本公司按照原約第三款載嗣後有由粤城續路到海濱之權，在西歷一千九百零三年九月，該公司已於圖式内表明將来續修鐵路係繞越廣州府城直達黄浦海濱，當本公司會辦監督等

均願照辦、祇有盛宫保以繞越廣州城甚爲費難、

如由廣州城外續修至黄浦、尚無不可、今本公司

之意、因前爲此路已費盡極多之籌畫、現不應令

别項公司興修、是以轉請飭知張大臣、暫免開工、

俟本合興公司、一切利權交涉清楚後、再行酌議

等語、本大臣深望

貴親王、迅速分别行飭農工路礦督辦、暫免開工

可也、爲此照會、須至照會者、附送洋文

右

照

會

大清欽命全權大臣便宜行事軍機大臣總理外務部事務和碩慶親王

一千九百伍年叁月貳拾四日

光緒叁拾壹年貳月拾九日

九三

欽命督辦電政大臣直隸總督部堂袁
候補部堂吳 為

咨呈事據委辦電報総局朱道寶奎稟稱竊查光緒二十九年四月二十七日美國太平洋水綫公司安設水綫繞小呂宋展至上海歐美兩洲攤分報費利益將為所奪大東北両公司擬就辦法九條切商職局與該美公司聯合辦理一案稟奉憲台批開如稟辦理惟允准美水綫至附近上海登岸一層只能按照大東北両公司成案至吳淞為止即由総局菌復照准嗣於五月間蒙憲台暨會辦憲咨明

外務部立案並抄送辦法九條聲明將來允准美水綫上岸時尚須另立合同以昭信守三十年六月初一日又因德荷水綫公司亦將展設水綫繞南洋各島等處接通至華核與美水綫展設情形大畧相同通盤籌於進項無甚出入又稟蒙憲台暨會辦憲會咨

外務部於十二月間奉會札内開十一月十五日准

外務部咨復此事既由總局悉心考核按照東西公司所擬辦法得失足以相抵且可保歐美通電利益復經貴大臣核明於電局款

項大端無甚出入本部自可照准立案相應咨復貴大臣查照
飭遵可也等因札局遵照各等因到局奉此查美公司與德荷
公司所設水綫接展來華達至附近上海地方經過太平洋及
南洋各島業與該處各公司通籌辦法成為聯合公司大東北

兩公司預商職局已與該聯合公司訂立合同一切報費均歸
攤分總帳東北兩公司所得攤分之費已將我電局應攤之数
色括在内我電局自不得不與該兩公司另訂合同重議條款
既奉

外部咨准有案職道迭次與兩公司悉心會議凡可以自保利權之處莫不竭一得之見力與磋商現在合同華洋文稿彼此俱經議妥各繕三分共計六分其允准該美公司德荷公司水綫上岸一節均核與大東北兩公司水綫在吴淞上岸成案相符例應給予憑照亦已將華洋文稿妥爲議備各繕二分共計四分一再核對無訛所有一切辦法及我電局應得攤分報費成數均已詳載合同文内事關中外交涉復係電政大項度支大北公司特派該總公司參贊史德生大東公司特派駐滬總

辦蒲勒德來津謹候憲台將前項合同備賜鑒核派員會同
簽押以昭鄭重惟該兩公司洋員尚擬援照成案持呈英丹駐
京兩公使核准蓋印似應仰懇憲台亦援成例咨明
外務部查照辦理以符向章而資立案除將合同及憑照全文
另錄清摺恭呈憲鑒外所有此次與大東北兩公司議訂合同
並請援案咨
部核准蓋印立案緣由理合肅禀具陳伏乞鑒核施行等情
到本大臣據此除批據禀已悉大東大北兩公司續訂攤分報

貴合同暨允美公司與德荷公司展設水綫文憑該公司所派洋員况擬援照成案持呈英丹兩國駐京公使核准盖印該局事同一律自應照辦仰候抄摺會咨外務部查照辦理以符向章而資立案繳挂發外相應咨呈貴部謹請查核施行須至咨呈者

計抄摺

右　咨　呈

外　務　部

九四

考工司

呈爲照復事光緒三十一年二月二十日准

康大臣來照以合興公司呈稱現有督辦閩廣農工

路礦張大臣欲由廣州府至黄浦口建築鐵路本公司

按照原約第三款載嗣後有由粤城續路到海濱之

權該公司已於圖式内表明將來續修鐵路係繞越廣

州府城直達黄浦海濱盛宫保以繞越廣州城甚爲費

難如由廣州城外續修至黄浦尚無不可本公司前爲此

路已費盡極多之籌畫現不應令别項公司興修轉請

飭知張大臣暫免開工俟本公司一切利權交涉清楚

後再行酌議等語本大臣深望迅速分别行飭暫免開

工等因此事本部未據咨報有案當經咨詢商部去後

兹准復稱張督辦擬自廣州達厦門築路一條以省城東

門外黄埔作爲首段並將黄埔自開商埠已經張督辦

帶同美國工程師麥基前往履勘測量繪圖議由華商

自辦查合興於原約第三款載如嗣後欲由粤城續建

至海濱或别處亦可隨時與督辦大臣妥商各等語

是合興如欲商建續路必當在粤漢幹路業經按約

造成以後始合原約嗣後二字之義今合興於幹路既

未克按約造成此時自不能提及續建至海濱之議况

廣州至黄埔之路係屬華商先行自辦並非别項公司

可比與合興原約無涉等因前來相應照復

貴大臣查照即希

轉飭合興公司遵照可也須至照會者

美國署使

光緒三十年十二月　日

九五

考工司

呈為咨復事光緒三十一年二月二十八日准咨稱據電報總局朱道寶奎稟稱美公司與德荷公司所設水綫接展來華達至附近上海地方經過太平洋及南洋各島業與該處各公司通籌辦法成為聯合公司大東北兩公司預商職局已與該聯合公司訂立合同一切報費均歸攤分總帳東北兩公司所得攤分之費已將我電局應攤之數包括在內我電局自不得不與該兩公司另訂合同重議條款既奉外部咨准有案職道迭次與兩公司悉心會議現在合同華洋文稿彼此俱經議妥各繕三分共計六分其允准該美公司德荷公司水綫上岸一節均核與大東北兩公司水綫在吳淞上岸成案相符例應給予憑照亦已將華洋文稿妥為議備各繕二分共計四分核對無訛所有一切辦法及我電局應得攤分報費成數均載合同文內謹候憲台鑒核派員會同簽押並請援案咨部核准盖印立案等情據此除批據稟已悉大東大北兩公司續訂攤分報費合同暨允美公司與德荷公司展設水綫文憑該公司所派洋員現擬援照成案持呈英丹兩國駐京公使核准盖印該局事同一律自應照辦仰候附摺會咨外務部查照辦理等因并據朱道將合同呈送前來本部復核無異自應照准盖印立案當將該合同仍交朱道賫回分別

存發其允准美公司德荷公司水綫上岸憑照應
即一併繳回由
貴大臣蓋用關防發給收執無須由本部蓋印
相應咨復
貴大臣查照辦理可也須至咨者
電政大臣
光緒三十一年三月 日

九六

欽命督辦電政大臣直隸總督部堂袁
候補部堂吴 為
咨呈事三月二十五日准
貴部咨開電報總局與東北兩公司續訂合同據朱道呈送
前來自應照准蓋印其允准美公司暨德荷公司水綫上
岸憑照應即繳回由貴大臣蓋用關防發給收執無須由
本部蓋印等因到本大臣准此查美與德荷公司水綫
上岸辦法前經咨明
貴部覆准立案且電局與東北公司續訂合同第十一款

已載明兩公司達上海水綫允准登岸其憑照首端載有由
登岸處接至上海租界之綫應歸電局收管之語為我
陸地電權畫界可補合同之未逮其餘各條皆合同所已
及合同既經蓋印憑照事屬相連除已飭朱道仍將憑
照賚呈暨徑先行電請蓋印外准咨前因相應咨呈
貴部謹請查照一律蓋印以昭鄭重望切施行須至咨呈者

右　咨　呈

外　務　部

九七

考工司

呈為咨行事案查張督辦擬由廣州至黃埔建築鐵路一事前
經本部詢准
咨稱按原約第三款載如嗣後欲由粵城續建至海濱或別
處亦可隨時與督辦大臣妥商各等語是合興如欲商建續
路必當在粵漢幹路業經按約造成以後始合原約嗣後二
字之義令合興於幹路既未克按約造成此時自不能提及
續建至海濱之議況廣州至黃埔之路係屬華商先行自
辦並非別項公司可比與合興原約無涉等因當經本部照復
美國署使去後茲准復稱商部所引合同內漢文嗣後二字之義
英文則無該合同內曾有遇文字可疑之處以英文為準請閱
英文自不能謂必須築成幹路始可續築支路該合同第三

款明列有美華公司有添建短支路之權接連要處以招運載之語且該公司開辦之始係先築由廣州至三水之支路該支路計二年已築至佛山開車今商部謂廣州至黃埔之路係由華商自造不與合興相涉本署大臣必須請貴親王詳閱續定合同第十七款所列又議定除督辦與美國公司互繕憑據允准外粵漢幹路及支路經通界內不准築造爭奪生意之鐵路並不准築造與粵漢幹路及支路同向並行之鉄路致損利益云云此係經貴國政府已行批准之款雖係華商欲行自造此路豈能謂不必照此合同故本署大臣不能不將商部講解此合同實為不合之意切切聲明並於商部所謂華人造路係屬特別之事不與合興相涉之語難以照允等因前來本部查粵漢鐵路洋文合同第三款內雖無嗣後字面却有嗣後意義但並不專指路成以後講解至此外辯論各節是否合理相應咨行

貴部詳核見復可也須至咨者

商部

光緒三十一年四月　日

九八

太子少保頭品頂戴兵部尚書湖廣總督部堂兼管湖北巡撫事張　爲

飭屬保護事。據湖北漢黄德道江漢關監督繼昌呈稱：光緒三十一年三月十三日准美國馬總領事照送本國人藍柏德前往河南省開封府地方安設造銅元幣之機件執照一張，附洋文一紙，請蓋印前來。當譯洋文内前項機件係河南銅元局購辦官物，除將執照加蓋監督關防注明此照只可持赴河南安設機件，以作保護本身之用，不得藉以探勘礦産、開設行棧、考查佛教，致碍約章等字樣，備

文送還給領請飭藍柏德於經過沿途州縣呈驗印照並
分別移行地方官妥為保護外相應具文呈請核咨等情
到本部堂據此除咨明飭屬保護外相應咨呈為此咨呈
貴部謹請查核施行須至咨呈者

右 咨 呈

外 務 部

九九

王爺
大人鈞鑒：敬肅者，昨接駐美梁使函稱，美國賠款實溢美金二千二百萬元，經商美外部，有減收之議。惟美廷以賠款攤付之法，中國早經籌定，若果交還，曾詢我應作何用，似宜聲告美政府，請將此項減收賠款歸還，以為廣設學堂、遣派游學之用，必為美廷所樂從等語。世凱核閱所陳，尚中肯要。愚見目前中國待辦要政極多，正慮無款可籌。美廷既有此盛舉，應將此項收回之款，用以整飭路礦，作為舉辦學務之成本，即以所獲餘利，分別振興學校，庶可本末兼權，款歸實濟，而舉一二富強之要政，即為造千百才俊之宏基，亦仍與梁使之意相合。茲將梁使原函錄呈
藎詧。伏祈
裁酌，迅飭梁使妥商美外部，照允，俾可早日告成，洵於大局裨益匪淺。
鈞見如何，並乞
示知，敝處以便接洽，無任企禱。專肅，敬請
鈞安。計鈔原函
袁世凱謹肅 四月十八日

附件

照錄駐美梁使來函

美國賠款議辦收回，各節經於前函畧陳在案。茲查此項賠款，除美國商民、教士應領各款外，定溢美金二千二百萬元。自海約翰代陳鄙意，倡議減收，又經誠運動勸説，近來上流議論已覺幡然改變，即固執如戶部大臣疏氏者，亦不復顯然相拒。覩其機兆，似可圖成。美使柔克義於此舉尚表同情，誠欲乘其未離美之前與之商定大致，俟海約翰銷假回任之後，得以相機切定。商辦則面面承接，更無枘鑿之虞。連日與柔及署外部等商榷辦法，柔言總統以為此項賠款攤付之法，中國早經籌定，若果交還，不知是否攤還民間，抑或移作別用。誠答以交還不應得之賠款，義聲足孚遐邇，減免之項如何用法，則是我國内政，不能預為宣告。柔謂總統並非有心干預，特欲畧知

貴國宗旨以便措詞請求議院再誠維今日列强環伺莫不覬
我措施定其應付不有非常舉動無由戢彼奸謀今美總統
所言無論是否有心干涉均應預為之地庶免為彼所持尤應
明正其詞庶彼心為我折似宜聲告美國政府請將此項賠款
歸回以為廣設學堂遣派游學之用在美廷既喜得歸款之義
聲又樂觀育才之盛舉縱有少數議紳或生異議而詞旨光
大必受全國歡迎此二千二百萬金元斷不至竟歸他人掌握矣
在我國以已出之資財造無窮之才俊利害損益已適相反
况風聲所樹薄海同欽中興有基或莫余侮其為益又豈可以
尺寸計耶且按年賠款各省攤定此二千二百萬元者合則
見多分則見少即使如數歸還民間未必獲益與其徒資中
飽起交涉之責言何如移應要需定樹人之至計耶誠衡量
重輕莫善於此用敢縷晰上陳敬請轉商
外務部迅賜訓示俾得稟承一切相機照會美外部辦理或
能於秋間議院開會即行交議早日告成於大局不無裨
益並使過津謁見儻能將此宗旨
明白宣示俾得接洽則機軸愈緊成功愈易是否有當敬祈
鑒核無任企禱屏營之至

一〇〇

欽命督辦鐵路總公司事務大臣太子少保尚書銜前工部左堂盛　為咨呈事竊照粵漢
鐵路自上年九月十二日停工廢約承准
湖廣總督張部堂會同本大臣於上年十一月十三日會商元字甲
乙電十五日會商翰電十二月十五日會商咸字甲乙電皆專言廢
約又於十一月二十七日會商沁電二十八日會商勘電皆專言不
擔任四百萬金元之小票先後電致
出使美國梁大臣轉飭紐約合興公司遵照辦理並經
梁大臣照會美國外部查照飭遵均各在案現在善後事宜應以查
核合興公司經手所用墊款及出售借票為將來還贖緊要關鍵正
在核辦間據駐滬合興公司代理人波露文函請發給借款利息並
函開按九十之價或售或押之小票工程已用之款共計三百六十
四萬金元前來當經本大臣嚴切駁復以示決絕查合興公司上年
曾抄送外洋用款帳畧一本當以開帳籠統立即駁斥發還另造細

帳茲據前管理處議員陳道善言等電稟合興細帳業據送到上海
總公司現正趕速譯繕寄呈核辦等情除俟原帳寄來再行核駁外
自應先將合興代理人來往函稿四件鈔粘分咨備案爲此鈔粘咨呈
貴部謹請查核辦理須至咨呈者

計粘抄函稿四件

右　咨　呈

外　務　部

光　緒

二十一　日

附件

照譯合興公司代理人波露文來函 乙巳三月十六日 西年四月二十號

宮保大人鈞鑒敬肅者本日接奉紐約合興公司來信稱言前經售出之小票其利息按照

中國鐵路總公司奉

旨批准與美華合興公司所訂續約第十五款內載明應於五月一號到期付給現在合興公司

不能照付囑即關照

閣下等語為此專函奉達希即

查照為荷此頌

鈞祉

合興公司代理人波露文謹啟

擬覆合興公司代理人波露文函

逕覆者接准四月二號

來函備悉一切所有五月一號利息到期之小票宜是已售出若干本大臣尚未知悉望將

該數目及利息之期詳細

示知再查續約第十五款此項利息應由借款本銀內交付並聲明如有造路期內未用

到之借款轉存生息之息以及造成一段行車後所得之款皆可用以湊付利息其尚不足

之數總歸借本內提付云云查粵漢鐵路尚有未用到之借款及應得回息並廣

州至三水行車已久月報所收車脚甚旺尚有應餘之款今何以不照原議湊付利息

本大臣所亟欲聞其故也此頌

日祺　督辦鐵路大臣盛

照譯合興公司代理人波露文來函 西四月二十六號 中三月二十一日

宮保鈞鑒敬肅者昨奉二十三號

鈞函當即轉達紐約本公司兹接覆電内稱按九十之價已售或已抵押之小票及工程

已用之款共計美金三百六十萬元截至五月一號止應付六個月利息計美金九萬元如

中國政府欲美公司代付利息自可照辦至三水枝路行車進款已移撥工程之用等語

用特專函奉達希即

查照為荷此頌

日祺　波露文謹啓

擬覆合興公司代理人波露文函

逕復者接展四月二十六號

來函承

覆四月二十三號敝函所詢各節查合興公司逕向受託公司提去之四百萬元小票是未經

本大臣核准且係違背本大臣之明令今特再為申明鐵路總公司代中國

政府不擔責任此事前經本大臣知照

貴公司並由　駐美中國出使梁大臣照會美外部矣是以祇可按照前經核准提取之

二百二十三萬二千金元小票付息仍請

查照續約第十五款由所載各項入款内撥支尤應將三水枝路行車進款湊付是為

至要此頌

勛祉　督辦鐵路大臣盛

言等稟以七月二十五日第十四次會議由總工程司葛利文來圍繞粵垣及省城黄埔路綫圖樣估單呈請察核前來當經批示以粵漢路綫應以柏森士初次測勘經本大臣核准之圖為定本續約第八款雖有已勘之路所呈之圖僅屬大概隨後設有更改仍文由管理處呈請核准等語光緒二十八年十一月十三日欽奉

上諭

嗣後各處應造鐵路地段勘定後著繪圖貼説移送

該管督撫派員查明如無窒碍始可開工仍會同具

奏以免疏誤等因欽此是為柏森士原圖所未載者必須先行咨商地方大吏查無窒碍方可會同具奏粵省市廛繁密東西兩站相通之處非取道河隄即經由城北觀音山而過北路險峻費工土人風水謬説至今堅執河隄祖賃軌道亦尚無成議設如葛利所擬圍繞粵垣則東西南北四面皆須鋪設鐵路必致粵省官紳執原圖以相詰難其勢格而不行斷難照准應將圖單發還總之凡非柏森士原圖所核定者即或必須築造亦非詳晰奏咨不能即予核准明白批行有案該工程司並未再將圖單復送是此項未經核准之圖早已作為罷論等因本部查粵漢鐵路原合同第三條雖明列華美公司有添建短支路之權接連要處以招運載而下文即緊接惟所擬推廣各路圖表須經督辦大臣核准之語今廣州至黄埔一路既經盛大臣批駁在先美華

公司即無添建連接之權又該合同第十七款所載
除督辦與美華公司繕據允准外粵漢幹路及
支路經通界内不准築造爭奪生意同向並行之
鐵路云云原文經通界内一語亦係指粵漢支幹路
各路應行經由之處而言黄埔初未經督辦大臣核
准即非該路經通之處張督辦擬築廣州至黄埔
鐵路核與前訂粵漢合同各款並無違背等因前
來相應照復
貴大臣查照可也須至照會者
美固署使
光緒三十一年四月 日

一〇二

具呈留學日本浙江學生陳漢第 陳其善 張曙 傅疆 周承菼 王嘉榘 陳飛 汪希 沈祐延 許燊等二
百五十三人為呈請豫杜法人認辦浙省滬紹航路美人
認辦浙贛廣三省鐵路事竊浙省路礦為英商美商所持
前次業經稟請急籌自辦在案兹據浙省函稱滬紹航路
法人早經攬辦此次紹興新昌舉人童學琦集有商股稟
請自行興辦經盛大臣批駁復有無賴馬文波馬之善勾
引外人從中阻撓當由紹郡士紳發其陰謀并將自辦情
形呈請
商部核奪在案又美人倍次因粵漢鐵路事近有所阻復
注意於浙江江西廣東三省鐵路聲言已面謁

王爺大人要請此項敷設鐵路權經

王爺大人答以須商之三省官紳再行定奪遂遷赴浙省向

浙撫部院聶開議

浙撫部院聶傳語囑其詣洋務局商訂美人倍次復與洋務局總辦許道鼎霖偕赴上海密與嚴信厚周晉鑣王存善會議嚴周王三人皆許以効力繼又招集浙省在滬紳商稍有聲望者會議茲事其中雖有拒絕之人而為嚴信厚王存善所持已以在滬浙紳多數承認告之倍次儻得江西廣東紳商贊成其事美人便有以藉口事機危迫較英商之攬浙路美商之攬浙礦為尤甚生等游學海外內地見聞誠多隔閡然徵之列強對待我國政策情勢均屬相符伏查滬紹航路載運貨物無多以云謀利實未可必此次法人之要請特有鑒於英國以投資主義經營我國幾致無處不擴張其勢力範圍故必以握航路權與英國之敷設鐵道權相抗況歐洲各國為伸其國力起見雖虧費巨本國家不惜出輔助金以使商人經營以此知法人要請認辦滬紹航路為攘奪權利非專謀利益也法人之蓄謀已明美國之對待我國方法亦不難窺測美自十九世紀起捫羅主義以不干涉美洲以外事為本旨近以各國注意於東亞大陸皆澎漲其勢力於我國於是又棄捫

羅主義為侵畧政策自得非律賓遂代西班牙而稱雄於太平洋漸欲伸國力於亞洲東部其與我國商設美華公司數設粵漢鐵路實為行經濟政策於我國之始後復創中國開放門户之議又創以五十億萬元代辦中國全國鐵道更以承辦浙贛廣三省鐵路為請種種設施不外以和平經營之計抵制歐洲各國激烈要求之端用意各殊而政策相合其為侵畧則一也我國雖明外情而處積弱之際防之既困於財力不足拒之復阻於情勢不能苟安者以無法置之度外不肖者反因之得肥一己而吾國因之瘠矣實偪處此不忍坐視謹再為我

王爺大人陳之浙省滬紹航路法人係援廣東允通航路例向浙撫部院聶要求後聞遲達

王爺大人一再申其前請彼既注目與英相抗自必與我持之甚堅若以國際公法正當交涉言之國內航路本無各國商船任其通行之理即以國際私法言外國人不得私有船隻亦屬限制外國人權利之端儘可明白拒絕無如我國境內河海各國通商貿易船隻任意通行幾成慣習前次防範已疏遂難以與之抗議然因無可抗議而遂不與之議外人更玩我於股掌而得視其所為欲於無可抗議之中争挽一二對於滬紹航路惟有二策一以本地輿論沸騰

皆未允協政府不能因外國通航事强制人民爲辦蓋彼以經濟政策爲侵略主義首以得民心爲主儻人民以全力反抗彼即不能完全行其經濟政策無論何等强國其處置弱國以强暴爲手段者往往失敗故以輿論未協謝之必可稍緩其勢一使我國人民以經濟與之競爭此項航路獲利有限我既自辦彼必退卻然猶慮商民不知顧全大局未必能以絶大資本投之利益不可必之地今紹郡士紳咸以利害攸關共圖興舉而盛大臣又加駁斥使不得竟行其志是專爲外人之保障而以欺罔人民求一己之安

朝廷命設辦鐵路總公司以保護權利若輩竟授柄外人以蹂躪地方愚昧至此誠所不解各國爲國内經濟發達起見於易爲交通而可得厚利者任民間合資經營其不能不交通之處而於利益不覺損耗者國家以補助金奬勵與辦故不數年而全國爲之振興現在滬紹航路有人承辦并不求地方官多所補助有准無駁不待智者而决生等以爲准其自辦後無論於經濟發達上有無影響而於抵制法人不爲無補應請

王爺大人批飭核實辦理法人要通航之意雖迫斷不能禁我國船隻之通行對内對外有利無害似不必多所疑慮浙省路

權前次盛大臣密與英國怡和洋行結約我國知之者鮮
各國久已調查確實而美人素以經濟政策施之我國於
是益生妬忌因有建築粤漢鐵路之權故暫置勿議現在
粤漢鐵路之約據條文違背之處彼知無以自直故不得
已而要辦浙贛廣三省鐵道爲失之東隅收之桑榆之計
王爺大人以須商之三省官紳爲言即以允准爲拒絶事出倉卒舍
此亦無良策然必三省官紳合力抵拒方與
王爺大人對待之政策相合今
浙撫部院聶不絶其覬覦之心而滬上紳商又冒昧以贊
成相告事機急迫莫此爲甚然於此時防患未然較之爭

挽粤漢鐵路之約其難易不啻霄壤對於浙贛廣三省鐵
路杜絶之法有四謹爲
王爺大人陳之一由
商部密飭上海商會以私人資格公同反抗不可牽涉我
國政府致生種種問題二仰懇
電咨三省督撫力阻其事不可失之需緩以絶其日後之續
請三求
電催盛大臣據約爭辦以爲將來廢約張本四由
商部
奏請深明大體之人創辦全省路礦公司使各國知經濟政策

不能實行漸生退志有此四端而復加以前次生等稟陳
獎勵各節稍具天良者必謀贊成即無識之徒亦當知所
感奮或不致為粵漢鐵路之續否則雖外人絕不與我起釁
而我已不國履霜堅冰使人戰慄
王爺
大人為
國家大計必有宏濟艱難為此合詞籲懇
俯賜察核採擇施行全浙幸甚三省幸甚除改呈
商部外敬謹環呈
憲鑒謹呈

光緒三十一年四月　日

一〇三

照錄花翎二品頂戴遇缺題奏道延昌等為集股籌款懇
恩賞准承修粵漢鐵路事竊維庚子一役職等仰觀
國家鑒於泰西振興商務以立富厚之基而求自強之實凡
屬以民未有不歡忻鼓舞以為我國從此可以雄稱海邦矣
近又添設
商部以為之率復於鐵路一節條分縷晰以示之制固視鐵
路為當務之急也皇哉
聖謨丕宏且遠職等身居末秩久愧報稱之無目極時艱用是敢
効之策同會同　花翎四品銜刑部候補員外郎柏楨　花翎郎中銜刑部候補主事楊承恩　工部候補主事孫慶祺　花翎員外郎銜刑部候補主事王恩溥　四品銜户部員外郎多誠
吏部候補員外郎榮雯　二品頂戴遇缺題奏道前充英法比三國二等參贊王錫庚　花翎二品頂戴藍翎浙江參將欽聯　咸同知銜孫文鑑　户部候補員外郎鑫綱　前四川知縣唐致遠
藍翎五品頂戴選用知縣華之清　藍翎五品頂戴候選縣丞劉紹錫　花翎同知銜四川候補知縣楊嘉修　花翎同知銜江蘇知縣楊紹疇　同知銜四川試用知縣龔藩　户部候補郎中劉秉鑑
花翎五品銜候選縣丞同知胡錫獻　花翎四品頂戴湖北通城縣知縣候選知府王景藻　花翎同知銜楊先達等查浙省濱臨大海

遥通四裔漢口雄鎮長江遠統各省其間山深土沃出產甚饒如有鐵路由之轉運商務必盛擬由湖北漢口起經過江西之九江南康南昌撫州福建之邵武順昌延平至福州止修一幹路又由江西南昌府起經過江西之廣信浙江之衢州嚴州至杭州止修一支路又由福建邵武起經過永安至廈門對過之馬港止修一支路又由福建福州起經過羅源至三都

澳止修一支路東南半壁商務必大有起色惟辦大事必須籌巨款此款別係職等於匪亂之後體察時局必有集股興商之舉曾聚同人謀及商號分認集股以備急需今經各要商號積數年之久在廣東香港上海蘇州杭州江西漢口並新加坡各埠要招集股份已至二千萬兩惟未奉札諭承辦何敢遽然設局舉款近擬職等恭知

自愛斷不敢以倘來之物有累高名今幸恭逢

國家盡力振商務飭修鐵路是職等未雨之綢繆為今日有用之要舉也茲查有美國漢美公司資本充裕並探得該公司附有白商股本與之聯絡此路不虞相負以函致各要家商均將此款由各該號匯至漢美公司現已酌有漢美公司先草函覓惟此幹路支路計程約有四千里之

遥籌款須用四千萬兩有餘方可竣工現所已集之華股僅二千萬兩不敷開辦今經眾商與漢美公司議借二千萬兩以防停工待款之虞至此借款即以續集之股銀隨集隨還借還均經商辦

國家概不與聞即將來公司萬一交涉之虞現亦與漢美公司立有草合同由憑見以覽

恩准諭辦即行遵照
鈞部奉旨立定合同以昭憑信並請頒發承辦閩漢鉄路
關防一顆以示信守復懇咨行經過各省
督撫諭飭經過各該州縣一體保護除呈外務部外茲
將議借草合同條約並承辦閩漢鉄路集股款式開办
章程另繕清摺繪具圖說一併呈閱職等實為利國便
民起見是否有當謹具稟
大人名
貝子爵前電核施行
大人名

附件一

道員廷昌請辦閩漢鐵路稟批
據稟承辦閩漢鐵路詳閱圖說地跨四行省之廣款需数千
萬之鉅查各國路政均應由
國家權衡輕重斟酌形勢方准興築斷不能率意指請妄干要
政況江西全省鐵路業經本部奏請辦理在案該道等豈無聞
見茲復率行攬入種種窒碍殊屬不知大局所請應毋庸議
合同各件均著發還後勿再瀆此批

附件二

收 六月初一日

商部爲咨呈事。光緒三十一年五月二十八日接據花翎二品銜遇缺題奏道延昌稟請承辦閩漢鐵路，本部查以此事辦法不甚的實，業經批駁在案，相應鈔録原稟、原批咨呈貴部查照備案可也。須至咨呈者。

右咨呈

外務部

光緒叁拾壹年陸月初壹日

一〇四

欽差大臣太子少保頭品頂戴參預政務大臣會辦練兵大臣督辦電政大臣鐵路大臣兵部尚書都察院右都御史辦理北洋通商事宜直隸總督部堂兼管長蘆鹽政袁　為

咨呈事據津海關道梁敦彦詳稱竊照職道前奉憲台面諭以

美商美孚洋行現又請准其設立煤油池飭令查明禀復等因

遵即卷查唐升道任内准美領事來函以美國煤油公司擬在

新河建造鐵煤油池曾經函致税司查明並無妨礙惟新河距

天津四十餘里距塘沽十餘里不在通商碼頭界限之内詳蒙

批示應不准行等因業經分别函致查照飭遵在案茲奉前因

復查從前瑞記洋行代英商施拉火油公司擬在塘沽修建大

池堂以貯煤油前經勘明與民居無甚妨礙准令開池儲油詳
咨有案惟前項卷宗自庚子變亂燬失無存難以查悉此次美
商美孚行擬設油池應否准其開設仍仿照漢鎮章程凡火油
進口時每加倫繳報効錢七分半以歸一律至該處設立油池
有無妨礙應俟派員查明再行核辦稟奉憲台批飭由道派員
前赴該處查明稟候核奪等因當經派委補用州判甘聯超英
文繙譯唐鐵裏前往查明稟復去後旋據該員等稟稱卑職等
遵即會同前往新河查美商美孚行擬設火油池地段係在新

河村東南四里餘之趙家廠地方距天津八十餘里距塘沽僅五六里該地段南至河干北至鐵道西與新泰興地毘連相隔半里左右設有蘆保材料廠東與民人趙姓地毘連相隔一二里亦設有鐵路材料廠地勢長方約有五十畝之譜購於商人鍾清溪之手濱河之二十餘畝除該公司已築碼頭外四圍築有磚牆東西北三向均無民居最近者為趙家廠民房尚在鐵路以北相離半里有奇似無妨礙惟該油池尚未興工如在北面二十餘畝内修建與鐵路毘連或於軌道稍有妨礙等情稟

復前來當以美孚行請設油池地段雖於附近民居無礙惟北面毘連鐵路如准其修池儲油於軌道有無險害似亦須先事詳查又經稟奉憲台札據關内外鐵路總局詳遴派洋工程司德基馳往勘查該商擬設火油池地段若距鐵路一百五十英尺遠修池與鐵路定無險害該行亦不致爲難如此於附近居民産業亦無妨礙等語札道遵照等因奉此職道當查美孚請設油池之處於民居既無妨礙若距鐵路一百五十英尺修池與路軌亦無險害似可准其設池惟捐款一層督飭職署繙譯

曾守海前往美領事署商令美孚照漢口成案輸納報効錢文該商聲稱漢口油池係屬創辦是以遷就出錢報効今天津既有瑞記開辦於先不能阻止美孚踵起於後瑞記並無捐項此利亦應均沾未便舍本口之成規而遠引他口之案再三商駁堅執不移飭承前往稅司處抄來前任關道知會稅司函稿一件瑞記所設之池係經升任關道查勘詳明轉咨

總理衙門飭照浦東設油池時總稅務司議定章程辦理核其歲月係在庚子之前文內寔未議有捐款正在核辦間准美國

總領事君士得以各國利益均霑匪惟商辦又經職道督飭曾
守再向切商該行仍執前言不稍活動據曾守稟復請示前來
職道伏查該商既以瑞記無捐為辭堅求邀免報効亦非持之
無故應否飭照上海浦東章程開辦之處稟奉憲台批飭准其
先照瑞記設立隨後再行另定章程抽捐使瑞記美孚各油池
一律均輸飭即由該道迅速妥訂具報核奪等因奉此除函致
美領事查照飭知並聲明新河地方濱臨海河坍漲莫定設將
來形勢變遷油池於民居水利有礙該商應即遷讓以保治安

外所有美孚行在新河擬設煤油池辦法緣由理合詳請查核

俯賜轉咨

外務部立案實爲公便等情到本大臣據此相應咨呈

貴部謹請查照立案須至咨呈者

右　　咨　　呈

外　　務　　部

光緒三十

四月　廿三

月

一〇五

七月初八日

奉

旨岑春煊電奏悉據稱粵漢鐵路爭回自辦贖路約需銀七百餘萬兩廣東分認三百萬兩已託張督代借洋債惟洋債還款粵力斷無可籌擬請特派太僕寺卿張振勳出洋集款廣招内外華商不令暗雜洋股等語此路贖回自辦實於全局有益出洋招集華股能否不至暗中攙雜别無流弊著會商張之洞妥籌辦理欽此

一〇六

咨商部粤漢鐵路一事抄録署粤督來電並電旨由

行
左侍郎聯
七月初十日

行
右侍郎伍
七月初十日

考工司
呈爲咨行事。粤漢鐵路贖回自辦一事，本月初七日收到署粤督魚電一件，初八日奉電旨一道，相應一併抄録咨送貴部查照須至咨者。抄件
商部
光緒三十一年七月　日

一〇七

大亞美理駕合衆國欽命駐劄中華便宜行事全權大臣柔　為

照復事本大臣接收

貴親王照會云上海工部局有擬由上海築馬路

至青浦縣屬之佘山一事請本大臣電飭駐滬美

總領事官令工部局勿再築此路等因本大臣已

經閱悉詳加查考該事矣相應照復

貴親王查照須至照會者　附送洋文

右　照　會

大清欽命全權大臣便宜行事軍機大臣總理外務部事務和碩慶親王

一千九百伍年捌

光緒叁拾壹年　月　初拾　日

附件

LEGATION OF THE UNITED STATES OF AMERICA,
PEKIN, CHINA.

To F.O. No. 27. August 9th. 1905.
W/

Your Imperial Highness:-

I have the honor to acknowledge the receipt of Your Imperial Highness' despatch , complaining of an attempt on the part of the Municipal Council at Shanghai to construct a carriage road from that port to She-shan in the District of Ch'ing-pu. Your Highness asks me to telegraph to the American Consul General at Shanghai to direct the Municipal Council not to renew the attempt to construct the said road.

I have the honor to reply that the contents of Your Highness' despatch have been duly noted and that the matter is receiving proper consideration.

I avail myself of the opportunity to renew to Your

To His Imperial Highness, Prince of Ch'ing,
President of the Board of Foreign Affairs,
etc. etc. etc.

2

(To F.O.No.27)

Imperial Highness the assurance of my highest considera-
tion.

Envoy Extraordinary and
Minister Plenipotentiary
of the United States.

一〇八

收果字三百六十七号

咨

七月十三日

中國出使美國　梁大臣代中國政府已與美國合興公司定立草約簽字該約内載明中政府已將所批准合同作廢不准該公司再行展修中欽使　梁大臣自行立意願償該公司六百七十五萬美金圓為賠償最合理之數目等因茲美國

大伯理璽天德親行電諭杂欽使轉詢中政府是否授　梁欽差

有以上之權即行電復若中國未畀　梁使此權請刻即行知

梁大臣中政府於此辦法尚未允准

一〇九

軍機大臣　字寄

湖廣總督張　光緒三十一年正月十九日奉

上諭有人奏粵漢鐵路亟宜速籌結局一摺粵漢鐵路前已諭令張之洞等妥議籌辦迄今尚無成議著該督責成盛宣懷趕緊設法挽回以保路權事關大局不得延宕貽誤原摺著鈔給閱看欽此遵

旨寄信前來

軍機大臣

商部　湖廣總督張　字寄

光緒三十年十一月二十二日奉

上諭刑部代奏主事梁廣照條陳粵漢鐵路事宜一摺粵漢鐵路前經諭令張之洞妥議籌辦茲據奏稱路權放失亟應收回自辦不可遷延貽誤等語著商部張之洞妥籌辦理以挽路權原摺著鈔給閱看欽此遵

旨寄信前來

軍機大臣 字寄

湖廣總督張 光緒三十年十月二十一日奉

上諭御史黄昌年奏請挽回路政一摺粤漢鐵路關繫緊要現在合興公司正議廢約應即另籌接辦著張之洞悉心核議妥籌辦理以挽利權原摺著鈔給閲看欽此遵

旨寄信前來

一一〇

廷

考工司

呈爲照會事案查粤漢鐵路合同作廢一事湖廣總督張之洞曾經述奏

寄令妥議籌辦並經該督奏准與梁誠會商籌辦各節本月十四日已函達

貴大臣在案現據張督電奏稱合興廢約一事之洞與梁使直接商辦經梁使聘用之美前外部大臣福士達與合興聘用之美前兵部大臣路提美前按察使英格瀾等商定節略文曰茲因中國政府將建築鐵路之特權及合同注銷作廢又不准合興續辦路工惟情願給以公道償費此項償費訂定總數計美金六百七十五萬元中國政府可將合興在中國所有產業已成鐵路鐵

路材料測量圖表開礦特權以及在中國所有權利無論明指暗包一概全行收管所有合興已提之中國政府借票除已售之二百二十二萬二千元外一概交還中國政府查收至此項已售之二百二十二萬二千元或交還或收存仍聽買主自便如買主願意收存或全數或少數每百元應按九十元計由總數六百七十五萬元之内扣抵惟不論如何辦法此項二百二十二萬二千元借票在西一千九百五年五月一號應付息銀五萬五千五百五十元中國政府須自本日起於三箇月内照數付給又總共六百七十五萬元内中國政府須自本日起於三箇月先交二百萬元所餘之數須自本日起限六箇月内一律清付合興照收所有交款訂明由中國政府妥速籌辦中國政府所交之款須自一千九百五年五月一號起至交款日止按年息五元計加付利息以上辦法應由中國政府及合興股東批准方作定議云現正電致梁使轉催合興股東從速定議等語十五日奉

旨張之洞電奏悉著照所請辦理外務部知道欽此欽遵相應照會

貴大臣查照轉達

貴國政府可也須至照會者

美柔使

光緒三十一年七月　日

一一一

敬啟者：本月初十日肅上美字第七十九號函，度荷

堂詧。粤漢鐵路商辦收回各節，經於七月十八日第七十七號函詳陳在案。誠以七月二十九日爲合興股東決議之期，而外部路提仍未南返，深恐有人爲梗，功敗垂成，特將收回自辦緣由繕具節畧，面交美署外部轉呈總統，並囑律司福士達錄交摩根所延律司英格瀾，囑其加意詳察，毋或自誤。二十八日早間，總統邀摩根面商，逾時售議始決。午後，署外部來電密告消息，並聲明總統不再干預。二十九日合興股東會議，擬定售讓合同，由誠與福士達等再四推敲，該

合同係以草約爲底本加入已售借票或留或繳辦
法聲敘收款交路各事核其詞意一律妥適當經電
達
香帥核奪旋接復電照准具奏並奉
諭旨准令畫押遂於本月初八日親赴紐約會同合興公司
總辦當面畫押蓋印福士達英格瀾簽名作證並於
初九日將第一期售款交付清楚查此次粤漢鐵路
收回自辦籌議幾經兩載中間屢生波折幸託
朝廷威德
邸堂列憲主持三省官民團結保固有之利權杜將來之
禍患誠職備行人仰承

訓示得底於成實深忻幸聞　香帥業已籌備的款下月初旬將末期款項交付即便開工造路果能早日告成得免外人覬覦未始非東南之福　誠連日與合興商訂交收已成鐵路房產材料圖表册籍一切物業俟辦妥後再當馳電奉聞所有粵漢鐵路收回辦法謹以具陳務希代回

邸堂列憲鑒核是荷專肅敬請

均安　梁誠頓首

光緒三十一年八月十五日

美字第八十號

一一二

考工司

呈為咨行事光緒三十一年十月十九日准

咨據旅美華商譚錦泉等來稟以前在山東集股議立開源礦務公司承辦招遠縣玲瓏山金礦稟經

前北洋大臣李批定探驗礦苗祇以未用外國機器辦無成效現又集資購辦機器前來興復請給札照等因本部查該商等所稱稟准有案本部無從查悉應咨呈貴部即將該商等前辦招遠金礦案據及一切辦理情形查明咨送本部以憑核辦至該商停辦後該礦有無另請開辦之人希一併詳查見復等因前來本部查礦路總局舊檔祇有前北洋大臣

裕咨文一件內開委員辦理莒州招遠等處礦務等因相應照抄原文咨送

貴部查照可也須至咨者 附抄件

商部

光緒三十一年十月　日

一一三

考工司

呈為咨行事光緒三十一年十一月初三日准美柔使

照稱貴政府於光緒三十年二月初一日奏定礦務新

章按美商約第七款實不相符美政府未能照允茲另

備清單附送請貴親王詳細查核早行設法將此礦章

修改等因前來除電催鄂督迅將通行礦章訂定外相

應照抄原照會並原單咨行

貴部查照可也須至咨者 附抄件

商部

光緒三十一年十一月　日

一一四

商部為咨呈事光緒三十一年十一月二十

一日准軍機處片交本日商部奏編修

尹銘綬等條陳粤漢鐵路事宜摺奉

旨依議欽此傳知欽遵到部相應恭錄

諭旨鈔錄原奏咨呈

貴部欽遵查照可也須至咨呈者 附鈔件

右咨呈

外務部

光緒叁拾壹年拾壹月貳拾貳日

謹
奏為據情奏
聞事竊臣部於光緒三十一年十一月初五日據湖南京官翰林院
編修尹銘綬許鄧起樞協理京畿道監察御史黃昌年
吏部主事黃兆枚戶部員外郎王育桐主事業（葉）楊俊勞啟
楊徐敬立謝鼎庸陳繼訓楊廷桂丁奎聯張伯厚何
慶浯薛傚善胡林鄂禮部主事康劉鍠小京官胡傳樗
刑部員外郎張緝光主事曹廣楨蔣德椿張百禥楊
登甲秦光瀚龔福燾工部主事陳士芑黃兆鸞江
蘇補用道楊書雯新授河南汝甯府知府羅維垣
河南禹州知州曹廣權等呈稱粵漢鐵路迭經
朝命責成湖廣總督張之洞向合興公司廢約贖回其贖路
之款所借外債將近千萬為數不為不鉅以後無論如
何為難亟應籌款自辦保全一切權限斷不可稍涉大
意以貽後患夫鐵路權限有三曰籌款用人購料三
者之中籌款尤難粵漢鐵路贖回之後有倡借英款
自修者職等竊以粵漢路長二千餘里借款之數需二
三千萬借債一日不清則路權一日不保即云明定專約
不准干涉難保不別生枝節路權終入人手是空費
美金六百餘萬廢約而合興而易之以英人也況終
須要求不僅一英甚或因路政借債牽入交涉為害
尤鉅鄉人竊竊慮之嗣經外務部屢次電湖廣總督
張之洞執定自辦宗旨此議已作罷論惟聞借款
贖路之初湖廣總督與英人有草合同有照會

陸許英人借款修路之利益付之報章未知信確
假有此等合同照會必應撤銷以免由此轇轕職等
尤有慮者鐵路之關繫利益中國商民尚不周知故
招華股不如招洋股之易今議不借外債則招股亦
不能不慎儻入洋股至千萬數百萬之多則股東應
有議事之權較之借債爲害尤甚現在籌款事
程尚未公布及今宜聲明不入洋股至籌款一切事宜應
由總辦詳議登報具呈商部存案以定辦法此籌款
之權限宜保權者也若聘請工程師匠購買機器物
料不得不借材異地粵漢地段本長湘省尤佔三
分之二將來粵鄂湘或三省分辦或聯合一氣
所有鐵路公司訂立合同均不得予外人以干涉之隙
應將用人購料合同亦由三省督撫咨明商部存
案以便查核嗣後或廣開路礦學堂考究路礦事宜
或開設鐵路機器廠自行製造或遴派學生出洋學
習路礦或招中國留學外洋工程師匠回華以免一切
交涉之處亦應由各省督撫審酌辦理此用人購料之
權限也當此強鄰環伺商埠林立雖曰租界通商

頗與殖民相近粵漢居長江上游路權所至地界即
是勢力範圍尚墮人計言之寒心近者如蘇杭甬如
寧滬如津鎮皆以與外人議訂合同致滋窒礙況粵
漢一千二百餘萬之鉅款應紛贖路豈堪再誤是以職等
聲明權限據情直陳謹合詞懇請代奏並咨行湖廣
總督湖南巡撫以杜後患等語臣等伏查粵漢鐵
路綰轂三省現既不惜重資設法收回則目前之償還
借款日後之接續路工在在骨關緊要果使措置得
宜固足收東南數省轉輸之利若稍一不慎流弊亦不
可勝言該編修等所陳籌款用人購料三項意在預
防後患所論尚爲切實湖廣總督張之洞素著公
忠既經補救於前自必能維持於後應否
飭下該督查照該編修等所陳各節會商兩廣總督湖南巡撫
妥籌辦理之處出自
聖裁所有據情代
奏緣由理合恭摺具陳伏乞
皇太后
皇上聖鑒訓示謹

一一五

大亞美理駕合衆國欽命駐劄中華便宜行事全權大臣柔　爲

照會事本大臣茲接駐漢口美總領事来文係申訴現任九江道性情因循阻碍公事按該領事與関道往復照會送来數件於西本年十月十四號該領事照會九江關道請發准单與美孚洋行允准輪船在九江該行棧起貨因該棧在租界之内却稍在泊界以外因火油爲至險之物故照各口常規行棧應遠離繁華之區庶免失慎所以各口岸關員按常法該棧雖在泊界之外

此等貨物亦准行栈起卸不惟公司便宜且與他項船隻有益免生意外按此九江關道理應刻發准单乃其照復云不能照准謂向来無此情形云云西十一月二十五號該領事又照會關道云凡通商岸埠常發此准单並告其有九江稅務司函稱彼於發单事不欲作梗故總領事再請關道發給准单去後詎意延至十二月二十一號並未發单亦未照復再於本年西四月二十五日該美總領事官將九江所屬地一段之地契送請關

税務

道考量、若契據及畝數符合、即請盖印繳還、嗣閔道復以已考量地數不錯、契亦合式、惟契内當書教會名目、不應填教士名姓等情、復由總領事按照閔道所云、將契據更正、復送該道請其盖印、乃延稽四十四日尚未付還、後又有一契送去、現又遲至三十七天之久仍未見有收到之復函、各等因、所以本大臣理應照請

貴親王、飭囑現任九江道、須照常規發給美孚洋行准單、俾該行能於棧前起卸火油、為保他項船隻免行失

慎並請行飭該道嗣遇美總領事官有事商辦應行按
照平時睦誼之情相待不得若此遲延碍事本大臣深望
貴親王即行查照辦理可也為此照會須至照會者 附送洋文

右　　照　　會

大清欽命全權大臣便宜行事軍機大臣總理外務部事務和碩慶親王

一千九百伍拾貳月貳拾九日

光緒叁拾壹年拾貳月初四日

附件

AMERICAN LEGATION,
PEKING, CHINA.

To F.O. No. December 29th. 1905.
W.

Your Imperial Highness:-

I have the honor to bring to the attention of Your Imperial Highness certain complaints made by the American Consul General at Hankow of the dilatoriness and obstructiveness of the Taot'ai at Kiukiang.

It appears from the correspondence, submitted by the Consul General, that on October 14th. last the latter addressed a despatch to the Taot'ai at Kiukiang, asking a permit to be granted to the Standard Oil Company, allowing its steamer to discharge cargo at the go-downs, which are just outside the limits of the harbor, but within the limits of the treaty port.

As kerosene is a dangerous article, it is customary for the godowns to be placed at some distance from the business quarter of the ports, as a precaution against conflagrations, and it

To His Imperial Highness, Prince of Ch'ing,
President of the Board of Foreign Affairs.

it is usual for the Customs authorities to permit steamers to unload their cargoes at such godowns, even when outside the harbor limits, not only as a convenience to the dealers, but to avoid the danger of setting fire to the shipping, in case of an accident. The Taot'ai ought, therefore, to have at once granted the permit. Instead he replied that such a request was never granted under any circumstances. On November 25 the Consul wrote again to the Taot'ai informing him that such permits were always granted at Hankow and other ports, and that the Commissioner of Customs at Kiukiang had expressed his willingness to have such permit issued. The Consul General therefore repeated the request, but up to the 21 of December almost a whole month had passed, and he had receivedno reply whatever.

On April 25, 1905 the Consul General sent to the same Taot'ai at Kiukiang a deed for a certain piece of land with a request that he investigate the title, measure the land and, if the deed were found in order, to affix his stamp. The Taot'ai replied that the title and measurements were correct, but that the deed should be in the name of a mission and not of a missionary. The Consul General had the change made as required, and on Oct.12, sent it to the Taot'ai for his stamp, but after 44 days waiting it had not been returned. Another deed had

been

3

been held for 37 days without even an acknowledgement of its receipt.

In view of these facts it becomes my duty to request Your Imperial Highness to have the said Taot'ai at Kiukiang instructed to conform to the usual custom and grant the Standard Oil Co. the permit asked, which will enable them to unload their oil at their godowns to the greater safety of the shipping in the harbor, and to have the said Taot'ai ordered to exhibit ordinary courtesy in his dealings with the American Consul General and avoid obstructing public business by long and needless delays.

Trusting that this matter may receive the early attention of Your Imperial Highness, I avail myself of the occasion to renew the assurance of my highest consideration.

Envoy Extraordinary and
Minister Plenipotentiary
of the United States.

一一六

考工司

呈為咨行事光緒三十一年十二月初一日准美柔使照稱本大臣茲提醒商部奏定礦政調查局二十四條即光緒三十一年奏

硃批

依議之件該章第七條內列之民間礦產祇准賣與本地居民一言本大臣不欲明言貴親王當亦知此言與一千九百零三年中美條約第七款不甚相符原第七款內美國人民若遵守中國

國家所定為中外人民之開礦及租礦地輸納稅項各規條章程並按請領執照內載明礦務所應辦之事可照准美國人民在中國地方開辦礦務及礦務內所應辦之事既所云之章係中外一律並有於招致外洋資財無碍之語今按調查局新定之章不准洋人買民間礦產顯係阻碍招致外洋資財並於中外應守之章不能一律因為除去官地之外不准外人開採是以本大臣代美政府聲明定不欲按照調查新章第七條之言而行抵抗並於有違兩國政府所定商約之約條應行抵抗等因前來相應咨行

貴部查照可也須至咨者

商部

光緒三十一年十二月　日

一一七

商部爲咨覆事光緒三十一年十二月初七日

接准

咨稱准美柔使照稱本大臣兹提醒商部

奏定礦政調查局章第七條内列之民間

礦産祇准賣與本地居民一言與一千九百零

三年中美條約第七欵内美國人民若遵守中國

國家所定爲中外人民之開礦及租礦地需納税

項各規條章程並按請領執照内載明礦務

所應辦之事可照准美國人民在中國地方開

辦礦務及礦務所應辦之事即所云之章係

中外一律並有於招致外洋貲財無碍之語

今按調查局新定之章不准洋人賣民間

礦産顯係阻碍招致外洋貲財並於中外應

守之章不能一律因爲除去官地之外不准

外人開採是以本大臣應行抵抗等因轉咨前

來本部查礦政調查局新章第七條所載

民間礦產祇准賣與本地居户一言係預防民
間私相賣買致有朦混頂冒情事惟本地居
户諳知底藴鮮受其欺故云祇准賣與本地
居户以杜弊混此專為民間自相賣買予以限
制俾本家不致受人欺朦起見若美國人民遵
守中美商約第七欵呈請領照開礦應由中國
地方官劃明礦界與地主商允租賃不致有朦
混頂冒等弊自不必援調查局新章第七條

辦理譬如本部奏定礦務章程第三條内
載如該礦地為
國家必須開採之處應由官公道給價購買地
主不應違抗等語若如美國大臣來照所
稱民間礦產祇准賣與本地居户豈
國家須開之礦亦非本地居户不得購買耶
兩項章程比例參觀即可知調查局新
章第七條與中美商約第七款各辦各

事兩無妨碍本部既經詳細鮮釋美
國大臣自不至再有誤會相應咨呈
貴部查照並照復美柔使可也須至咨呈者

右　咨　呈

外　務　部

光緒叁拾壹年拾貳月　拾壹　日

一一八

敬復者奉到本月十二日
鈞函以准美國駐京大臣照稱駐漢口美總領事照會
九江關道請發准單與美孚洋行允准輪船在九江
該行棧起卸火油九江關道照復不允等語查火油
爲物危險設棧自應遠離繁華之區惟既在泊界之
外准輪船停泊棧前起卸貨物與關章所定泊界有
違究竟有無流弊他口曾否辦過似此成案亟飭查
明見復等因奉此總稅務司查通商口岸在關章所
定停泊船隻起卸貨物界內停泊者只係所裝各色
平常貨物之船他項船隻所運危險之物即如火藥
炸彈火油等項照章不准在彼停泊應在於與他船
或與岸上所有房屋無所妨損之區停泊起卸故所

有裝運火油之船一律不准在他船停泊界内停泊起卸從前裝運之火油皆係箱油今時所運者大半皆係在特行製造船隻之池艙内存放是以起卸時應由特行製造火油之池棧存儲該棧應在僻静處所距他船停泊界限較遠之區建蓋其在他口確係於停泊界外較爲完善之地起建至有無流弊一節查特行製造之池棧不但不准他項貨物起卸且須特派專員或常川住宿或隨時前往稽查自無流弊現在業經電飭九江關税務司將此案情形詳細具報一俟詳復到日再行函呈一切現奉前因理合先行函復

貴部鑒查可也專是佈復順頌

升祺

名另具　光緒叁拾壹年拾貳月拾伍日

一一九

國家所定爲中外人民之開礦及租礦地輸納税項各規條章程並核請領執照内載明礦務所應辦之事可照准美國人民在中國地方開辦礦務及礦務内應辦之事即所云之章係中外一律並有於招致外洋資財無碍之語今按調查局新定之章不准洋人買民間礦産顯係阻碍招致外洋資財並於中外應守之章不能一律因爲除去官地之外不准外人開採本大臣應行抵抗等因當經本部咨行商部去後茲准復稱查礦政調查局新章第七條所載民間礦産祇准賣與本地居户一言係預防民間私相賣買致有朦混頂冒情事惟本地居户譜知底藴鮮受其欺故云祇准賣與本地居户以杜弊混此專爲民間自相賣買予以限制貲本家不

致受人欺朦起見若美國人民遵守中美商約第七款
美請領照開礦應由中國地方官劃明礦界與地主商允
租賃不致有朦混頂冒等弊自不援調查局新章第七
條辦理譬如本部奏定礦務章程第三條內載如該礦
地為
國
家必須開採之處應由官公道給價購買地主不應違
抗等語若如
美國大臣來照所稱民間礦產祗准賣與本地居戶豈
國
家須開之礦亦非本地居戶不得購買耶兩項章程
比例參觀即可知調查局新章第七條與中美商約
第七款各辦各事兩無妨碍本部既經詳細解釋
美國大臣自不至再有誤會等情前來相應照會
貴大臣查照可也須至照會者
美柔使
光緒三十一年十二月　日

一二〇

計開

二條內列發給執照先發探礦照後發開礦照其照費探照較廉于開照此係最善辦法因辦礦須先查明該礦係何情形其中礦質旺否開採能否得利應用何法開採開採至得手時大概須用若干工本故次第發給探開各執照甚為合宜

三條內列如該礦地為國家必須開採之處應由官公道給價購買地主不應抗違此語不甚明晰因未聲明按何情形國家可買此地又未聲明由何官員定為國家開採及估定價值恐不免將有地方官借以干預地主之事地主實無何權自主賣與國家與否惟國家視其地關於衆人有益政府不免將民人自有之地作價歸於公用在各國政府亦行用此權想中政府亦係此意

四條內列禀明本部或禀由該省地方督撫聽候確查於地方情形有

無窒礙並有無違背定章等言此語不爲妥協因事權不一即難獨任責成該各督撫於此事未必定較商部更能查驗商部亦能揀派人員驗得實情若欲招致外洋資財使殷實洋商樂于附股開採其責成與事權應歸商部如此辦法係中政府從前業已照行至此條第三款所言方里畝數應註明每方里與每畝各折合若干梅得又此條第四款内列應將採掘何種礦産禀報清楚凡礦産於未開之先有時不能確言欲採何種礦質緣挖掘地面礦質未必準能如掘深礦質一律

五條内列不得逾三十方里云云應行聲明是否將三十二款所言伐木之地亦在其内中國地面大概林木無多或産處遠離礦地條内又列長處不得逾濶處四倍此言係約束太甚比如得領三十方里礦地最狹面闊二零七五里此等處有於其所應用者似多

或致阻於他人地界以內，於開採人係有不便，鄰地亦為不便，又限以長處不得逾
闊處四倍，此係束縛過緊。若在未得領三十方里礦地面闊不及
二零七五里者，又其不便，即如山西有等煤礦，往往三十方里所出
礦產，不敷工本，足見此章係阻於中國最要礦務，似應變通。
七條所列各語，似約束太緊。查商人領得探照，原定有限期，在定期內，
應准商人聽便掘至若干深處。若恐其乘機採出礦質售賣，可添
註如採礦人得礦質運往他處，必應照章納稅。
八條內列查無虛誑云云，此言可以不用。如有人用探照採取礦質出
售，係有違探照之意，無難立憑，自應刪去此言，免查辦延時。
九條內列採礦照內所領之地，或須納糧，或須納租，此係尚非應行辦
到之時。因探礦有二宗，一係探某礦質之所在，一係查驗該質能
否開採得利。在探係某質時，不應只限其採驗於無多之地。若採

其可開定明礦界，方可將應納之粮，及應納之租定明，想定此章時，似未思有第一宗之探某礦質一節。

十條內列，須將該地四至界限坐落何處，廣闊若干，稟查云云，請查第九條註駁之言，係於此條有相同之関係。至末後所云督撫有權查明等言，請查第四條駁論責成應歸於一之言，此條所言與之從同。按照章程，商人如先未得地方官之心悅，彼定不允其開採，又請照辦法過於繁難，恐洋人未諳章程，無心違背，似不應因此不允發照。

十一條所列之言，應不入於章程之內，因地方官原有權能令中國人賠償所失。

十二條所列須於四箇月內，將該地所鑽之處一律墊平，於洋人似有碍難。

十三（四）條所列者均更繁難、十三條內繳銷採照一節、既係已領開礦執照、開照權力較優於採照、採照自歸無用、其繳銷與否何必計論、十四條內列倘私相授受、一經覺察將原領照人從嚴懲罰、撤銷礦照並將礦工入官、在商部何有將礦工亦行入官之權、

十五條在墨西哥及各別國開礦、欲鼓舞借他人之款、均係准開礦所用機器進口免稅、此條所列辦法較之尚未為優、

十六條內列集股開採、總宜以華股占多為主、此言係使殷富洋商不樂出借款項於開採之人、所有可靠殷富洋人、大概係欲自佔多股、以便簡派深明辦理此事之人經理其事、否則不願附股、中國人現未諳礦務大開辦法、若中國人股多主張其事、未免於開辦無益、此條所列不如原章較寬、

十七條內列暫借洋款云云、其借用數目與辦法一切甚刻而繁、因常

行開礦之事均須續籌借款

十九條所列稟由外部查核云云係徒使洋人多費資財且多誤時日並使其較中國人多此一稟何須稟呈兩部

二十條所列云云恐係阻礙原公司進步如附近之礦綫與原公司所領礦地之綫相連自宜准由原公司開採

二十二條內列欲造小枝路應查明相距幹路或水口在十里以內或在以外云云殊不解何以有如此分別似不如原章程准其造至最近幹路與水口之處為簡便

二十三條所列繳納照費云云據看所定照費於合理開採人似不為多惟須先有明晰開華礦人查明方能云其應納之費條內又列遇有虧折悉照中國 國家所定條律辦理應將係按何條例不行償補聲明使人知曉

二十四條列有限六個月開工云云查在中國開礦有若干爲難之處大概礦地均係遠離應購運機器之口若將機器運至礦地必須多費時日條内所定開工期限過短至少須限一年如須遠處購辦機器即限二年亦不爲多

二十五條所列卹銀多寡應衡情從優酌斷云云有此言恐地方官或乘機奪取開採人之財利平常礦内遇有意外之事間有因工人不遵所定規條而致是以遇此等事須先查明原由或係工人之錯抑係公司之錯方可定其應否撫卹條末並應添列領照人若以所斷爲不公可以上控商部之句

二十六條列有礦師亦當自守禮法倘不知檢束由官知照斥退云云所列當自守禮法等言係應載列但不應地方官知照經理人斥退應先知照領事官辦理

二十七款所列從中調處云云此辦法有時亦無甚大之益似無庸列有此條因地方官有權管理中國人條約內亦列明用何法保護與審訊外國人

二十九條按此條所言係商部於准給執照後仍可轄管領照人使其於訂立合同時須先照繕一分呈商部核准方可簽押未悉所言合同係指何等合同而言因開礦有時未曾立合同有時立數合同者若欲將該各合同全行呈查係屬過於干預使開礦人多有礙難

三十二條因中國[北與]西北林木無多自應以設章管理林業為要務惟審察地勢若商部必須派人代往似不能盡益於國或致徒益礦廠此條辦法尚須妥酌

三十三條所列辦法若果照行恐有時使領照人無異於礦產入官之

苦、鑛井内所有機器或致全壞、或雖不全壞、亦必大為受損、因被禁之後、不能運機抽水、機件必致銹損多多、此節想商部未曾思及、

三十四條所列稅則、未列明晰、多有應行致辯之處、茲先聲明所應納稅者、或係礦廠已出井之礦產、或係由廠運往他處之礦產、至有時採得所產之質過少、不敷運往他處之費、舍而棄之、此則不應加征、又所運往他處之礦產、其多寡之數、易於定明、至由井中所得礦質之數、則難以算定、

所定稅則過為繁雜、令人閱之難以明其係何義理、此條係應再修改、按各國征稅辦法、凡煤鉄與煤油含土鹽之類、因其產出之物聚積甚多、均不論值價征稅、惟按噸數或以尺丈及輕重照算征收、其金類與別等多費工夫分化各金質、按平常征法、係一律按值價征抽、此係因有時一礦同產數宗金類、不能先云最實貴

金類、係多費分化工夫而得、因有得值一圓之黃金、用工費竟等於得一圓鉛之數、錫砂鉛與白鉛礦、其天生於礦地內情形相同、而征稅之數則不一律、豈合義理、故征稅總應從同、不應錫砂征值百之五、鉛征值百之七五、白鉛征值百之十、茲於所征稅內提出一宗、即如煤鉄與煤油及含土鹽類、可以按輕重或立方尺計算征收、即係每一噸或每一桶征一毛或征一毛五、所採別類礦質、可按運往他處之值價分別值百抽五與抽十、定此值價應按在礦廠值價計算、非按運往他處之值價、緣礦產運往他處、須加運費、他處值價係將運費增入其中、是以按他處所值征抽不啻連公司所出運費亦行征稅也、

三十五條所列應納礦產出口關稅云云、按中國情形、此等出口稅恐係所應行者、惟未為妥善、緣有此關稅、又為開採人之重擔、既如

此照章征出口税，則由礦廠所征之税，自應核減。

三十六條所列礦務公司，每季應開具清册報部云云。每季開報次數過多，似應改六個月或每年報部一次。條末列如册報不符，應予懲罰。此條不公之舉，因不應以公司清册核對海關數目，有時公司之人雖盡心保護該礦產，仍不免沿途損失，懲罰其人何以爲公。

三十七條内所列保單爲承領執照人遵守照内及部章所載各款，違者罰令充公云云。擔保銀數，似屬過鉅，因已呈交照費，足徵其係願遵照章程，且於條末尚未聲明，將來如何繳還保單，似爲洋人甚屬難擔之事。並係章程内不應有之條，此條恐係使洋人不願出資附股，因慮其不諳章程，或無心違背，即行受此甚鉅之虧也。

一二一

敬啟者美孚洋行擬在該行棧前起卸火油一事當
飭九江關稅務司將此案情形詳細具報一俟復到
再行函呈曾於上年十二月十五日函復在案茲據
復稱本關若准其在棧前停泊起卸火油似無妨礙
等語並繕具地圖一張詳請轉呈前來總稅務司查
通商口岸均係約開之處本無定限其中准行停泊
起卸貨物等事之限制係由新關酌情劃定是不但
遇貿易興盛之時應由新關將限制展拓而若出有
關繫緊要之事故亦應由海關隨時准其在限外停
泊起卸此等舉動均係為順商情一面保稅課起見
伏以此案因貨色情形與平常貨物不同總以距口
岸較遠之處起卸方為周妥並與關務徵稅兩無違
礙即應請由
貴部准照該行所請施行為是惟既在限外停泊應令
遵照專章辦理另付專費以符常例除將圖式附呈
查閱外合行函請
鑒查定辦可也專是佈泐順頌
年禧 附圖一紙

名另具 光緒叁拾貳年正月拾叁日

赫德

附件

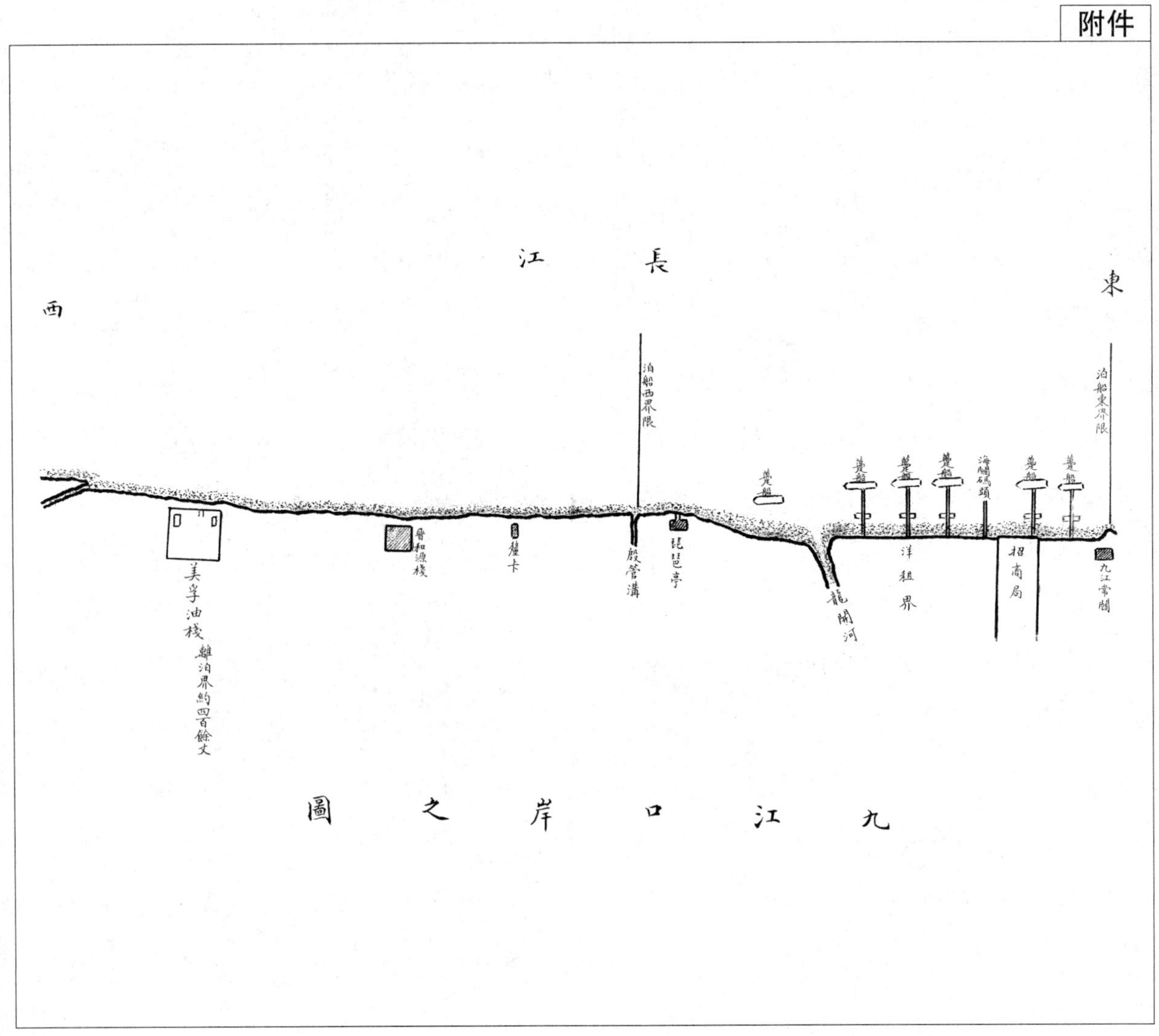
長江
西
東
泊船西界限
泊船東界限
躉船
躉船
躉船
躉船
海關碼頭
躉船
躉船
美孚油棧
離泊界約四百餘丈
晉和源棧
釐卡
般管溝
琵琶亭
龍開河
洋租界
招商局
九江常關
九江口岸之圖

咨商部美使照稱新定礦政調查局第七條與中美商約不合請咨商部更正等語希查照見復由

行　行

左侍郎聯　正月十五日　行

署右侍郎唐　正月　日

考工司

呈為咨行事礦政調查局一事上年十二月十一日接准

來咨當即照復美柔使去後兹准復稱商部所復之

言尚未足滿意第七條之意如謂只在欲免致人受

欺蒙自有顯豁易明之言不應用此祇准賣與本

地居民一語致平常人疑為不准賣與洋人按中美

商約列明美國人准買礦地而新定礦章則列有只准

賣與本地居民於商約係有不合且商部文中所列只

准賣與本地居民一言雖國家欲行購用亦為不准又指原章第三條與新章第七條可比例參觀抑知原三條與新七條亦不相合尤應致駁由是以觀條應將此言明明更正不必復用何條以解此意也是以應行切切請將第七條内此言即行改正務使其於美國商約所列之意無違在商部咨復文内亦言此專為民間自相買賣欲資本家不致受人欺蒙非有禁洋人租賃之意是此只准賣與本地居民一言甚易改正故切請設法再咨商部使其即按此意改正不致延誤等因前來相應咨復

貴部查照見復可也須至咨者

商部

光緒三十二年正月　　日

一二三

太子少保頭品頂戴兵部尚書湖廣總督部堂兼管湖北巡撫事張　爲

密咨事案照本部堂於光緒三十一年十二月二十七日具

奏遵

旨將粤漢鐵路收回自辦繕呈合與公司售讓合同暨接收各件清單並

瀝陳辦理情形一摺業經將原奏刊印成本另文咨達在案惟查原

摺内有關繫交涉未便傳布字句兹於刊印本内第一葉第九

十行將字句酌爲改易又第六葉第五行逆料急而相求句下

酌改四字係爲慎重交涉起見相應據實密咨爲此咨呈

貴部謹請查照須至咨呈者

右咨呈

外務部

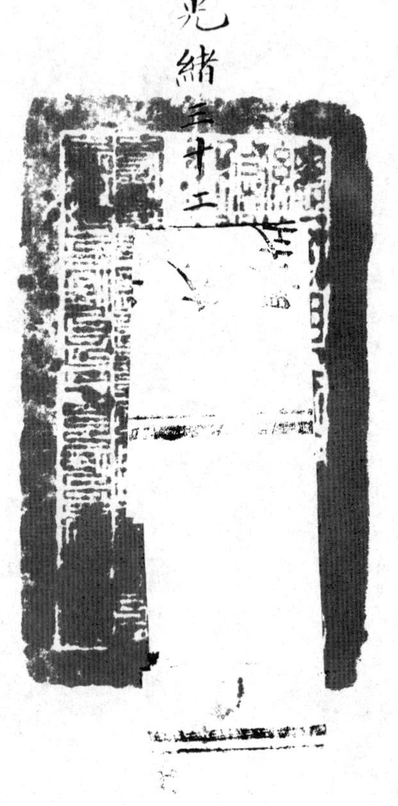

光緒三十二年 月 日

一二四

太子少保頭品頂戴兵部尚書湖廣總督部堂兼管湖北巡撫事張　爲

奏報收回粤漢鐵路事，爲照本部堂於光緒三十一年十二月

二十七日會同

署兩廣督部堂岑

湖南巡撫部院龐　專弁具

奏遵

旨將粤漢鐵路收回自辦，謹將美國合興公司售讓合同暨接收各件

繕具清單進呈

御覽，並瀝陳辦理情形一摺，所有奏稿清單相應咨明，爲此咨呈

貴部謹請查照施行須至咨呈者

計咨送奏稿清單一本

右咨呈

外務部

光緒

日

三

太子少保頭品頂戴兵部尚書湖廣總督部堂兼管湖北巡撫事張為粵漢鐵路借款收回金元小票寄鄂銷燬事光緒三十一年十一月二十四日准

欽差出使美秘古墨國大臣梁　咨開案照粵漢鐵路合同贖回作廢所有借款金元小票除售出之五百元票四千四百四十四張面值美金二百二十二萬二千元經照原價九折扣抵贖款外寄存受託公司面值美金三千三百七十七萬八千元暨合興提去面值美金四百萬元均經本大臣照數收

回信託紐約布朗銀行代爲點收清楚，逐張鈐蓋註銷號戳，分箱裝妥，交輪船公司遞寄江漢關稅務司轉呈貴督部堂驗收銷燬，業將辦法函陳在案。茲據該銀行司事函稱，前項金元小票面值美金三千七百七十七萬八千元，均經由銀行派出專人由司事監督逐張點收清楚，逐張鈐蓋銷戳，分裝大箱七隻，交由美國中日輪船公司附載貨船，取道大西洋、印度洋運至上海，轉寄漢口交江漢關稅務司轉呈武昌督轅等情，並將寄箱提單及

各箱小票張數號數面值開列清單附繳前來本大臣
複核數目實屬相符辦理亦尚妥洽除將提單逕寄
江漢關税務司查收提取轉呈及該銀行應得薪貲暨
寄費等項另行支給彙報外相應譯繕清單備文咨
送貴督部堂俟箱件提到飭員將金元小票按單點
收銷燬見復備案咨請查照等因到本部堂准此並
經江漢關税務司將原箱七隻提呈來轅除將原箱一
併札發粤漢鐵路總局查收督同委員將金元小票按單

點收銷燬禀報備案並分咨外相應咨明為此咨呈

貴部謹請查照施行須至咨呈者

計鈔單一紙

右咨

呈

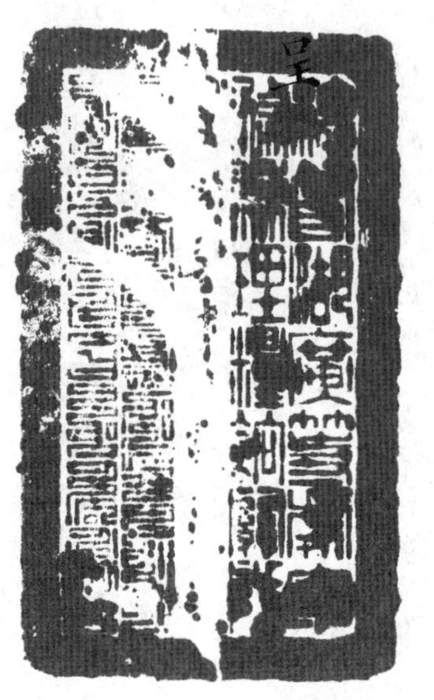

外務部

附件

謹將布朗銀行經收摩根公司託公司繳回金元小票裝箱寄鄂數目列單附呈

答鑒

計開

第一箱 内裝金元小票十二包每包五百張由第一號起至第六千號止共千元小票六千張面值美金六百萬元各包均經布朗銀行漆印封固備驗

第二箱 内裝金元小票十二包每包五百張由第六千零一號起至第一萬二千號止共千元小票六千張面值美金六百萬元

第三箱 内裝金元小票十二包每包五百張由第一萬二千零一號起至第一萬八千號止共千元小票六千張面值美金六百萬元

第四箱　内裝金元小票十二包每包五百張由第一萬八千零一號起至第二萬四千號止共千元小票六千張面值美金六百萬元

第五箱　内裝金元小票十二包每包五百張由第二萬四千零一號起至第三萬號止共千元小票六千張面值美金六百萬元

第六箱　内裝金元小票十二包每包五百張由第三萬零一號起至第三萬五千號止千元小票五千張又由第三萬九千五百零一號起至第四萬零五百號止五百元小票一千張共六千張面值美金五百五十萬元

第七箱　内裝金元小票九包由第四萬零五百零一號起至第

四萬五千號止五百元小票四千五百張又由第三萬九千四百四十五號起至第三萬九千五百號止五百元小票五十六張共四千五百五十六張面值美金二百二十七萬八千元

以上七箱統共金元小票八十一包計四萬零五百五十六張面值美金三千七百七十七萬八千元内千元小票由第一號起至第三萬五千號止計三萬五千張面值美金三千五百萬元又五百元小票由第三萬九千四百四十五號起至第四萬五千號止計五千五百五十六張面值美金二百七十七萬八千元

查五百元小票由第三萬五千零一號起至第三萬九千四百四十四號止計四千四百四十四張面值美金二百二十二萬二千元業經售出以九折扣抵贖價合併聲明

一二六

外務部 文

太子少保頭品頂戴兵部侍郎湖廣總督部堂兼管湖北巡撫事

合興公司售款收據事光緒三十一年十一月二十四日准

出使美秘古墨國大臣梁 咨開案照本大臣與美國合興公司議定購收

粵漢鐵路合同經將簽定售讓之正合同附譯漢文於光緒三十一年八月初

十日備文咨送在案查合同内開本合同第一位允給第二位美金六百七十五萬元並由一千九百五年五月一日起計至按期或分期交款之日止按年息五元加給利息又開於一千九百五年九月七日或此日以前應交二百萬元所餘之數於一千九百五年十二月七日或此日以前均在紐約城用金元交付並無折扣又開本合同第二位由本日起四十日内將已售出之大清帝國政府借票二百二十二萬二千元或留存或繳還知照本合同第一位如業主願意留存借票第一位可將留存之票每元按九折在末期付款内扣抵又開本合同第一位允付已售借票自一千九百五年五月一日及九

月七日或此日以前應付之利息各等語又查三十一年三月初二日准貴督部堂電開凡因合興事或明聘人辨論或暗託人援助所有費用統歸三省公認由敝處匯寄儘可請放手辦理沃等因光緒三十一年八月初八日准貴督部堂電由匯豐電匯美金四百八十萬一千一百九十八元八角一分并由貴督部堂電初八日由英領事交到英金七十萬鎊合美金三百四十一萬九千一百五十六元二角五分均經照收分別電復並按照合同於光緒三十一年八月初九日即一千九百五年九月七號將第一期售款本銀美金三百萬元此款自西五月一號起至交款日止加息一百二十九天美金三萬

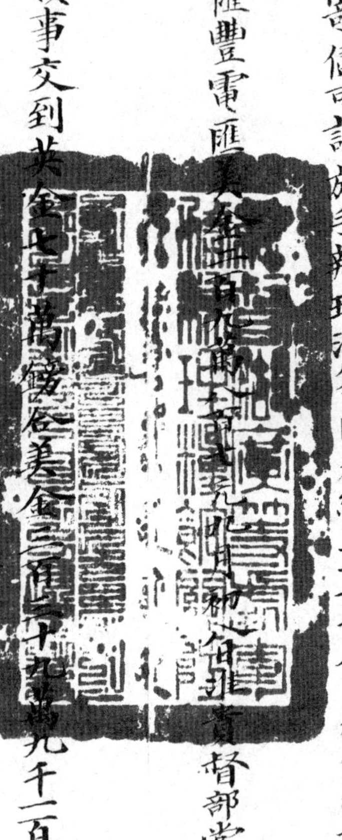

五千三百四十二元四角五分共美金二百三萬五千三百四十二元四角五
分交付清楚又於光緒三十一年九月十二日即一千九百五年十月十號將
未期售款本銀除售出借票九折扣抵美金一百九十九萬九千八百元外
美金二百七十五萬二百元此款自西五月一號起至交款日止加息一百六十
二天美金六萬一千三十二元二角九分共美金二百八十一萬一千二百三十二元
二角九分交付清楚均由該公司總辦惠第爾及書記谷德簽寔
據備案其售出借票五月一號應付利息美金五萬五千五百五十元
亦經交付清楚據紐約摩根公司函將息票點明如數繳還存

據律司福士達平日德業品望為各國所推重堅稱不願領受
酬資然其贊襄奔走極為出力且自延鐵路律司相助為理實
不便令其賠墊特給與津貼美金一萬五千元公司總辦惠第爾
力勸比人勉就範圍原許事成酬給美金一萬元自應照給均經
各具收據所有合興公司第一期及末期售款收據二張副收二張售
出借票之息票四千四百四十四張摩根公司繳還息票譯函一件
律司福士達收據一張公司總辦惠第爾收據一張相應備文咨送
查核存案其售款副收二張應請一併咨呈

外務部備案用昭鄭重爲此咨呈查照備案見覆等因到
本部堂准此除將收據息票各項存查暨分别咨行湘粤鄂
三省外所有售欵副收二張並鈔録附譯漢文相應咨送
爲此咨呈
貴部謹請查照備案施行須至咨呈者
計咨送售欵副收二張並鈔單一紙
右　咨　呈
外　務　部

附件一

照譯摩根公司收到售出金元借票本年五月一號利息繳回息票致梁大臣函

西一千九百五年九月七號
光緒三十一年八月初七日

敬啟者：所有

大清帝國政府一千九百年五釐金元借票本年五月一號應付利息，經已照收，分給茲將已付息票一包寄呈，伏希

照收存案。此項息票經敝行點明，計四千四百張，當是四千四百四十四張。每張美金拾二元五角，共計美金五萬五千五百五十元，確實無誤。謹此布達。

摩根公司押

照譯律司福士達酬費收據

僉一千九百五年十月十號收到

大清帝國公使梁代湖廣督部堂張交給辦理

大清政府收回粤漢鐵路合同產業一案酬費美金一萬五千圓，此據。

福士達押

照譯合興公司總辦惠第爾酬費收據

今於一千九百五年十月十三號收到

大清帝國公使梁代湖廣督部堂張交給辦理

大清政府收回粤漢鐵路合同產業一案酬費美金一萬圓，此據。

美國合興公司總辦惠第爾押

附件二

附文卅二年三月初四日　海字一百一十一号

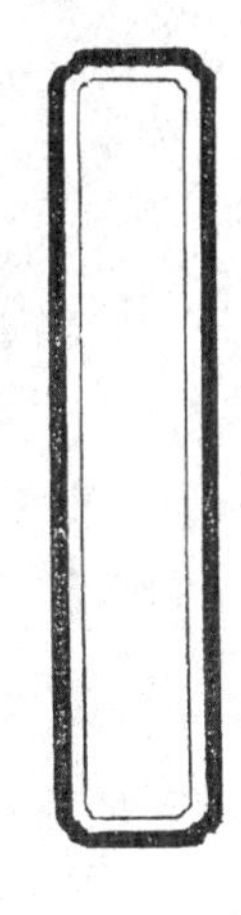

照譯合興公司末期售款收據

今於西一千九百五年十月十號代美國合興公司收
大清欽差出使美國大臣梁　交末期售款本銀美金貳百柒拾伍
萬貳百圓及此項自本年五月一號起至本日止加息美金陸
萬壹千叁拾貳圓貳角玖分共計美金貳百捌拾壹萬壹千貳
百叁拾貳圓貳角玖分按照本年八月二十九號
大清帝國政府與美國合興公司會訂合同所載此款係末期付完
之款
簽押人公司總辦惠第爾書記谷德特於上開年月日簽押三
分以昭信據

美國合興公司總辦惠第爾押

美國合興公司書記谷　德押

附件三

附文卅二年三月初四日　海字一百一十一号

卅二年

照譯美國合興公司第一期售款收據

今於西一千九百五年九月七號代美國合興公司收到
大清欽差出使美國大臣梁　交第一期本銀美金貳百萬圓及此
該貳百萬金圓自本年五月一號起至本日止加息美金叁萬
伍千叁百肆拾貳圓肆角伍分共計美金貳百叁萬伍千叁百
肆拾貳圓肆角伍分按照本年九月二十九號
大清帝國政府與美國合興公司會訂合同經載明此款於本日到
期應付
簽押人公司總辦惠第爾書記谷德特於上開年月日代本公
司簽押三分以昭信據

美國合興公司總辦惠第爾押

美國合興公司書記谷　德押

一二七

欽命頭品頂戴兵部尚書銜署理兩江總督部堂兼辦南洋通商大臣山東巡撫部院周　為

咨呈事竊照光緒三十一年十二月二十八日據蕪湖道童德璋稟稱美商劉海如價買民人田光興坐落江口丹陽兩舖基地一塊於本年建造煤油棧當即會同親詣勘明該處離長江約一里有餘在由江入內河之南飭傳賣主田光興齊集該棧處所勘明江口丹陽兩舖俗名田家蕩有美商劉海如新建煤油棧一所坐南朝北前進住屋後進堆棧距通商口岸有一河之隔該棧北面臨街在人烟稠密之中草屋林立之所有碍民居當經札飭照會領事飭令遷移退租旋據稟稱該美商在內河南岸所建煤油棧事前既未報明地方官事後

又不出而就商私自將屋落成不日有運油進棧之舉復據續稟該美商於二月初六夜由美安輪船裝運煤油萬箱到蕪硬行起坡不聽禁阻等情前來當以煤油乃危險之物所建堆棧如在人烟稠密之地自多未便第迭據道稟均未詳細開明坐落區所究與民居有無窒礙札委洋務局委員候補知縣廖欽元前往會同地方官確切查明繪具圖説呈送核辦去後現據該印委等稟稱該員等會同關道税司所派洋員同往查勘該美商劉懋恩即劉海如在離長江里許内河南岸建造煤油堆棧一所東至草房僅有六尺西至草房三丈均僅隔水溝南至水塘北面臨街

計寬一丈街北即人烟聚集之場寔與居民大有窒碍又勘得該棧東南相距水道五十三丈五尺有廣業煤油棧一所係華商各廣貨店公建其建造時曾以四面環水無碍民居稟明核准有案且棧屋較少堆積無多又勘得該棧西南相距水道十二丈餘有瑞記煤油棧一所查係德商所設未經報官有案惟四面亦皆環水棧屋全用鉄皮鉄棍造成式如蓬廠甚形卑小高僅丈餘可拆可移業經童關道另案照會德領事依限罷租或不難照約辦理惟該美商劉燧恩所建美孚煤油堆棧係屬人烟稠密草屋林立之所與瑞記廣業兩棧四面環水無碍居民者情形不同煤

油係危險之物幸現在商民均知由官商辦尚不至於躁動
將查勘情形繪呈圖說前來旋據蕪湖縣令沈寶琛來甯
面禀情形與圖說相符當囑其回蕪諭誡居民切勿滋事聽
候官與商辦惟該商劉懋恩久置不理領事官亦不與蕪湖
道妥商似此違約私租棧地硬將危險之物運入堆儲寔為
條約所無尤與情理不合將來看守棧房人如有不慎延燒民
房應由該商賠償仍請
大部照會美國大臣速飭領事與關道妥商速諭該商劉懋
恩將煤油運往他所以期民心平服不背關章此非抵制美貨
亦非禁賣煤油並請諭劉懋恩勿又以此藉口該美商前在江

甯漢西門建棧堆油一案迭經照會美領飭令將地基退讓

該商概不遵辦業經咨明

大部在案此案事關一律自應一併咨明

大部查核辦理除批示外相應咨明為此咨呈

貴部謹請查核辦理施行須至咨呈者

計抄案壹本　又圖說壹紙

右　　咨　　呈

外　　務　　部

咨呈事

光緒叁拾貳年叁月初柒日

附件一

附件

18

3175
1-2

江甯省城外江岸下關商埠地圖

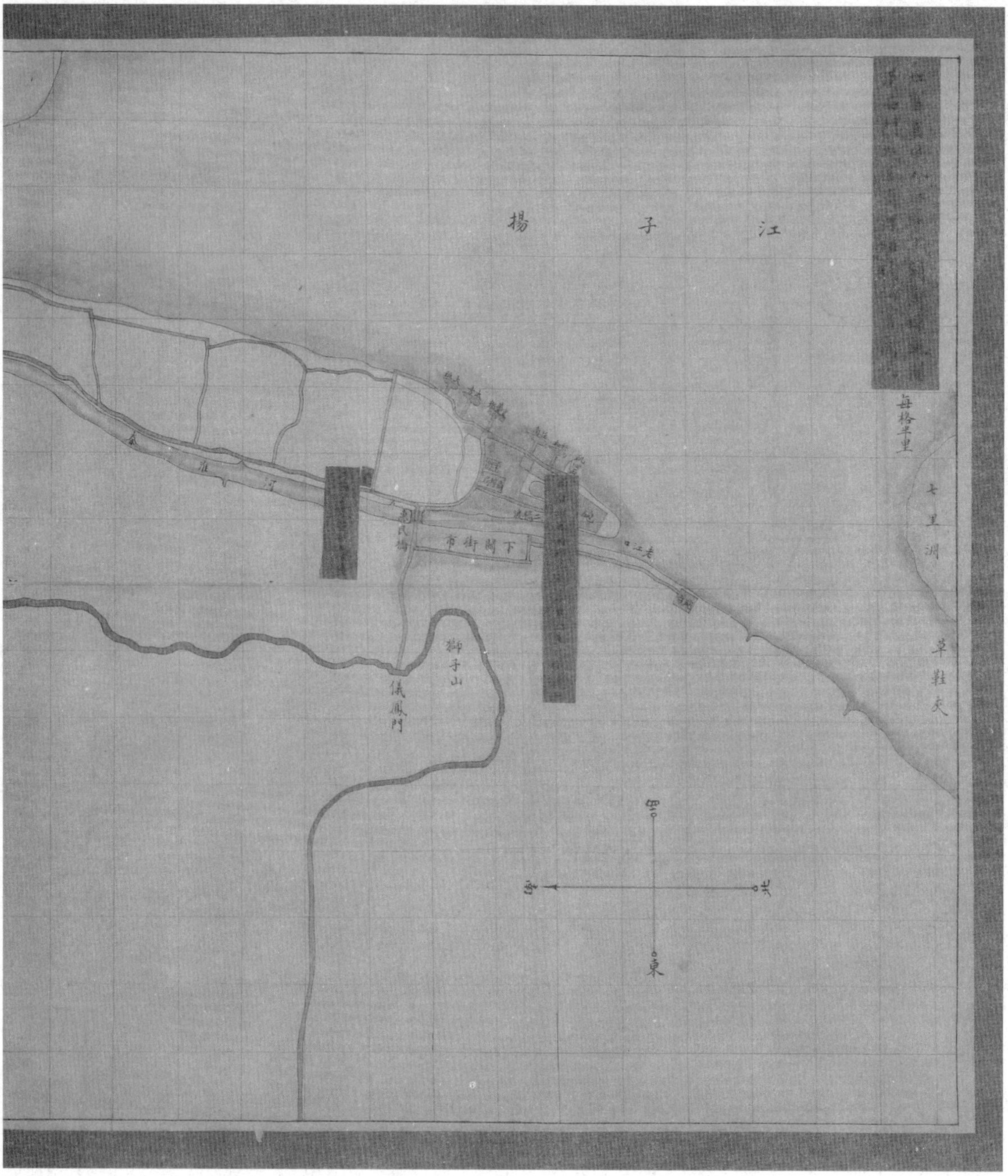

揚　子　江

每格半里

七里洲

草鞋夾

下關街市

儀鳳門

獅子山

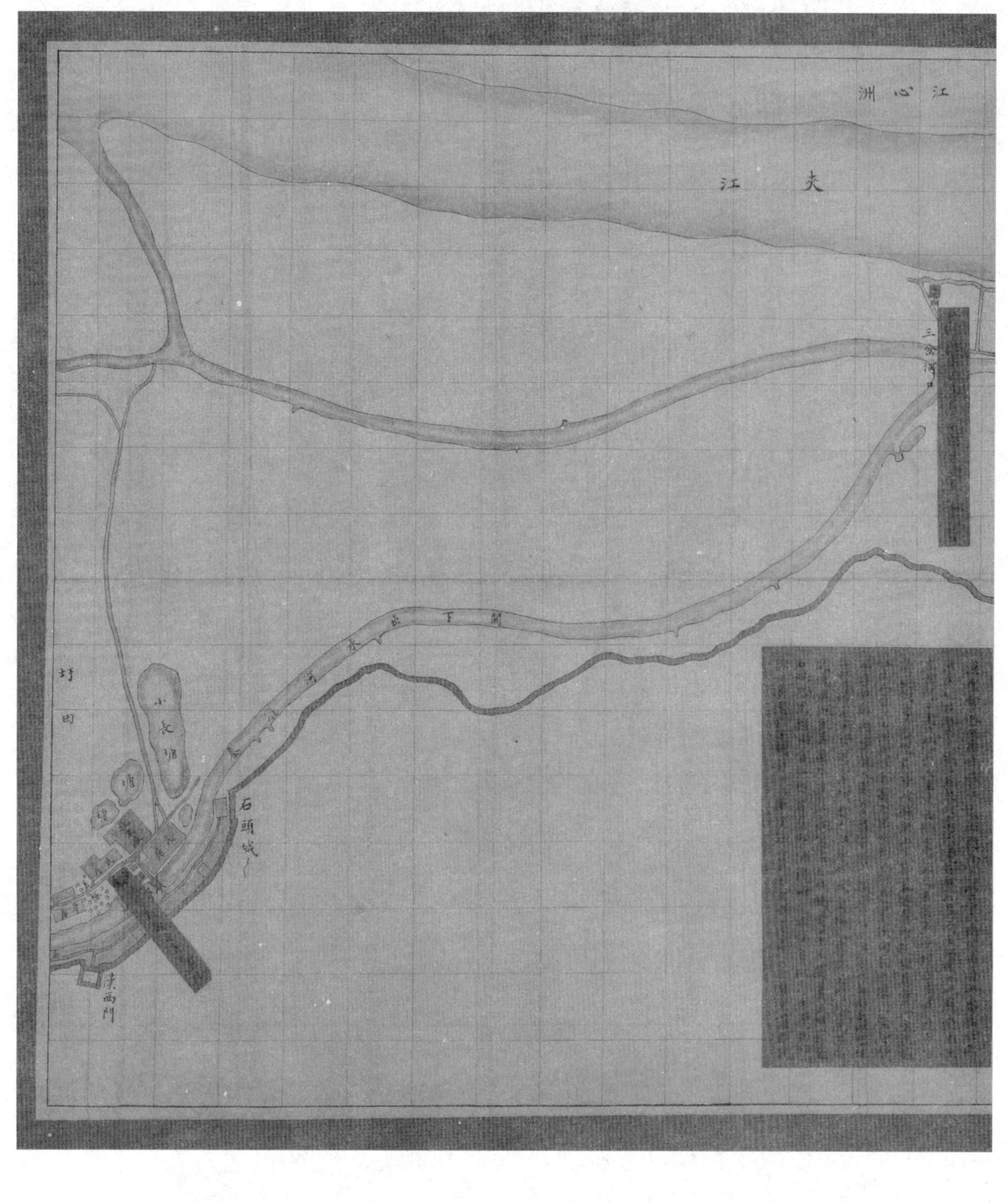
江心洲
夾江
三汊河口
小長塘
塘
圩田
石頭城
漢西門

附件二

照録蕪湖關童道來稟　光緒三十一年五月二十八日到

敬稟者竊奉

憲台陽電開蕪湖商學界公電蕪湖內地有美商劉懋恩建煤油棧乞援甯案禁止云查洋商不准在內地開設行棧江甯漢西門事正在禁阻望速查明照約辦理等因奉此遵即札行蕪湖縣會同洋務局查明稟複禁阻並加疊催去後旋據該縣局會稟查得美商劉海如價買民人田光興坐落江口丹陽兩舖基地一塊於本年建造煤油堆棧當即會同親詣勘明該處離長江岸邊一里多路在由江入內河之南飭差查傳賣主田光興齎集該棧處所勘得江口丹陽兩舖俗名田家蕩有美商劉海如新建洋油棧一所坐南朝北四圍環有苑墻東南兩面臨塘西至空地北至三街該棧進門天井一個前進住屋有边另有廚房二處均未造成後進堆棧計屋七架尚未堆貨量得該基南至北直長九丈餘寸東至西橫寬十丈勘畢訊據賣主田光興供有公共祠基一塊直長九丈餘寸橫寬十丈東至前王姓後塘南至塘俗名田家蕩西至陳姓空地北至三街因族丁人口稀少無力建造於去年六月經中葛步洲王慎之們說合出賣與外國人劉海如為業實得正價英洋五百元賣的時候不知他作什麼用處後因今年興工纔知道他造洋油棧的今蒙會訊所供是實等語並經會同傳據舖差頭升

以查明劉海如實係即是美商劉懋恩之號並非另有一人惟查得劉姓即劉懋恩於本年三月間在下五舖弋磯山後烏沙港另有價買袁學川灘地一塊計價銀五十兩所有應完馬政編銀三錢一釐其過割之時註冊係託袁文如之戶名實則暗地仍為劉懋恩所執業但不知作何用亦不知其有無投稅等情稟復前來卑職等伏查美商劉海如即劉懋恩輒在河南岸江口丹陽兩舖地面私置基地蓋造洋油堆棧距通商口岸有一河之隔該棧北面臨街洋油又為危險之物而在人烟稠密之中草屋林立之所亦覺有碍居民惟該棧業已將次落成而所買袁學川之灘地又不知作何用且丹陽舖內除本街廣業公棧所建洋油堆棧一所係華人自建不在禁約之列外此外查尚有德商瑞記所建煤油堆棧一所係屬四面臨塘等情稟請核辦前來職道當以洋商租地應先報官勘明方准成交營業節奉通行在案該美商劉海如即劉懋恩於去年在江口丹陽二舖間價買田光興田家蕩地今年忽建造洋油堆棧既經該印委勘明該棧北面臨街在人烟稠密之中草屋林立之所洋油最易引火危險殊屬有礙地方安平仰即遵照前飭赴向該美商及代為經理人禁阻一面退租售屋以遵憲飭而合犀情仍候照會美領事一併飭遵其瑞記洋商先在該

處建造煤油棧係於何時落成地向何人承租有無蓋官文院契等
有業劉海如另在下一五舖烏沙灘價買袁學川灘地用去丈如若過
户註冊事在何時曾否稅契以及該處瑞記油棧廣業公棧四面環水
各若干丈尺離街居民各若干丈尺均即一併查明繕晰禀復批行
遵照一面備文照會駐甯美領事黑納斯飭商遵照退租售屋見
復在案去巳月餘尚未准美領事照復除催縣局赶遵前批指飭各
層一併查明禀復外理合將辦理情形先行禀陳並録照會美領
事稿附陳仰祈
鑒核訓示實為公便專肅寸禀恭請
勛安伏乞
垂鑒除禀
安撫憲外職道德璋謹禀
計稟呈清摺一扣

照會金陵美國黑領事原稿摺
為照會事案奉
南洋大臣周　電開蕪湖商學界公電蕪湖内地有美商劉懋恩建
造煤油棧乞援甯案禁止查洋商不准在内地開設行棧飭即查明
照約辦理等因奉此當飭蕪湖縣洋務局會查去後茲據該印委
禀稱查得縣屬並非濱江商埠之區四丹陽二舖有民人田光興將佃名田
家蕩地憑中葛步洲王慎之說合於上年出賣與美商劉懋恩即劉海
如並未說明何用今年忽建造洋油堆棧現已將次落成該印委勘明
該棧北面臨街在人烟稠密之中草屋林立之所等情本監督查洋
商租地應先報明地方官查勘明白方准成交立契管業節奉通
行在案今該美商劉海如承租民人田光興地先未請由
貴領事照會地方官勘明後忽私行建造洋油堆棧殊屬不合該棧
北面臨街在人烟稠密之中草屋林立之所洋油最易引火危險
亦屬有碍地方安平自應不准堆儲煤油退租售屋以符約章而合
羣情相應備文照會
貴領事請煩查照飭商遵照見復望切望切須至照會者
本衙門批
據禀美商劉懋恩所買田光興基地建造煤油堆棧飭據印委
各員查明係在租界以外人烟稠密草屋林立之所既據按約
照會領事飭令遷移退租並飭查所買袁學川灘地係作何用
仰即照約妥速辦理毋稍疎忽至瑞記洋油棧及廣業公棧四面
環水若干於民居有無窒碍應一併飭查妥辦仍候
撫部院批示繳　正月初十日發

照録蕪湖關來禀　光緒三十二年十月十二日到
敬禀者奉
憲台批據職道禀奉電飭查明美商劉懋恩私租民地建造煤油棧照
會領事飭阻緣由奉批據禀美商劉懋恩所買田先興基地建造煤
油堆棧飭據署委各員查明係在租界以外人烟稠密草屋林立之所
既據按約照會領事飭令遷移退租並飭查所買袁學川灘地係
作何用仰即照約妥速辦理毋稍疏忽至瑞記洋油棧及廣業公司棧
四面環水若干於民居有無窒碍應一併飭查妥辦仍候
撫部院批示繳等因到道奉此遵即録批札行印委遵飭辦
理去後茲據蕪湖縣沈令宝琛洋務委員湯直牧沅宜會銜禀稱
該美商劉懋恩在離長江里許内河南岸建造煤油堆棧事前既未報
明地方官查核飭令遷移退租並不遵飭停工又不出面就商反又
私自將屋落成現聞不日將有運油進棧之舉阻之既無從商辦封
之恐激成事端實屬查阻為難其買弋磯山下袁學川地係於
上年三月間蕭前縣任内過户註冊税契地作何用劉懋恩匿不
出面無從查悉至廣業洋油公棧係從前禀明建造核准有案
四面環水離岸各有九丈餘與民居無碍瑞記洋油棧查未報官
有案四面環水亦有八丈餘詢之瑞記經理人王慎之則稱地係暫租

三年即行罷業詰以租自何年買自何人有無租字日久不復寄情
前來職道伏查該美商劉懋恩建造煤油棧事前既未報明查核照
會駐甯美領事理阻日久不復該商亦匿不出面現有逕行運油進棧
之舉據該印委禀稱阻之無從商辦封之恐激事端尚屬實情其
地雖三面環水一面臨街係人煙稠密草屋林立之所與瑞記廣業兩
油棧四面環水無礙民居者情形有異除再行照會美領事理阻不准運
油儲棧以期地方平安並函詢德領事瑞記油棧暫租三年究租何人
何年起止函復核辦外理合縷晰禀陳並將照會録摺附呈仰祈
大人鑒核可否乞由
憲台照會駐甯美領事理阻以期就範之處伏候
訓示祗遵專肅寸禀恭請
崇安伏惟
垂鑒除禀
安撫憲外職道德璋謹禀
計禀呈清摺一扣
照會美領事底稿清摺
為照會事奉
南洋大臣周　批本監督禀奉電飭查明美商劉懋恩私租民地建造煤

油棧照會領事飭阻緣由奉批據稟美商劉懋恩所買田先興基
地建造煤油堆棧飭據印委各員查明係在租界以外人烟稠密草屋
林立之所既據援約照會領事飭令遷移退阻並飭查所買袁學
川灘地係作何用仰即照約妥速辦理毋稍疏忽等因奉此查此案
前於上年十月初六日備文照會
貴領事請飭該商劉懋恩退租售屋以符約章而合群情等因在案茲
奉前因除批札行即委遵照辦理正在備文再行照會間茲據該印委
稟迭今日久美商劉懋恩人則並未見面屋則竟自落成且聞不日將有
洋油運棧之舉其所買袁學川弋磯山下灘地查係上年三月間在蕪前
縣任內過戶註冊税契劉懋恩迄未出面該地果作何用亦無從查悉等
情前來本監督查該商劉懋恩購地建造洋油棧事既不報明商辦飭
阻輒欲運油入棧該處北面臨街爲人烟稠密草屋林立之處洋油最易
火患急應阻止以[illegible]地方安平[illegible]
南洋大臣外相應備文再行照會爲此照會
貴領事請煩查照趕飭該商劉懋恩不准運油入棧退阻遷移以敦睦
誼而安地方一面飭令將所買弋磯山下灘地擬作何用呈明照復望切望
切須至照會者
本衙門批

據稟美商劉懋恩於租界以外私租民地建造煤油堆棧經道飭令縣
委商令遷讓不惟不遵並將房屋私自落成且現據該商另稟竟載煤油
萬餘箱於初六夜至蕪強行起棧等語查該洋商油棧如果寔在人
烟稠密草屋林立之地於民生治安大有關碍自應商令遷移惟該棧
基址距民居究有若干里與廣業公棧及瑞記油棧又相距幾何於
民居是否寔有窒碍現已札委洋務局委員廖令欽元前赴蕪湖會
同縣委確切勘明繪圖具報仍由該道與税務司會同詳勘妥議辦法
一面諭誡商界學界中人聽候官辦勿得聚議滋事仍候
撫部院批示繳摺存　二月十七日發

蕪湖道稟美商劉懋恩恃強運油入棧一案光緒三十二年[illegible]月十七日到
敬稟者美商劉懋恩在蕪湖建造煤油棧理阻未遵聞將運油入棧情
形昨據印委會稟到道當經據情馳稟
憲鑒並照會駐甯美領事飭阻在案茲據蕪湖縣沈令寶璪洋務局員
湯直牧沅宜會銜稟稱前稟發後查得美商劉懋恩人不出面棧不
遵遷且又私自落成不日將有運油進棧之舉情形聯銜會稟核示在
案乃發稟後聞美商劉懋恩竟載煤油一萬餘箱於本月初六日夜由
美安輪船裝運到蕪卑職等聞信之餘遂即會同禁阻乃該棧工人等
業已將貨起坡用強搬運陸續進棧無從禁阻勢雖用武爭執致

釀事端惟有據寔稟請轉稟理爭等情到道據此職道伏查該美
商劉懋恩抗不遵阻運油入棧情勢洶洶自未便用武與爭美領事
遠駐江甯省城照會阻止不復該商又恃洋商任意逕行無從理喻惟
有據寔稟陳仰祈
憲台照會駐甯美領事飭令該商勿再運油入棧退租售屋以符甯案
辦法除批飭該印委隨時妥爲彈壓勿任居民忿爭滋事外是否
有當理合具稟馳陳仰祈
大人鑒核訓示祇遵寔爲公便專肅寸稟恭請
崇安伏惟
垂鑒除稟
安撫憲外職道德璋謹稟
南洋大臣批
此案已於另稟批示仰即查照另批辦理仍候
撫部院批示繳 二月十七日發

為札飭事照得上年十二月二十八日據蕪湖童道稟稱美商劉海如價買民
人田光興坐落江口丹陽兩鋪基地一塊於本年建造煤油堆棧距通商口岸有一
河之隔該棧北面臨街在人烟稠密之中草屋林立之所有碍民居當
經批飭照會領事飭令遷移退租在案茲復據稟稱該美商劉懋恩在
內河南岸建造煤油堆棧事前既未報地方官查核事後又不出面就
商私自將屋落成並聞有不日運油進棧之舉並據續稟該商已運
油到埠逕自起棧等情又接蕪湖來電美商劉懋恩前建油棧電蒙
飭禁該商悍然不顧現運油到埠懇援案據約力爭蕪湖商學界
公叩等語此電並無姓名亦近匿名揭帖本可不理惟查洋油乃危險之物
所建設堆棧如在人烟稠密之地自多未便第迭據道稟均未詳細開明
坐落區所究與民居有無窒碍與廣業公棧及瑞記油棧是否同在一處
抑相距幾何亟應委員前往會同該地方官確切查明繪具圖說呈送核辦
查有洋務局委員候補知縣廖令欽元堪以派委前往除分行外合行札委
札到該員即便遵照刻日起程前往確查妥商稟辦毋稍率忽切切特札
計抄稟二件 係抄蕪湖關二月十一、十二兩稟並摺一扣
札候補知縣廖令欽元
云云除札委外合行札飭札到該道即便遵照俟該員抵蕪即行督飭會
同縣委確查稟辦毋違此札
札蕪湖道
光緒三十二年二月十七日發

委員補用知縣廖欽元 蕪湖縣知縣沈寶琛稟復會勘蕪湖美商劉樾恩建造油棧與居民有碍一案 光緒三十二年六月廿五日到

敬稟者竊卑職欽元接奉

商督憲札委以美商劉海如價買民人田光興坐落江口丹陽兩舖基地一塊建造煤油堆棧迭據道稟均未詳細聲明坐落區所究與民居有無窒碍與廣業公棧及瑞記油棧是否同在一處抑相距幾何令即前往蕪湖會同該地方官確切查明繪具圖說呈送核辦等因奉此遵即起程於二月二十一日馳抵蕪湖縣先赴道轅稟見當蒙閔道會同稅務司飭派洋員與卑職欽元面同卑職寶琛前往查勘該美商劉樾恩在離長江里許內河南岸建造煤油堆棧一所東至草房僅有六尺西至草房三丈均僅隔水溝南至水塘北面臨街計寬丈街北正是人烟聚集之塲寔與居民大有窒碍又勘得該棧東南相距水道五十三丈五尺有廣業公棧一所係華商各廣貨店公建其建造時曾以四面環水無碍民居稟明核准有案且棧屋較小堆積無多又勘得該棧西南相距水道十二丈餘有瑞記油棧一所查係德商所設未經報官有案惟四面亦皆環水棧屋全用鐵皮鉄棍造成活動式如蓬廠形卑小高僅丈餘可拆可移業經童閔道另案照會德領事依限罷租或不難照約辦理惟該美商劉樾恩所建煤油堆棧係[illegible]民居[illegible]在人烟稠密草屋林立之所與瑞記廣業兩棧四面環水無碍居民者情形不同查洋油係危險之物幸現在商民均知已由官為商辦尚不至於滋動除由卑職寶琛督飭董保人等切寔彈壓慰諭民人毋致滋動外所有遵飭會同查勘寔在情形繪呈圖說理合縷晰會稟仰祈

大人鑒核俯賜核辦洵為公便肅泐恭請

勛安伏乞

垂鑒除稟

撫憲外卑職欽元寶琛謹會稟

計稟呈

本衙門批

據稟並圖說均悉候咨送

外務部查核辦理仰將圖說刻日補繪一分呈送備查仍候

撫部院批示繳 三月初七日發

一二八

照復美柔使商部所定礦政調查局章程係屬暫章俟新章奏准後自應一律照新章辦理由

行　　行

左侍郎聯　四月初日

右侍郎唐　四月　日

考工司

呈為照復事。光緒三十二年三月二十五日接准
來照以商部奏定礦政調查局所定新章第七條與中
美所定商約不符曾經照會在案嗣准照復鈔錄商
部所辯論者轉送前來係以本大臣所解者為有誤
會隨復照會不能以商部所言為滿意切請更正迄

今未准照復兹奉到本國政府訓条囑即達知本國政府不能以商部所咨爲足免誤會緣商部所講觧新章第七条之意不過存之於貴部商部案内各省地方官則無從查考在美政府之意貴政府應將新章七条之講觧布告天下使各處官民均明悉礦政調查局新章七条並非禁止租賃礦產於洋人或貴政府將該条明明改正俾人均知租賃礦產於洋人係無妨碍更爲妥善請速即咨囑設法俾新章七条與中美商約毫無不符等因前來查商部所定礦政調查局章程係因通行礦章尚未編纂成書暫照此項新章試辦現在通行礦章業經湖廣總督張編就咨送到部一俟本部會同商部詳細核明奏

准通行後所有辦礦一切事宜自應一律照新章

辦理兹准前因相應照復

貴大臣查照即希轉達

貴國政府可也須至照會者

美梁使

光緒三十二年四月　日

一二九

榷算司

呈為照會事茲准南洋大臣咨稱據蕪湖道稟稱美商劉海如價買田家蕩基地一塊建造煤油棧詣勘該棧北面臨街在人烟稠密之中草屋林立之所實與民居有碍經照會領事飭令遷徙退租乃該美商事前既未報明地方官事後又不出面就商私自將屋落成旋由美安輪船裝運煤油萬箱到蕪硬行起坡不聽禁阻等情查煤油乃危險之物所建堆棧在民居稠密之地倘有不慎誰任其咎該美商不聽禁阻硬將大批油箱運入堆儲領事官亦不與蕪湖道妥商實與情理不合該美商前在漢西門建棧堆油一案迭經照會美領事飭令將地基退讓概未遵辦業經咨明在案此案事關一律自應一併咨明務請照會

美國駐京大臣速飭領事與關道妥商速諭該商將煤油運往他所等因前來本部查美商劉海如在蕪湖所建煤油棧既與民居有碍自應由領事官與關道妥商辦法應如何遷徙之處未便聽該商延抗不遵相應照會

貴大臣查照轉飭從速照辦為要須至照會者

美 柔 使

光緒三十二年四月 日

一三〇

大亞美理駕合衆國欽命駐劄中華便宜行事全權大臣柔　爲

照會事。西上月十一號接准

貴親王照稱：據江海關道電稱，工部局在租界外寶山境内編釘門牌，派捕收捐，民衆憤怒，若不並行阻止，必致生事云云。

貴親王並云：工部局輒在租界以外派捕收捐，經該道迭次照阻，仍不中止，恐將釀成暴動，殊爲可慮，請迅電上海美總領事轉飭工部局，即將門牌、巡捕一律撤回等因。本大臣當即電知上海美總領事官，並照抄來照，行知去後。兹據復稱，該工部局並無於租界以外勒捐，惟因上海自來水公司曾與工部局前經商定，租界外如有購此水者，必應酌量加價，故各該處有產業之中國人均已願交水價，取其便當。滬道所稱之工部局收捐不過爲收取自來水價，此舉僅有租戶人等不甚樂從其編釘門牌之事，祇釘於用水之家，便於查記，如不願出價之家，亦無人相强，但不交水價不准飲用此水等情。由此觀之，上海道於上月十八號所稟貴親王之電似有誤會，故不能不以滬道之舉動於租界内不應與聞之件，可証其亦將有干預之心，轉使租界華洋人往來和睦之情致有互相猜忌，本大

臣甚望行囑滬道即以

貴親王敦睦之心為心可也為此復請

查照須至照會者 附送洋文

右　照　會

大清欽命全權大臣便宜行事軍機大臣總理外務部事務和碩慶親王

一千九百陸年柒月拾貳日

光緒叁拾貳年伍月貳拾壹日

附件

AMERICAN LEGATION,
PEKING, CHINA.

To F.O. No.
W.

July 12, 1906.

Your Imperial Highness:-

I have the honor to acknowledge the receipt of Your Imperial Highness' despatch of the 11th. June, stating that according to a telegram received from the Taot'ai of Shanghai the Municipal Council had affixed number plates to houses in the Pao-shan District outside the limits of the Settlement, and had sent police there to collect taxes. The Taot'ai further said that the indignation of the residents was aroused, and that, if the Municipal Council were not instructed to desist, an outbreak of disturbance was inevitable. Your Imperial Highness added that the Municipal Council were acting in a very dangerous manner, in thus collecting taxes outside the Settlement, and in continuing to do so in the face of repeated protests of the Taot'ai, and Your Highness requested that I would telegraph to the American Consul General at Shanghai in order to secure the removal of the number plates and the withdrawal of the police without delay.

Immediately upon the receipt of Your Highness' despatch

To His Imperial Highness, Prince of Ch'ing,
President of the Board of Foreign Affairs,
etc. etc. etc.

spatch I telegraphed to the American Consul General at Shanghai and also sent him by mail a copy of Your Highness' communication.

I am now in receipt of his reply in which he says that no attempt whatever has been made by the Municipal Council to compel persons outside of the Settlement to pay taxes. By an agreement with the Water Works Company it was arranged that people living outside the Settlement were to pay extra rates for water consumed. The Chinese owners of real estate in the locality mentioned have paid these rates without protest, regarding the supply of water as a great convenience. It was these water rates that were being collected by the Municipal Council and to which some of the tenants made objection. The houses numbered were those receiving water, and the numbering was for the convenience of all concerned. People who are unwilling to pay the rates are not compelled to do so, but in that case of course they can not have the water.

It seems plain, therefore, that the telegram from the Shanghai Taot'ai received by Your Imperial Highness on the 9th. of June was based upon a misrepresentation of the facts. I am constrained to regard such action on the part of the Taot'ai as evidence of a disposition to needlessly interfere with the transaction of municipal business in the Settlement, and to cultivate ill feeling rather than friendly relations between the Chinese and foreign residents of Shanghai. I trust that Your Imperial Highness will see that such

a

3

a dangerous disposition must be chacked.

I avail myself of the occasion to renew to Your Imperial Highness the assurance of my highest consideration.

W. W. Rockhill

Envoy Extraordinary and
Minister Plenipotentiary
of the United States.

一三

江　六月十三

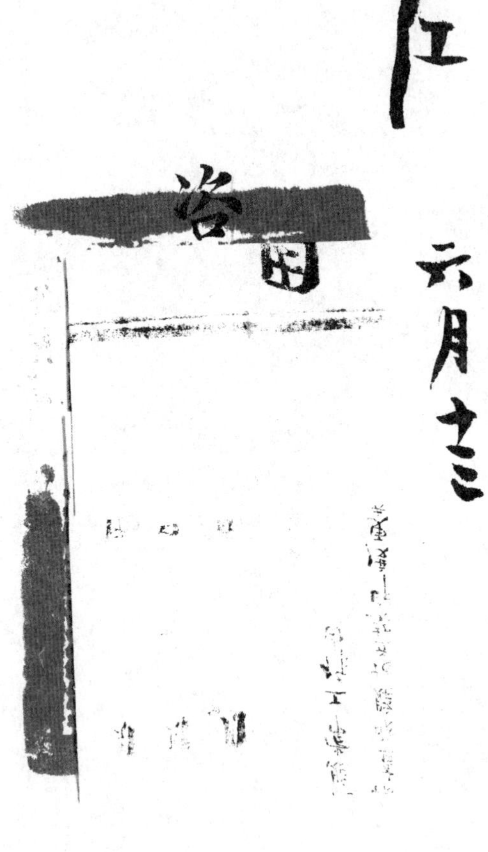

為

咨明事據江海關道瑞澂呈稱案奉憲台札開准
外務部咨准辦理滬甯鉄路大臣咨上海縣境内第二十七堡
十一啚及二十二啚圈用民地以備起造貨棧内有洋商基地並無
道契應作民地一律辦理有美國人博文律師在十一啚地方顧

用印度人看守阻撓商撤，未允。正月十九日開工，博文尚未來局

按民地領價，恐成交涉之案。咨飭滬道妥籌辦理，札道赶緊

籌辦，免碍要工。稟復核咨等因。奉經職道將此案辦理情

形先行稟復憲鑒，一面札飭上海縣查明現在該處印度更夫

曾否撤去，報查去後。茲據該縣申稱：奉經分移第一段購地

彈壓各委員先後移復，該兩圖地價各業户已陸續立契，過

割於本年正月動工，印度更夫已不在工次，現仍照常工作等情

申請鑒核轉報前來。理合具文呈復，仰祈憲台鑒核，俯賜

咨明

外務部查照等情到本大臣據此相應咨明爲此咨呈

貴部謹請查照施行須至咨呈者

右　咨　呈

外　務　部

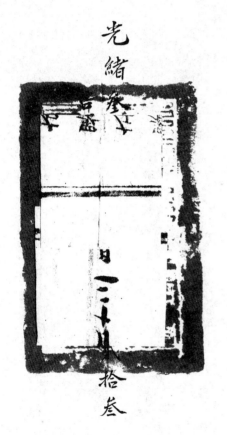

光緒叁拾叁年　　　日

一三二

太子少保頭品頂戴兵部尚書湖廣總督部堂兼管湖北巡撫事張　為

收回粵漢鐵路息票事。光緒三十二年五月二十一日准

欽差出使美秘古墨國大臣梁　咨開：案照粵漢鐵路借票每年應給西五月十一月兩期利息，前准貴督部堂咨以贖路餘款存貯銀行，按期交付，業經於上年西十一月按照辦理在案。茲又屆本年西五月一號付交利息之期，業經本大臣查照前案，由紐約布朗銀行提取美金伍萬五千五百五十圓，於四月初八日交前合興公司總理人，將息票四千四百四十四張收回註銷訖，除即日電達外，相應備文，將本年西五月一號息票四千四百四十四張，計值美金五萬五千五百五十五元，備文咨請飭員點收銷號見覆等因到本部堂。准此，查前准

梁大臣咨送上年西十一月分息票一包，茲准咨送本年西五月分息票一包，除一併札發湖北粵漢鐵路總局查收，並督同委員將息票點收銷號稟報備案，並分咨外，相應咨呈。為此咨呈

貴部，謹請查照施行。須至咨呈者。

右　咨　呈

外　務　部

光緒三十二年　月　日

一三三

[illegible]

咨呈事據福建洋務腦務兩局會詳案奉憲台
批腦務局稟閩省腦務收回由官招集華股開
辦情形請電咨
外務部照會轉行各領事知照緣由奉批此案
現據另詳業經批飭籌商議復應俟復到再行
核辦仰福建洋務局會同腦務局知照繳又奉
憲台批腦務局詳閩省腦務現擬集股開辦並
禁私灶章程十六條呈請
奏咨立案緣由奉批察閱摺開所議章程均尚妥

協自可照辦至設局辦理腦務本屬内政洋商在内地採買土貨不准製造亦有約章惟前次日本技師代辦官腦之時英商永昌裕昌等行每因辦運樟腦爲技師扣留屢索賠償有案今腦務復由官設局自辦於洋商代理人入山購樹製腦違約私運各節究竟如何預爲防範以免爭執而杜後患未據籌議及之仰洋務局會同腦務局迅再籌商另行妥議定章詳候核辦繳摺存各等因奉此遵查福建腦務局於本年三月二十一日在省垣南台設局開辦曾經分

別呈報咨行並將集股開辦章程詳請核咨各
在案茲奉前因現將原訂集股開辦並禁止私
熬章程詳議增刪仍列十六條復核條約尚無
窒礙理合開具清摺會同具文詳請分咨
奏明立案等情到本兼署部堂據此查此案現又
承准
外務部抄發英美法各國駐使照會咨開酌核
妥辦業經飭局會同核議在案自應俟該局復
到再行酌核
奏咨所有該局原議章程十六條既據會同核議

開摺復送前來相應先行咨送爲此咨呈

外務部謹請察照施行須至咨呈者

計呈清摺一扣

右　咨　呈

外　務　部

光緒三十二年六月　二十一　日

附件

謹將籌擬福建全省腦務由官設局專賣集股開辦並禁止私灶
章程拾陸條開摺呈乞
憲臺察核立案
計開
壹福建省所產之樟腦腦油現經詳奉
督憲批准設立官局專賣應即集股開辦股分以湊足壹千股
為度每股合庫平足銀壹百兩共計庫平足銀拾萬兩作為有
限資本
貳省垣南臺中洲有從前南臺稅釐局所壹座係屬官業現就
其處設立福建全省腦務總局
叁腦務既設官局先由司庫籌備庫平足銀壹萬兩作為官股
壹百股其餘玖百股無論官商人等均可購買惟不附收洋股

肆附股各東有占股分多數者准其入局管理諸務仍照常酌給
辦事薪水
伍官局開辦後每年至年底結算賬目壹次除開支經費薪水利
息外所獲盈餘作為寔在餘利按拾成分派以肆成提歸官局
以壹成酬勞在事人花紅其餘伍成歸各股東按股勻分所有
收支各賬每次均須刊本分給各股東稽核以昭誠信
陸股票長年行息捌厘於繳足股銀之日給予票摺起息每屆半
年憑摺支息壹次又按年定期叁月初壹日支取餘利
柒將來如有人欲將自己股票轉售他人須隨時邀同承受之人到
總局證明過戶註冊不得私相授受如有人將股票或息摺遺失
應即報明總局並由本人登報聲明俟叁個月後無人承認再由
總局分別補給前項票摺

捌福建省九府二州產樟之處甚多樟腦既爲官局專賣之品即由
官局派員前往各屬設立分局一面分飭各府州廳縣就近調查
境内何處產有樟樹共計若干分别官物民物並是否有關風水
以及曾經公禁之樹一一詳爲註明編列數號造册逕送總局備
查其調查樟樹之事有分局之處由地方官會同分局委員辦
理未設分局之處由地方官先行辦理

玖各府州縣設立分局置灶熬腦所需樟樹如係民間私產或公共之
產除有關風水及曾經禁伐各樹不計外其餘均應聽由官局給
價購買應給樹價即由分局委員會同地方官秉公估價分局不
得抑勒民間亦不得抬價

拾内地各處樟樹既由分局設灶購熬所有從前民間自設之灶由地
方官認真查禁不准再熬民間如欲設灶熬腦應先報知總局開

明設灶地名以及灶數由總局核准給發執照方准開熬若不領總
局此項執照仍前設灶熬鹽者則以私論地方官即將該灶查封
並將熬出油鹽一律充罰入官
拾壹有請照各灶戶所有熬出之粗細鹽斤儘數繳由官局酌給公
平時價收買各灶戶不得私自別售他人以符官局專賣之寔
拾貳如有熟悉製鹽之華人欲執業而無資本者准其取具殷寔
鋪戶妥保指明往熬地方來局借領資本給照前往設灶開熬所熬之
鹽照拾壹條辦理其所借官局資本自出鹽之日起限叁個月內
勻期扣還官局
拾叁內地各土貨向來洋商請領三聯單採辦或不領單照華商例
報運均可准行現在樟鹽壹項既認為
國家專賣品自應專禁內地華民私熬別售以侵

國家專賣之權並不有碍各國洋商採辦土貨所享條約應有之利腦務總局設在南臺中洲附近口岸洋商需用油腦轉運出口即就總局採辦可免程途阻滯尤為利便交通

拾肆產樟熬腦之處均在内地現於各屬開設分局收腦内地民人領照設灶熬出油腦概由各局收買觧繳總局將來除總局外内地各處自無油腦可供華洋各商採辦凡有請領三聯单入内地採辦油腦者自可一律向總局定買以歸簡便

拾伍樟腦設局專賣係屬自有主權無関條約交涉樟樹產在内地非由製造不能成貨而洋商無准在内地製造之約權限本極分明是内地一切查灶緝私防弊辦法應由地方官任便從事不容外人稍有侵越

拾陸内地製造原係内地民人合例營生惟樟腦一項現既認為

國家專賣品則不得與製造別項土貨同視爲合例自應按照第拾拾
壹拾貳各條辦理内地民人若不請領官局執照私自設灶開熬者應
由地方官查拏懲辦
以上各條係就現議辦法酌定所有未盡事宜隨時
斟酌情形再行續訂理合登明

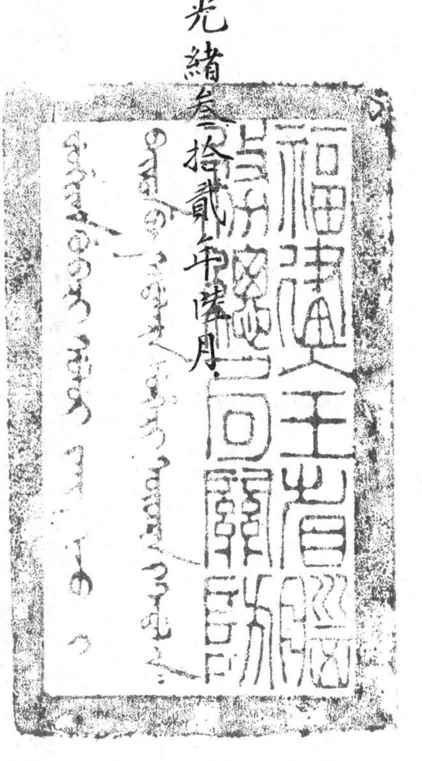

光緒叁拾貳年陸月　日

一三四

欽命鎮守盛京等處將軍兵部尚書都察院右都御史總督奉天旗民地方軍務兼理糧餉趙　為

咨呈事。案查前准

大部咨：據礦商吳楨等私賃義州北大平山高力井子等處煙煤礦產，未便照准，應飭該州速將原契追銷作廢等情一案，當經迭次札飭該州尉查明追銷去後。茲據該州尉覆稱：案查接管卷内，城守尉呈報遵飭已將私立高力井子煤礦租契彖新送州收禁候示一案，於光緒三十二年四月十五日奉憲台批：據呈已悉。彖新既經送州監禁，仰義州會同城守尉迅將該犯私立租契嚴比

追繳妥速辦理勿任玩延切切此繳抄由批發等因奉此卑前署
州未及提追卸事卑職應潤到任接交會尉屢提該已革佐領象
新從嚴比追始尚搪塞比催再三現已將與承辦華美公司人吳
楨所立對契一張呈繳卑職等追問吳楨手存之契據供已遣家
屬至京尋找吳楨此契已交
商部實難到手嚴比至再矢口不移似無通融合將追出租契備
文呈送憲台查核批銷可否轉咨
商部查明有無吳楨呈交此項對文租契以便再追之處伏候示

遵等情據此除批示追出租契一紙批銷並分行外相應咨呈

大部謹請查照須至咨呈者

右　咨　呈

外　務　部

光緒三十年三月二十三日

監印官候選知縣盧綱

核對發文官藍翎五品頂戴候補府經歷袁鐵查

一三五

逕啓者兹有美國大資本家數人於奉天省之鑛務頗有關係特派馬爾紹爲代辦人已來北京欲同中政府商酌用何法開辦現本大臣接到馬爾紹來函内有開辦所關之鑛產節畧請代轉達貴親王爲中政府查考該函内云已同商部大臣面談此項辦法似乎可行故盼

貴親王亦能以為合宜則請
貴國政府早行批准俾其能於本年內籌備開辦一切事宜
等因本大臣理合照具所請將該節略附送
貴親王查照可也此泐順頌
爵祺 附送洋文並節略洋漢文
名另具 七月二十九日

柔克義

附件一

AMERICAN LEGATION,
PEKING, CHINA.

To. F.O. No. 35
W. September 17, 1906.

Your Imperial Highness:-

A number of American capitalists who are interested in some mining properties in the province of Fengt'ien have sent their representative, Mr.Herbert C.Marshall, to Peking to take such steps as may be necessary to obtain the consent of the Chinese Government to the working of these mines. I am in receipt of a letter from Mr.Marshall inclosing a proposal which he requests me to forward to Your Imperial Highness for the consideration of your Government.

He states that this proposal has been submitted informally to the Ministers of the Board of Commerce and seems to have been favorably entertained by them. He trusts therefore that it may receive the approval of Your Imperial Highness and that formal consent may be given in time to enable some actual progress toward the opening of the mines to be made before the close of the present season.

In complying with his request to transmit the proposal to Your Highness, I avail myself of the opportunity to renew the assurance of my highest consideration.

American Minister.

To H.I.H. Prince of Ch'ing,
President of the Wai Wu Pu.

附件二

A Proposition for Operating Certain Gold Mines in Manchuria and for Maintaining a Practical School of Mining, to be Submitted in Behalf of Certain Citizens of the United States of America to the Imperial Government of China.

The political difficulties of the last twelve years have deprived both the Chinese Government and its subjects of the opportunity of making use of the resources of their great rich territory, especially in the Provinces of Manchuria, where the conditions have been particularly unsettled owing to the operations of war and changing political relations, and where there are said to be mineral deposits of much value. With the rapid progress being made in all industrial affairs in China at the present time, it is understood that there is a desire on the part of many influential persons to make use of the mineral resources of the country for the purpose of increasing the revenues of the government and of adding to the wealth and well-being of its subjects. In the United States of America in recent years, the rapid progress in opening up a great variety of mineral resources shows how much can be accomplished in adding to the wealth of a country in this way; and, with the varied opportunities in that country, there has been a development of machinery and appliances and of ingenuity and skill which might well be utilized by China in developing her mineral resources.

Recently, a group of American capitalists has obtained information regarding certain gold deposits and has purchased contracts for the operation of mines which can be utilized with profit to these capitalists and at the same time to the very great advantage of the Chinese Government in increasing its revenues and in developing skill for the exploitation of the mineral wealth of the country. It is now desired to request permission of the Chinese Government to make a preliminary examination of the value of the deposits; and, if this examination proves satisfactory, to construct two fully-equipped mining plants, one of which shall become the property of the Chinese Government, although constructed entirely at the expense of the American capitalists. Until the division is made, it is proposed to devote one-half of the entire output of both plants to establishing and maintaining a practical school of mining or to such other purpose as the Chinese Government shall direct.

The gold deposits which it is desired to use are located in the District of Foo-chow, Province of Sheng-king, in the Neutral Zone adjoining the territory embraced in the Port Arthur lease. In the XXIX Year of Kuanghsu (1903), in a sparsely-settled portion of that District, a Russian subject discovered these gold deposits and entered into contracts with the peasant proprietors of the land, whereby for an agreed payment of approximately ten K'u-p'ing Taels per mow for the use of uncultivated land and of an additional amount for the use of cultivated land these proprietors granted the use of their land for the purpose of mining the gold therein contained. These contracts are entirely private; they have not been presented for the sanction of the Chinese officials either of the District or of the Province. The outbreak of hostilities between Japan and Russia and the operations of the opposing armies in that locality and elsewhere in Manchuria prevented an application for the consent of the Chinese Government and any further effort toward the opening of the mines at that time.

Recently, a group of American capitalists organized by Mr. A. Wendell Jackson of New York City purchased these contract rights and have made arrangements for forming a corporation, with capital sufficient for operating the mines on a large scale with the best modern machinery. At the outset, it is proposed to request from the Chinese Government permission to prospect over a tract of land covered by these contracts slightly less than one hundred square li in extent. If the examination of the ground by the American engineers gives results sufficiently satisfactory to warrant proceeding with the project, it is proposed to construct two mining plants, each of fifty stamps, with the best modern machinery, at a total cost probably approaching four hundred thousand taels and to operate the plants until a thorough test is made of their working capacity and a more detailed examination is made of the value of the property. It is proposed then to divide the entire tract into two parts in such manner that one of these plants will be situated on each part and to turn over one of the parts together with its fully-equipped plant to the Chinese Government, the Chinese Government taking its choice of the two parts. After the division has been made, the company will continue to operate the plants until such time as the Government shall have made its selection, when the plant chosen will immediately be turned over to the representatives of the Government. From the beginning, every facility will of course be given to engineers representing the Chinese Government to make careful examination of the property for the purpose of determining its choice of the two portions.

Bearing in mind the constant policy of the American Government and people not to seek to obtain possession of any portion of Chinese territory, but to seek every opportunity of trading with the Chinese people to the mutual advantage of both parties, it is the intention of those interested in the present project to lend all possible assistance toward the development of mining skill among the Chinese people. To this end, the Company will at all reasonable times permit duly accredited Chinese engineers and advanced students of mining to examine the works, both during the construction and operation of the two preliminary plants and during the subsequent enlargement and operation of its own plant. If the character of the deposits warrant, it is the intention of those interested to make at once large additions to the Company's plant, thereby giving employment to large numbers of laborers and giving to Chinese engineers an opportunity of observing the most approved methods of construction and operation used in America, to the end that they may employ similar methods in so far as seems to them advisable.

In addition to the increased prosperity that these mining plants will bring to the immediate vicinity, it is believed that there will result a substantial addition to the revenues of the Imperial Government. Until the division of the property shall have been made and a choice of the two plants shall have been offered to the Chinese Government, the American Company offers to pay to the Government one-half of the total out-put of both plants, deducting only such amounts as the Company shall have paid and shall have become liable to pay to the peasant proprietors for the use of that portion of the land which shall be chosen by the Chinese Government and further such amounts as the Company shall have paid and shall have become liable to pay as fees and taxes on that portion of the land which shall be chosen by the Chinese Government. After the division of the land and the offer of a choice of the two parts to the Government, the Company agrees to pay such taxes as shall be paid by Chinese companies, not exceeding ten per cent of the total out-put of the Company. If the Government desires to devote these revenues or any part of them to the maintainance of a school of mining in the vicinity, the Company pledges itself to give every assistance in procuring the most competent instructors. Whether such a school be maintained or not, it is the expectation at all times to offer opportunity to duly accredited Chinese engineers and advanced students of mining to observe the machinery and methods employed, with the purpose of developing skill both for employment in the Company's plant and for operation of plants to be established by the Chinese Government and people.

It will be observed that the plan for the division of the land suggested above is substantially the same as has been used in Russia for the development of its petroleum deposits and substantially the same as has been so successfully employed in the United States of America for the encouragement of the building of railroads and for the opening up of its great domain of public lands. In the present instance, there is this difference that the private capitalists make a more liberal offer of actually constructing a working plant for the Government and then of giving to the Government its choice of the portions of the land when divided. It is hoped that by the maintainance of friendly relations with the Chinese Government and people and by the exhibition of the working of the most modern American machinery, the American citizens interested in the project will in the future have increased opportunities for trading with the Chinese people to the manifest profit of both parties.

附件三

卅三、八月初一日

美國人馬爾紹代美國數位股東呈請

中國政府允准開辦奉天省屬一處金礦，並設立礦務施實學堂事

中華地大，礦産甚厚。因十二年内有極難之交涉，故中政府以及華民未能乘機開辦。聞説奉省金類礦産最豐，該地屢經變故及遭戰事，尤難開辦。目今中國最講實業，漸覺興隆，並聞數位鉅紳嘗言國家亟應大開礦産，俾政府多裕國課，而民財因之充足。近年美國大開數種金類礦，故而堀起，此爲確據，足證用此法爲增長國民裕財之果效。原於敝國人多能乘機設法，製造新樣獲利機器，啟人靈敏之性，意想中國正可效法，藉開本有金類礦質。玆美國有數位大資本家聞於某處有金類礦脈，彼等轉買別人曾在該處所得之開辦權利，據代理人等想，中國若准開辦，不但股東有益，中國政府尤屬得益，因其能加增國課，又能啟發該處民人諳練開礦善法，嗣後可令其他處效法施用。現今係請中政府准代理人等先往採驗礦産肥瘠，若堪開採，本代理人建立兩處開礦機器廠，皆係美國股東出款，將來以一廠繳歸中國。該礦産地未分兩處之先，余等將兩廠所出之金以一半爲開辦礦務學堂，或用辦他事，均聽中國自便。此等藏積之金類係在奉天省復州境，距近旅順租界隙地之内。一千九百三年有一俄國人在該處曠野查出有金類礦産，即同該處民人訂立合同，凡不耕種之地，每畝給庫平銀十兩，耕種者加增，其意即由該處開礦。該合同係由民間先行訂定，尚未經復州地方官稟大憲批准，而日俄即在該處與東省肇起兵端，故不能呈請批准，更不能開辦。現美國數位股東中有牛約人名阿文德里扎克蔴者，爲股東領袖，買定上列俄人與該處民人訂立合同所有權利，預備立一公司招集鉅款，足數購辦上好最新機器，大開該處金礦。現請中政府允准在有合同之地探礦，其地大小不足一百方里。美國礦師採驗該處礦石，若足堪開辦，即擬在該處建立兩處機器廠，每廠設五十座打礦槌，該機件最新之器，購辦兩廠機器，本銀約需四十萬兩，施用兩廠機器，俟驗看每日能出金若干，再行核計兩廠工價，後擬將該廠全地分爲兩處，所分之法，須每處皆有一機器廠，即將一處同該機器廠内等件均交中國政府收管，並遵中政府之意，於兩處選擇分地之後，仍歸公司辦理。俟中國擇定願留那一半，公司即將何半交付中國政府代理人接收，由始及終，公司應聽中國所派之礦師前往兩處考查比較，使其能定規抉擇美國政府同百姓所常行之

萬寶齋

萬寶齋

法並非舉佔據中國地土之意寔欲來機與中國擴通商之心此與兩國均有利益故舉辦此事股東等皆願中國人同其學習開辦俾獲靈敏之法或初設開辦兩廠時及將來本公司推廣自己機器廠時均准有携帶憑據中國礦師以至礦務學生隨時來廠考查如所藏金脈合宜欲股東等欲推廣公司機器常需用中國工人不少俾中國礦師得機考查美國現行最妙之法若以為善可於他處效法施行意想設立此等機器廠不惟該處獲益於中政府之稅課亦不為小補公司於未分地使中政府欲要何廠那一半之先美公司願將兩廠統出之全分半與中政府惟要檢出中國所要之一半地原買及租地價同該處已交錢糧與他項之費由公司扣回自分開之後本公司願照中國公司所出之稅一律納稅惟不能過所出之金百分之十中國若願用此稅項或由稅內提出幾分在該處設立礦務寔業學堂本公司願盡心幫助中國聘一優等教習無論是否開此學堂本公司願准帶有憑據之礦務師與及格礦務學生隨便前來考查機器及各種法則特備有靈巧敏捷之人或在本公司雇用或為中政府同中國人民將設何等礦廠雇用分地之法係與俄國開辦石油之法相似又與美國造路開墾之法相同本公司所擬之辦法無非與

萬寶齋

貴國國家加增利益因本公司係代中政府立一機器廠分地之後復聽中國任便抉擇所盼切用此法與中國政府及人民和睦又俾其快覩美國最上新樣機器行動將來所有美國股東必多來時同中國通商俾兩國國民多沾利益

萬寶齋

管理熱河等處地方都統兼管圍場事務廷　為
咨行事查熱屬灤平縣礮子溝金礦華商李樹滋在前任都統色
任内呈請報開自二十九年七月即報開工延及年餘至三十年六月始
據美公使照會有美商劉承恩與該商合辦請
貴部以給新照之日起算迭次展限一年有餘機器尚未運到不得
已以土法搪塞自三十一年十月二十日起至三十二年七月初十日止
凡十閱月每月僅以二兩三兩課銀抵塞通計課銀三十兩零一錢
七分釐經嚴催總以機器未到託詞延緩詳加查訪並未開辦查
礦務章程第二十四條無論華洋應自批准之日起限六個月開工
並將開辦日期報部逾限不報即將執照註銷又執屬土採小礦
每月課金亦不下數十兩今礮子溝礦礮二十里領照已二年而課
銀如此微細當此整頓礦務之際豈可任令刁商以每月二三兩之課

荒廢二十里之礦自應查封以維礦政除飭縣派差即行查封外理合咨請

貴部查照辦理可也須至咨者

右　　咨

外　務　部

光緒三十年七月十九日

一三七

復美柔使

逕復者：接准

函稱，兹有美國大資本家數人於奉天省之鑛務頗有關係，特派馬爾紹為代辦人，函送開辦鑛産節略，請中政府早行批准，合將該節略附送等因前來。本爵大臣於所送節略業已詳閲，鑛産關係地方，能否准其勘辦，應由該代辦人向奉省地方官呈請核奪，為此函復

貴大臣查照，順頌

時祉。

全堂銜

光緒三十二年八月　日

一三八

考工司

致盛京將軍函

次山將軍閣下：密啟者，本部接准美康使來函，以美國大資本家數人特派馬爾紹為代辦人，函請開辦奉天礦産，附送節畧，請行批准等因。經本部以鑛産關係地方，應向地方官呈請核奪，函復去後。查美國人民若遵守中國所定規條章程，可照准在中國地方開辦礦務，載在續議商約，似未便峻拒不與就商。惟查節略内開，係在奉天省復州境，距近旅順租界隙地之内云云，該處諸多糾葛，亦碍難准其勘辦。為此將來往函件暨原呈節略抄送

冰案，以備該美國人到奉時有所因應，特此密佈，順頌

勛綏。附鈔件

全堂銜

光緒三十二年八月　日

一三九

商部為咨呈事准熱河都統咨稱查熱屬
灤平縣廠子溝金礦華商李樹滋在前任都
統色任內呈請報開自二十九年七月即報開工
延及年餘至三十年六月始據美公使照會有
美商劉承恩與該商合辦請貴部以給新照
之日起算迭次展限一年有餘機器尚未運
到不得已以土法搪塞自三十一年十月二十日起
至三十二年七月初十日止凡十閱月每月僅以

二兩三兩課銀抵塞通計課銀三十兩零一錢七分
屢經嚴催總以機器未到託詞延緩詳加查訪
并未開辦查礦務章程第二十四條無論華洋
應自批准之日起限六個月開工并將開辦日期
報部逾限不報即將執照註銷又熱屬土採小
礦每月課金不下數十兩今廠子溝礦廠二十里
領照已二年而課銀如此微細當此整頓礦務之
際豈可任令刁商以每月二三兩之課荒廢二十

里之礦自應查封以維礦政除飭縣派差即行查封外理合咨請查照辦理等因相應咨呈

貴部查照可也須至咨者

右咨呈

外務部

光緒叁拾貳年捌月拾壹日

日　日　日

一四〇

中堂王爺大人鈞鑒敬肅者前准

大部函示美國資本家馬爾紹擬請在奉天省復州距近旅順租界隙地之內開辦鑛產并蒙

飭鈔該商附送節畧頃准

美國總領事復據該商請辦該處鑛產各節照會前來當即將迭次與俄國暨日本所訂借地各約逐條詳核查中日議訂東三省條約第二款有按照中俄兩國所訂借地及造路原約實力遵行之文而中俄會訂續約第五款有不將隙地地段內造路開鑛及工商各利益讓給之專條現在俄國租借地之權利既由我國承允俄國移轉與日本凡中俄借地之約仍須按照遵行是隙地內之鑛產我國雖有自行開採之權斷不能以與我合辦之利益讓給外商致與條約有背似難援照與美國續議商約准在中國地方開辦鑛務之條與該商合辦除據約照會美國總領事外特先專佈以便美康使催詢

大部時有所因應肅復密陳敬請

鈞安趙爾巽謹肅

附件一

坿三

奏辦奉天交涉事務總局為呈送事案據美國總領事官司戴德照會内開照得本總領事頃奉駐華美欽使來文内開着本領事將擬在盛京開辦金礦美股東之代表人馬爾紹交來節畧轉呈貴將軍一覽等因奉此查馬爾紹前曾將此事商之於貴將軍答云此事必須與北京外務部相酌方可定奪馬爾紹遂將節畧交美欽使衙門轉遞外務部且曾與商部辯論嗣後慶邸與美使來文内開此事須俟貴將軍允准後方可開辦等語今將該節畧呈上請貴道轉呈貴將軍核奪早日見覆施行不勝盼望之至等情據此並附美漢文節畧各一件合將漢文節畧抄錄一紙呈請憲鑒伏乞訓示遵行須至呈者

附件二

批呈悉查中日議訂東三省條約第二款有按照中俄兩國所訂借地及造路原約實力遵行之文而中俄會訂續約第五款有不將隙地地段内造路開礦各利益讓給之專條現在俄國租借地之權利既由我國承允俄國移轉與日凡中俄借地之約仍須按照遵行是隙地内之礦產我國雖有自行開採之權斷不能以與我合辦之利益讓給外商無論該商所買俄人與該處民人訂立合同之權利未經地方官批准不足為據即許另擬合同開辦亦與日俄所訂條約顯有違背礙難照准仰即據情照會美國總領事傳知該商免致覬望切切此繳節畧存

八月二十八日

一四一

譜桐
紫東
子文仁兄大人閣下逕啟者光緒三十二年九月初五日接據督辦閩廣農工路礦大臣張振勳微電稱鐵路總工程司衛林士已由美聘請到粵擬勘路綫廣浦事究如何請電復工程司合約即寄等因查廣浦路綫與九廣交涉現在磋商情形本部無從懸揣相應函達台端查照密為見覆以便電達張大臣遵照可也專此奉布敬頌勛綏

愚弟 熙彥 紹英 楊士琦 耆齡 頓首 初八日

一四二

考工司

呈為咨復事光緒三十二年九月初二日准咨稱江蘇候補道潘汝杰稟請就天津創辦機器氈呢公司擬自出洋歷游英德義美諸國訪其工廠織造之法察其機器之精良定購來華請發給護照等因查赴美護照均由各海關繕發本部向不發給現津海關道與駐津美總領事定有發給護照章程潘道即可就近自請發給至英德義等國向不查驗護照似可毋庸持照前往相應咨行貴部查照飭遵可也須至咨者

商部

光緒三十二年九月 日

一四三

逕啓者，於一千九百三年，美國商人劉承恩同華商吴楨，在奉天省義州境内租得北大平高力井子煙煤礦山一處，在是年九月間，經該處地方官允准，兹本署大臣將劉承恩呈

貴部之禀件，附送，請

貴親王詳閲，即悉其中情形。所租礦山契據，已送本館查核，尚屬合例，其租礦山之時，係在商部未定礦務新章之先，所以商部現將劉承恩吴楨之禀批駁，在本署所視，實不應如此辦理，該兩商之意，自知以爲照章，並非私債，彼等爲此事費欵甚鉅，况已交清課項，經中國官員情願照收，此即證據該處地方

官以為合理照章應租，以此觀之，本署大臣未悉商部何以批示
與定章不符私行租賃之語，請
貴親王詳細查核如何情形，若照劉承恩稟內所列，似應請
貴親王即囑該管官員，按其所請給照，是荷此泐，即頌
爵祺。附送洋文　稟件
名正具　九月十九日

固立之

附件一

AMERICAN LEGATION,
PEKING, CHINA.

To F.O. No.180
W.

November 3, 1906.

Your Imperial Highness:-

I have the honor to forward inclosed to Your Imperial Highness a petition from Mr.E.K.Lowry, an American citizen, concerning the lease of certain coal mines at Pei Ta P'ing in Manchuria, made to Mr. Lowry and a Chinese Wu Chen in 1903, and approved in the Ninth Moon of that year by the local authorities.

Mr.Lowry's petition will place all the facts in the case before Your Imperial Highness. The official document granting the right to work the mines has been exhibited at this Legation and appears to be in due form. As the concession was made previous to the issue of Mining Regulations by the Board of Commerce, the position of the Board of Commerce in relation to this matter as taken in response to the petition of Messrs.Lowry and Wu seems to me wholly untenable.

Messrs. Lowry and Wu appear to have taken up the concession in good faith, and have spent considerable money in the enterprise. Moreover the fact that the royalty has been paid for two years, and accepted by the Government without question would seem to indicate that the authorities in Manchuria regarded the lease as proper. It is impossible, therefore

To His Imperial Highness, Prince of Ch'ing,
President of the Board of Foreign Affairs.

2

therefore, for this Legation to understand upon what grounds the Board of Commerce holds the lease to be invalid.

I have the honor to request that Your Imperial Highness will make investigation of the facts in the case , and that, if Your Highness shall find them to be as stated in Mr.Lowry's petition, Your Highness will direct that the certificate asked for be issued to him.

I avail myself of the occasion to renew to Your Imperial Highness the assurance of my highest consideration.

John Gardner Coolidge

Chargé d'Affaires of

the United States.

therefore, for this Legation to understand upon what grounds the Board of Commerce holds the lease to be invalid.

I have the honor to request that Your Imperial Highness will make investigation of the facts in the case, and that, if Your Highness shall find them to be as stated in Mr.Lowry's petition, Your Highness will direct that the certificate asked for be issued to him.

I avail myself of the occasion to renew to Your Imperial Highness the assurance of my highest consideration.

John Gardner Coolidge

Chargé d'Affaires of
the United States.

三十三年九月十九日 新字四百四十四号

附件二

具禀美商劉承恩謹禀

中堂王爺大人爵前竊商於中歷光緒二十九年九月同華商吴楨遵照中國前礦務大臣奏明允准華洋商人合股開辦章程在奉天省義州界官佐領案前租得北大平高力井子煙煤礦山一處立契畫押商領有蓋印租契一紙四至山圖一張當時交清國課即在錦州設立華美煤礦公司將舊窑主房屋傢俱等項合價銀五千五百兩付清遂於山廠開工時在錦州府錦縣協領義州城守尉五處衙門呈明在案商因天津公事羈身礦務由吴楨隨時函商經理奈礦中水勢浩大屢添機器又屢次因事停工直至去歲始得出煤質佳暢旺乃吴楨忽來

津云山廠有封禁之謠傳商不知中國律例地方官又無明諭
聞人之言遂於去冬商在
外務部遞呈吳楨在商部呈請換領開礦執照蒙商部
批示俟咨行
盛京將軍查覆到日再行核示直至今年五月十五日商部
批示批詞另錄禀後商閲所批追銷租契作廢不准開採
是商等三年所用之工本巨款一旦化歸無有今查商部所
以不准開採之故按批云礦山本係佐領象新租給並未先
行禀請咨部核准殊與定章不符未便任其開採等語
商租礦山在光二十九年九月彼時商部尚未設立無從先

行稟請咨部核准如謂商部立後例應稟報乃地方官應辦
公事商未便逕行率請 商查商部新章第一條内載有從
前已開各礦與業經議定之處仍照原合同辦理等情並未
言前開之礦亦應報部從新核辦之條至佐領象新招
商開礦納課是其任内專責有光緒十八年前奉天將軍札交
該佐領招商開採案卷可憑又有咸豐六年收煤商課銀數
目印冊一本交付 商手是該佐領招商不止一次收課多年
歷經遵辦在案又商部批云准
外務部覆稱該商不遵定章私賃礦山自不能准其開
採等語商所遵者彼時止有礦務大臣奏定章程若以

後商部所立章程　商豈能豫先知曉且所領係蓋印租契
佐領官非私官印非私印豈是私賃又批云此案係已經
斥駁之案所請換領執照應毋庸議等語然商在奉省
並未奉地方官明諭亦無告示不准開採亦未明言斥駮惟
今年二月忽有義州王把總到山廠聲言封禁並將所出之煤
亦封禁不准售賣是即商部所謂斥駮者是也總之商既
在中國亦知籌款艱難約同華商開礦藉以裕國便民如
不准　商開辦應於初次租礦時不准不使　商罔費巨本豈
有既准　商租礦開採俟　商已用巨款開妥礦産已見忽又不
准所有指駮各節皆非　商咎　商碍難承認除禀明　敝國

駐京欽使外理合具禀呈明伏乞

中堂
王爺
大人鈞鑒仰懇

鴻恩察核是否由商部　賞給執開辦之處候

示遵行肅禀恭請

鈞安伏乞

垂鑒劉承恩謹禀

五月十五日蒙

商部批示　據禀已悉所請開採奉天錦州府義州鑲紅旗界内

北大平高力井子煤礦一節查此案前據該商等來部具禀當

經據情咨查　盛京將軍嗣准覆稱美商劉承恩即劉頌普

租賃義州北大平山高力井子煙煤礦山本係鑲紅旗界官佐領象新租給並未先行稟請咨部核准殊與定章不符未便任其開採應請照會美國大臣飭令該商將原立租契繳銷等因復經本部咨准外務部覆稱該商不遵定章私賃礦山自不能准其開採此案既未先行報部應由該將軍速飭該商將原立租契繳銷作廢等因業由外務部咨行盛京將軍查照辦理在案茲據該商等稟稱前因查此案係已經斥駁之案所請換給執照之處應毋庸議此批

右批劉承恩吳楨等知悉

一四四

太子少保頭品頂戴兵部尚書署理兩廣總督兼署廣東巡撫兼管粵海太平兩關事務岑　為

咨呈事。案照承准

前總理各國事務衙門咨，行出使美日秘國楊大臣與美國使署律師科士達擬定華人往美漢洋文護照程式，咨粵照辦。嗣後華人往美，一體仿照所擬程式，飭由粵海關衙門發給等因。今本部堂兼管粵海關事務，據在籍江西試用道黄景棠稟請給照，前往英、日、美、俄、德、法、比各國考察鐵路建築管理諸法，並出具履歷相片前來，核與章程相符。除據情

奏明並驗填赴美護照暨照章咨行
出使美秘古墨國大臣暨駐美金山總領事查
照辦理外擬合咨呈爲此咨呈
貴部謹請察照備案施行須至咨呈者
右　咨　呈
外　務　部
光緒叁拾貳年玖月　　日

貳拾肆

一四五

[illegible]

咨呈事据福建洋務局詳稱案奉憲批据汀漳
龍何道詳美商紐約省士騰達洋油公司請租
嵩嶼海灘起蓋油池一案錄敘前後辦理情形
並照抄正續租約詳請分咨立案緣由奉批仰
福建洋務局迅即核明詳咨毋延繳摺存等因
並准汀漳龍道抄錄詳稿及續租約各到局奉
准此遵查上年美商三達公司請租海澄縣轄
之嵩嶼海灘地方建設油地先經海澄縣易門
會同查勘並無妨碍民居田園廬墓等事當由
前汀漳龍李道查明嵩嶼雖屬海澄所轄實為
厦門港口該處本近通商口岸援照各處建池
成案會同前興泉永玉道與美國駐厦領事會
商議辦訂立租約章程詳奉批局核議經職局
詳奉批准移經簽字定案本年夏間先後接奉
商部諮詢正在移道查復間適
總辦鉄路事宜前内閣學士陳紳以海澄嵩嶼
為漳厦鉄路發軔起點前為三達公司租作油

池油倉商諸該行及美領事允肯讓還右邊小山移油池於左邊大山之半劃定界圖經汀漳龍道飭由前海澄縣易令蔔與現署縣張令嗣留會同美領事議勘無得所有換給地價即在前收官地價內撥給一千元並酌提右山民價銀五百元發縣轉給隨由汀漳龍何道與美領事照案商定續租約稿送由職局呈請核示奉諭照辦等因又經電達遵辦各在案今據續約既已簽字定案自應一併詳咨俾昭妥協理合將道詳前後辦理各情形及議定正約續約各稿由局照錄清摺二分具文詳請分咨立案等情到本兼署部堂據此除詳批示外相應咨呈

為此咨呈

外務部謹請察照施行須至咨呈者

計呈送

清摺一扣

右咨呈

外務部

光緒三十二年十二月二十五日

附件一

清摺

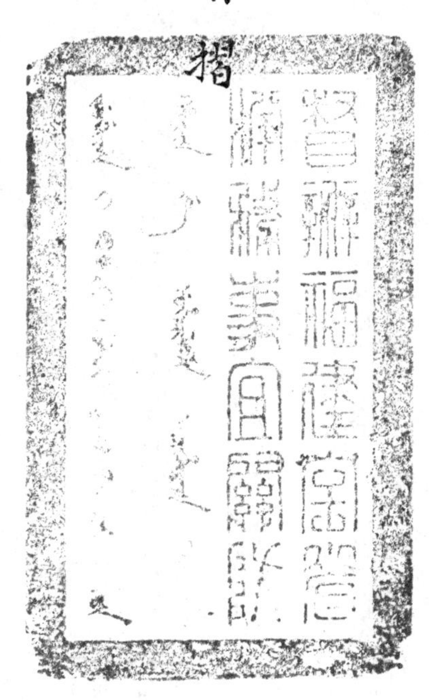

福建全省洋務總局鹽法道 候補道署福州府知府謹將美商三達公司請租嵩嶼海灘起蓋油池一案所有汀漳龍道詳明前後辦理各情形及議定正約續約各稿照錄清摺呈送

憲鑒

二品頂戴福建汀漳龍道爲詳請分咨立案事。卷查李前道任内光緒叁拾年拾壹月初柒日准福建洋務局移奉前憲臺魏札准美國駐廈領事照會特代本國紐約省士騰達洋油公司請租嵩嶼海灘官地起蓋油池，請札興泉永道就近會勘妥商起租等因，行局查照向章移飭地方官勘明有無妨碍，詳復察奪。查嵩嶼係海澄縣轄，移知李前道會同興泉永道飭縣勘詳。當經李前道會飭海澄縣易令簡查勘具復。美商指租之處迫近鄉社民居，又係往來要道，起蓋油池

於地方大有室碍惟左邊海灘壹片李姓家長李淦面稱允
租查該處並非往來孔道亦無妨碍民居等情李前道據情照
會美領事復稱左邊海灘不敷建造欲租該處右邊小山湊用
李前道飭縣查詢稟復該處居民只許就山脚畧為開拓不
得一概削平等由照復即准美領事訂期會同海澄縣易令馳
往勘定函請李前道擬送章程各件並據該縣易令稟稱勘定
之海灘小山各地官產民業兼而有之所需租價應收重洋捌
千元並照湖北漢口丹水章程自第壹船進口起每儲油一加
倫繳報効錢柒分半此外尚有美商愿出租洋貳仟伍百元向
李淦私租該處園地查該園地內有林姓公業現據李林兩
姓聲稱如係蓋屋住人看守油池不作別用亦允議租惟索租
價重洋肆千元統共租價重洋壹萬貳千元作壹次完繳

稟經李前道照會美領事傳諭美商遵照接准美領事復稱嵩嶼海灘係在厦門口岸界内美國商船向准在此拋錨停泊只完尋常關稅是其明徵詳查厦門港和商油池係照租地成案每方壹丈年納租銀壹兩並無地價及另訂約章等項經

總理衙門電諭辦理有案嵩嶼事同一律應與該商一視同仁旋又訂約李前道到厦由美領事派繙譯官李文彬約會興泉永玉道貴並李前道偕至該署與美商三面會商議定租價統共壹次現交重洋柒千元此外無論官地民地每丈見方年納租銀壹兩不繳加倫經費李前道查核租價以之優給民地業主已敷分派餘款並地租尚可歸入公家撥用照歷辦租建油池成案擬具租約議約會同興泉永玉道

貴將先後議租情形詳請

憲臺核示遵辦卽准福建洋務局移奉

憲臺批飭核詳局核所訂租約議約辦法相符間有應行添改之處逐條詳細添改詳復蒙批照辦抄詳錄摺移道並電囑會同王道發字等由暨據易令禀稱美商續又增租種有榕樹地段壹區李林兩姓定欲加價壹千元嗣由繙譯李文彬交到租洋貳百元其不足之數擬於官地租價内撥給現請稅務司幫辦仿照廈門德商租地方丈算法帶差前往勘丈計該租地共壹百零叁丈肆尺壹寸伍分迺美領事以租地四至灣巒不一洋關幫辦竟作方形殊不相類美商特聘香港工程師照勘會圖丈尺不差分毫應再會縣勘定石界爲憑由縣會勘定界禀道又經李前道抄錄洋務局改定約稿照准美

領事轉諭美商繕正租議各約填入方丈數目繪圖註説會同蓋印簽字分别留存轉送及据海澄縣易令稟送准美領事交到租價洋銀柒千元連繕譯李文彬前交租銀貳百元又租簿壹本内開自光緒叁拾壹年玖月立約起每年納租銀壹百零叁兩肆錢壹分伍厘整每年由該令提出伍十元按照業主股分核給民地租價其尚有貳千貳百元稟經李前道詳蒙憲臺批行洋務局核准留充漳州興設習藝所等項經費租簿發交海澄縣按年届期取租並又准美領事查照議約第玖款送到出具保款壹萬兩滙豐銀行擔保單壹紙亦經收存道署先後詳報在案嗣於本年伍月初玖日奉

商部劄開据廣東特用道邱煒萲等稟稱嵩嶼一隅隸福建海澄縣轄雖近海濱究非租界且居民林立儼然一大市

鎮近聞地方官忽將該嶼瀕海要地一大段賣與美商美孚洋行為開設煤池屯積煤油之用不特有碍居民全閩鐵路所視為中心點者今亦被其先佔据美孚洋行云運動該地費壹萬叁千餘金据業主林李葉三姓僅收叁千金查通商約章內地不許私設行棧密懇轉飭贖回等情劄道趕緊阻止設法贖回等因並准洋務局移奉

憲臺札同前因奉准此李前道又即抄劄照會美領事去後接准照復此事去年玖月間貴道詳奉

閩浙總督部堂批准會同簽字蓋印租約內寫明嵩嶼係屬廈門港內細查本署案卷該處實在通商口岸之內該商亦執有可以管業之文憑今忽欲起而奪之無論如何措詞本署均碍難與聞至該紳稟中有美孚洋行運動該地費壹萬叁千

餘金一節据該商代辦員托瑪士云並無此說當日購地僅付
地價柒千元交海澄縣易簡親收等語又接
總辦鐵路事宜前内閣學士陳　函開漳廈鐵路發軔於嵩嶼
去冬為美商美孚三達公司租作油池業經立約蓋印兹經親
訪該行洋人復介美領事磋商多次僅肯讓還右邊小山等
地而移油池於左邊大山之半與擬設鐵路碼頭車棧之所
相隔較遠地面亦尚敷用但以左易右其所索換地址用朱線
界劃圖内是否官地抑有民地應否附立續約函致速飭海澄
縣易令前往勘丈商辦等由並准洋務局移奉
憲臺札同前由李前道亦即轉飭易令照辦當据稟稱該處
左邊大山係李姓公業初時索價甚奢議以價洋壹千伍百元
始据應允隨即函致美領事轉囑美商訂期由該令與新任

海澄縣張令嗣留同往會勘按照所定朱線界圖定界分別換租收回應給李姓價銀於民地租價內收回洋銀伍百元於
官地租價留充習藝所經費款內提出洋銀壹千元付給具領請與美領事續立租約等情李前道未及辦理因病出缺
職道接任准美領事函催當即照案與美領事商定續租約稿函送洋務局轉呈
憲鑒旋接電復奉諭照辦簽字後仍詳報等因遵即函致美領事分繕華洋文各肆紙繪圖貳紙由美領事簽字蓋印函送前來職道亦即簽字蓋印除留存華洋文續租約各壹紙圖壹紙附卷備案並將華洋文續租約各壹紙移送洋務局備案及將華洋文續租約各貳紙圖壹紙送還美領事查收分別留存轉發暨分行府縣查照外理合錄敘前後辦理情

形並照抄正續租約議約詳請

憲臺察核俯賜分咨

商部外務部立案實為公便為此備由須至正詳者

計抄送正續租約議約清摺共壹扣

謹將照抄美商租建嵩嶼油池一案正續租約議約繕具清摺

恭呈

憲鑒

立租約美國紐約省三達洋油公司理事員安瑪士稟由

大美國駐厦領事官安會商

大清國福建興泉永道王汀漳龍道李請租厦門港口嵩嶼海埔壹所小山壹

座暨海埔後毗連之林李兩姓民地壹區約明租作油池務照

新近圖式建造嚴密並建造設油池必需之零星不作別用當

經由縣會勘准予承租計此地由海灘官地起向西北直行至小山石墩立有石界牌壹所名曰甲牌甲牌豎立之所離小山上中國更樓之東北角約貳拾伍尺有壹百之玖拾柒由此循小山邊至乙牌計柒拾尺有壹百之拾玖又由乙牌折向遠北（此處折角計玖拾玖度有伍拾玖分）至丙牌計壹百叁拾叁尺有壹百之貳又由丙牌折向西北（此處折角計玖拾貳度有肆拾陸分）至丁牌止計肆拾尺有壹百之貳拾貳又由丁牌折向東北（此處折角計柒拾捌度有肆拾柒分）至戊牌止計貳百玖拾貳尺有壹百之叁拾陸該戊牌豎立之處計離牌後民房之東北角共叁拾伍尺有壹百之伍拾伍離該屋之東南角計柒拾肆尺有壹百之拾伍又由戊牌折向東南角（折角捌拾柒度拾分）至己牌止共壹百叁拾玖尺有壹百之陸拾貳又由己牌折向東北（折角玖拾柒度壹拾肆分）至庚牌止計壹百捌拾叁尺有壹百之陸拾玖又由庚牌折向東南（折角捌拾叁度拾壹分）至辛牌止計玖

拾陸尺有壹百之貳拾又由辛牌折而向東（折角壹百叁拾捌度肆拾玖分）順大山地勢至寅牌止計貳百叁拾捌尺有壹百之捌拾伍又由寅牌折向東南（折角壹百肆拾玖度捌分）至石頭穿止計壹百貳拾柒尺有壹百之捌拾壹又由此處直量到海灘官地原起處均為該商租地會縣勘立石界依後附之圖為憑所有各地以每地壹丈見方核算共得壹百零叁丈肆尺壹寸伍分三達公司願照三面議定之租價於立約之日遵付重洋柒千元壹次交清此外仍照厦門別國油池成案每地壹丈見方按年納租銀壹兩計每年共應租銀壹百零叁兩肆錢壹分伍厘但既有此項租銀凡錢粮捐輸各款一概免繳惟洋油厘稅則應照完該公司按年如不短欠租銀並不違背防險章程致有損害官亦不得索回原地不租此約以華文繕譯之英文為主章程以華文為准合繕租約

英華各伍份先由三達公司簽字送請
美領事核准用印再照送
興泉永汀漳龍道復核簽字加印壹送
福州洋務局備查壹存
興泉永道署壹存
汀漳龍道署壹存
美領事署壹付商人收執立此租約為据
西歷壹仟玖百零伍年拾月初柒日
大清光緒叁拾壹年玖月初玖日
大美駐紮厦門領事官　簽字
大清福建興泉永道王　簽字
大清福建汀漳龍道李　簽字

附件二

議約美商三達洋油公司理事員安瑪士今擬在

汀漳龍道所轄漳州府屬之海澄縣嵩嶼地方設立火油池稟經

美領事照請

閩浙總督部堂札行

福建全省洋務局移由

興泉永道與

汀漳龍

美領事會商辦理該處官地民地兼而有之且係海澄所轄第

因逼近廈門港口是以通融商辦他處不能舉以為例除已另

立租約遵照外茲特參酌閩省歷辦成案訂定防險章程玖條

以資恪守理合立此議約為據所有章程玖條列後

計開

一此項油池必須純用鐵製周密堅固備有水龍水桶暨豎立鐵

桿設立鉄蓋以防日炙雷觸

二裝油船隻應出海外洗滌其廈門港以及嵩嶼一帶均不准洗滌油船以免害及汲飲之人並附近灌田之水該公司理事人應將此條切實告知船主倘有不遵即由稅務司罰該公司以及船主不過庫平銀壹萬兩

三油池倘有滲漏應即立限修補遇有火油運到暫行停止起卸俟修補完固再行照常辦理

四火油船到口先須報明稅務司查驗給予准单方准進口駁至嵩嶼海埔開艙起油入池所有應完各稅務當照章完納

五三達公司應派熟悉洋人永遠住宿巡視油池並聽華官暨稅務司隨時遣人查勘仍隨時責成收拾以期周密堅固至此油池現由三達公司經理以後如換人經辦仍應恪守定章

辦理並須禀明領事官照商華官准後方准更換

六油池建造之時及日後遇有滲漏修葺所需木石灰上等料均須向別處購運不得在該處就近挖掘致傷居民墳墓如違應行究罰凡看守油池及裝油出入之各項華洋工人不得赴附近社内以防口角生事

七每地壹丈見方年繳租銀壹兩應照租約内所記丈數另立簿據交存海澄縣署由縣於每年春季按照簿載應納銀數照會廈門美領事向該公司收取繳縣具報該公司不得違延短少以後該處油池亦不得再行添設並他處不得援引為例如欲彷辦必須由領事官照會地方官勘議周妥方能照准

八油池有因轟漏傷害田園屋墓物産游人性命應由三達公司從優撫卹照數賠償如由地方官與領事官會同商明應

行折毁即當照辦不得再造亦不得改作别用官中即可收回

原地不租所有該公司先繳重洋柒千元及每年所納租銀

均不得藉口索回

九該公司應先出具保款壹萬兩甘結繳存漳州道署由滙豐

銀行擔保按年調换保单壹次如保单未换遇有意外之事

無論銀行有無存項所有按照第捌款應付華民之款均由

三達公司照繳倘所遇險虞備存銀額不敷賠補該公司悉

應如數備足補償

西歷壹千玖百零伍年拾月初柒日

立議約美商三達洋油公司理事員安瑪士

大清光緒叁拾壹年玖月初玖日

大美駐紮廈門領事官安　　簽字

大清福建興泉永道玉　　簽字

大清福建汀漳龍道李　　簽字

立續租約美國紐約省三達洋油公司理事員安瑪士，實由

大美國駐厦領事官會商

大清國署理福建汀漳龍道何立約于左

茲因三達洋油公司租得厦門港口嵩嶼地段壹處，於西歷壹千

玖百零伍年拾月柒號經本公司理事員安瑪士立約呈請

前興泉永道玉
汀漳龍道李並

美領事簽字蓋印爲据。現因

總辦福建鐵路事宜前内閣學士陳　向本公司商請將該處界

外北面大山之半互換南面界内小山等地爲鐵路起點之用，

經本公司理事員安瑪士承允互換，由前任汀漳龍道李委海

澄縣會勘丈量立界所有該地四至統以此次界址爲憑開列

于後並繪具圖説

由廈門港口嵩嶼海灘官地向西北直至大山北面石峽上第壹

界石起迴巖至第貳界石止計英尺壹百柒拾捌尺

由第貳界石起至第叁界石止計英尺陸拾陸尺貳分

由第叁界石起向西南折角壹百零壹度至第肆界石止計英

尺壹百柒拾柒尺

由第肆界石起仍向西南至第伍界石止計英尺壹百捌拾壹尺零

伍分

由第伍界石起向西北折角玖拾柒度壹拾伍分至第陸界石止計

英尺壹百叁拾柒尺叁寸柒分

由第陸界石向西南折角捌拾柒度拾貳分至第柒界石止計英

尺貳百尺零壹寸伍分

由第柒界石起向東南折角壹百度至第捌界石止計英尺壹百

叁拾貳尺零柒分

由第捌界石起至第玖界石止計英尺柒拾尺玖寸陸分

由第玖界石起直至海灘官地折向原起處止

左邊大山第壹界石傍尚有李姓墳墓貳穴據三達公司面稱

該地不造築圍牆如將來或築墻時亦必照會汀漳龍道委員

會商美領事通融辦理無碍墳墓

此約並圖附在原租約之後與原租約一體遵守立此續租約

為據

西歷壹千玖百零陸年拾壹月初捌

大清光緒叁拾貳年玖月貳拾叁日立續租約美商三達公司理事員晏瑪士

署汀漳龍道何

美領事黎

光緒叁拾貳年拾貳月

日

鹽法道鹿學良

候補道署福州府知府呂渭英

一四六

咨安徽巡撫美孚行大油池事希飭道准與蓋印税契並查取漢口章程參酌議訂由

行　　行

左侍郎聯　三月廿日　行

暫署外務部右侍郎鄒　三月廿日　行

權算司

呈為咨行事美孚洋行在蕪湖弋磯山下租地建造油池一事前經本部據蕪湖關道支電函駁美柔使去後茲准該使復稱此事必應聲明洋商在各通商口岸係有權置地以為生意之用條約內曾列明如契據合例地方官自應按約税契蓋印不問其於該地建造何項房屋如有租界章程

不准人建某樣房屋而地主設有違悖章程之處
該租界官員有權於買地之後禁其建造惟不能
以關道恐將來該行建所不悅建之房而有不肯
稅契之權查美孚行先係欲於租界嗣因地方
官請其遷於界外遠離地方租置意似欲免火
險該行是以於野外空曠距租界甚遠之處置
得地段即係非有租界之章所能禁其建
立何處應用之房再各國及中國他口岸內均
謂准人蓋造油池比油棧少有火險不惟與油商
有益即用油者亦屬便宜由是以觀無論何故
該道不准印契實為理所不當是以再請行
囑該道立即照章稅契蓋印並囑其不得
設法阻礙該行於所租之地建造所需用之房

等因查此案美孚行所租之地業由地方官令
其遷於界外至建造油池一節自光緒二十年
德商咪吔瑞記爲始各處口岸歷經允准洋
商設立油池有案此次自無獨阻美商之理
惟須妥訂章程俾可防患查湖北漢口曾經
訂有此項章程尚屬妥協可以援照議訂
相應抄録往來函件咨行
貴撫查照轉飭蕪湖關道准與該商蓋印
税契一面查取漢口火油池章程悉心參酌與
美領事妥行議訂專章送部核定以資遵
守可也須至咨者 附抄件
安徽巡撫
光緒三十三年三月 日

一四七

正陽門樓工程承修大臣郵傳部正堂陳　為

咨呈事案照本大臣承修
正陽門樓工程所有大東溝各處購辦木料與洋人
交涉事宜於光緒三十年三月間經委令外務部
主事祝惺元隨事到工襄辦均稱得力現在工程
將竣所有借用美國租界操廠交還在即勢仍
須該員到工襄理除咨明吏部外相應咨呈
貴部請煩查照轉飭該員遵照可也須至咨呈者

右　咨　呈

外　務　部

光緒叁拾叁年五月　貳拾玖　日

一四八

頭品頂戴兵部尚書都察院右都御史總督閩浙等處地方軍務兼理糧餉鹽課兼署福州將軍松　為

咨會事案查前據福建洋務局詳稱案准美國
領事函以美孚行擬購租羅星塔附近海
關南向閩江上禾田僅有三畝左右計丈量十
三萬二千方尺為美造油池倉房積貯煤油之
用查該田畝在營前長浦之間函請轉詢稅務
司如以為可通知飭遵等因當以地方建設油
池事本危險應由地方官確查所建地段毫無
妨礙方可准行函復並飭據前閩縣裴令汝欽
約會美領事前往會勘該處禾田一片先經美

孚洋行於週圍轉灣處所揷有木樁為界據舊
領事指稱界内俱係擬購田段當查並無官地
在内即飭弓手丈量週圍共計三百四十餘弓
步折合田二十餘畝界内並無民居塚墓惟界
外東北面有小浦一道濶三丈零浦外有路路
外有孚佑王都總管都督府大王殿等廟廟内
有人住守由廟門量至美孚洋行擬購田界相
去四丈零東面有鳳山寺及鄉民開設船廠相
去更遠與海關相隔一山並無妨碍等情禀復
到局復以該處附近海關雖有相隔一山寬竟

寔在有無妨碍隨即詳奉憲台暨憲衙門飭據
杜税司勘無妨碍行局並准美領事函以該處
地址已經該公司逕向業主買定等語當即查
照成案辦法抄録章程底稿送請領事轉飭該
公司妥議復局一切均係仿前次英商天祥德
興兩行設池成規所議條欵亦極嚴定限禁似
應通融核准以便通商因即先行詳奉憲台批
准由局將約稿函送領事飭據該公司繕具華
洋文議約二份呈由駐廈美領事簽字並由該
公司出具甘結同滙豐銀行擔任保單一紙呈

經領事簽字駐閩美領事保證蓋印先後照送到局由局覆核加印抽存餘將華洋文議約一份照還備案理合譯錄議約甘結保單開具清單具文詳送分咨等情當經崇前兼署部堂批亦據詳美葛領事來函既稱美孚公司擬購租羅星塔附近海關南向閩江上禾田而清摺議約所開又稱福州馬尾地方查馬尾與羅星塔相隔一山不得混而為一即使指定一處亦應聲明界址從無但以地方總名入約之理油池所在足生種種危險馬尾迫近船廠羅星塔亦與船塢相去咫尺自與天祥德興油池地勢不同且省會至瑄頭鐵路路綫前經鐵路總局測量勘繪咨會在案究竟該處是否在路綫之內亦不能不統籌兼顧致蹈葛藤後塵仰即查照前指會同船政提調查明該處建設油池與廠塢有無妨礙並移查鐵路總局有無佔得路綫再行詳候核奪繳清摺存等因印發去後茲據該局具詳奉經抄錄原詳議約照會總辦鐵路陳紳暨船政提調分別查復核辦去後旋准船政提調台復查美孚油池係

在營前港浦近之白馬王廟地方向北建設
與船政羅星塔青洲石船塢寔隔一江與船政
衙署各廠所相隔更遠於廠塢均無妨礙合將
查明情形備文呈覆核辦等由並准陳紳照復
以查該美商在營前長浦購造之地與第一次
測量草定之綫尚無相犯現在漳廈一路急於
興築所有工程部人員均已赴工無暇兼及該
地既經三達公司購買在先自應照各路章程
預為聲明日後鉄路應用該地應照毘連民地
購買以免轇轕其清摺議約所開馬尾羅星塔

地方界限過寬與營前長浦距離更遠應請轉
照會批聲明界址繪圖貼說以免牽混各等語
經查該公司前向林清浦所租營前之地建設
油地事在閩省鉄路公司未經開辦之先該地
本係民間田畝既經租與洋商將來公司如須
應用自可照章給價購買現當由局照會美領
事預為聲明俟該領事照復到日再行照請核
辦並請總辦鉄路陳紳速飭工程師赶將全路
路線測勘繪圖連同現在福建鉄路購地章程
一併移局照會俾杜佔購而昭核寔並函請美

領事速飭三達公司查明該處地方土名以及四至界址另備文件聲敘明白附入原定議約呈由美領事簽字照會送局以便詳覆立案各在案茲准美領事飭據三達公司詳細開單並由該領事簽字蓋印照送到局察核開送清單登載該公司永租林清浦民田四至界址土名甚為明晰似可附列前約一併咨

部立案期昭妥協除再照請總辦鐵路陳紳速飭工程師逕將全路路綫測勘定繪圖同購地章程送局以便照會領事按照章程預為聲明辦理並詳請

軍憲察核外合將三達公司補具聲明界址清單照錄清摺具文詳請立案分咨等情到本部堂據此除詳批示外相應將先後送到清摺咨會為此合咨

貴部謹請查照立案施行須至咨者

計送清摺二扣

右　咨

外務部

光緒三十三年六月初五日

附件一

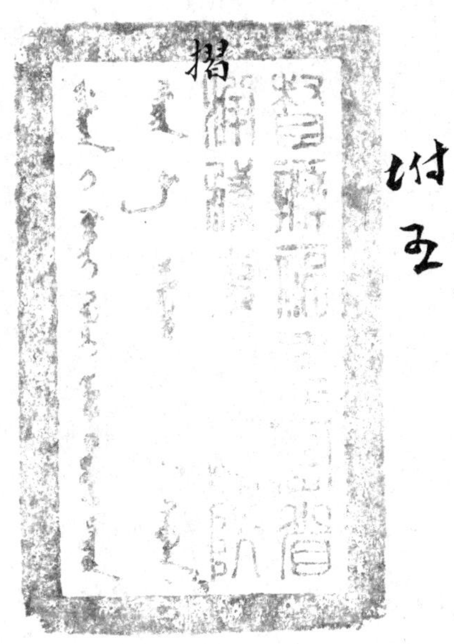

福建全省洋務總局鹽法道候補道謹將三達公司所永租林清浦手置民田貳區土名並四至照錄清摺呈送

憲鑒

一光緒叁拾壹年玖月間永租得林清浦手置根面全民田玖號計壹拾伍坵合為壹區約貳拾畝惟地字捌號臨大江壹面墈下塔堳在內其田地前至大江後至鄭姓公田左前至林章合田左後至林章建田右前至白馬王廟前浦右後至官路坐產閩縣光裕里營前後洋地方土名半洲尾

一光緒叁拾貳年拾貳月間永租得林清浦手置有根面全民田叁號共大小拾坵合為壹區約拾畝零惟地字捌號前臨大江壹面墈下塔堳在內其

田地前至大江後左至小浦後右至林孝樓祭田

左至内港邊右至美孚行租界坐産閩縣光裕里

營前後洋地方土名半洲尾

大美國領事官大人惠鑒

光緒叁拾叁年肆月念叁日

美孚行具

光緒叁拾叁年伍月

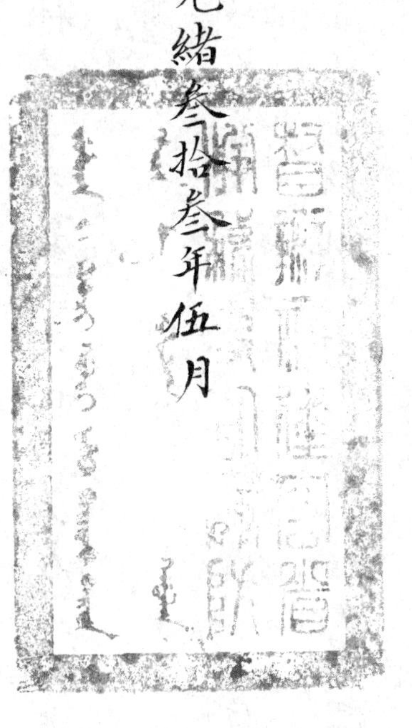

日 鹽法道鹿學良
候補道呂渭英

附件二

清揭

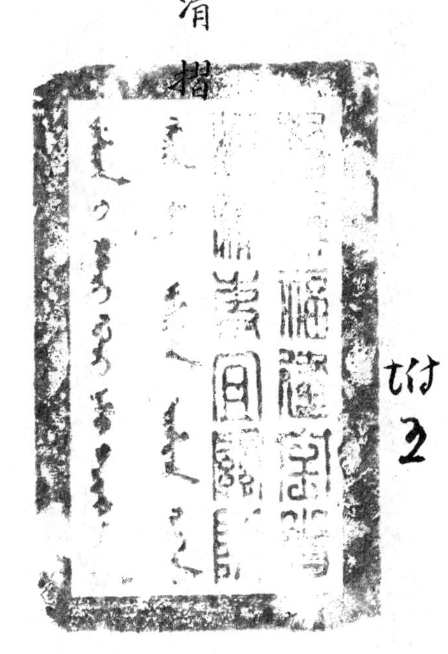

福建全省洋務總局鹽法道候補道謹將美孚三達公司在福州馬尾地方設立洋油池栈之議約甘結保單譯錄清摺具文
呈送
憲鑒
立議約美商三達洋油公司今擬在福州馬尾地方設立火油池一所稟經
美領事照商
閩省大憲核准理應訂立防險章程捌條以資恪守所有章程捌條列後
計開
壹此項油池必須純用鐵製周密堅固備有水龍水桶暨立鐵桿鐵蓋以防日炙雹觸

貳裝油船隻應出海外洗滌其火油池附近一帶均不准洗滌
油船以免害及汲飲之水倘該船主故違此條應予罰辦
叁油池倘有滲漏應由油池主立限修補暫停起卸俟修補完
固再行照常辦理
肆火油船到口先須報明税務司查驗給予准單方准開艙起
油入池所有應完各税務當照章完納
伍三達公司應派熟悉洋人永遠住宿巡視並聽華官暨税務司
隨時遣人查勘責成收拾周密堅固均當照辦
陸馬江現准建設火油池一所係屬格外通融日後不得擅自增
設他處並不得援以為例應由領事官照會地方官查勘別
無阻碍方能照准
柒油池因轟漏傷害田園屋墓以及汲飲之水應由該公司從優

賠償如由地方官與領事官會同商明應行折毁即當照辦
　不得再造

捌三達公司應先具保歀壹萬兩甘結由滙豐銀行擔保按年
調换壹次以備賠償損失之用如保歀不敷賠補該公司悉應
備足補償維所遇險虞應由地方官會同領事官查勘情形
實係該公司不慎所致方能飭令賠償

具甘結三達洋油公司今遵
閩省大憲核定洋油池防險章程第捌條辦理本公司理合擔
任銀壹萬兩
　三達洋油公司理事員安瑪士簽字
　擔保人滙豐銀行
滙豐銀行代理人伯洛和簽字

中叁拾叁年貳月初玖日
西壹千玖百零柒年叁月貳拾貳號

立證見字美領事葛爾錫為西歷本年叁月貳拾貳號三達洋油公司理事員安瑪士同滙豐銀行代理人伯洛和貳人親詣本領事處將以上所開文件當塲簽字故本領事特書此證見字為据

中貳月初玖日
西叁月貳拾貳號

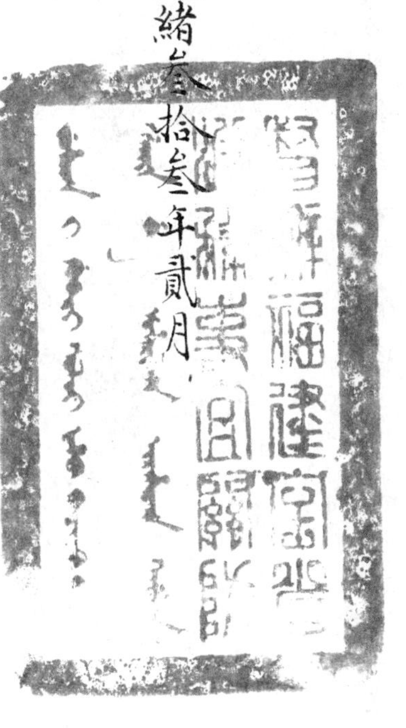

光緒叁拾叁年貳月初玖日

鹽法道鹿學良
候補道呂渭英

一四九

太子少保協辦大學士頭品頂戴[illegible]部尚書兼都察院[illegible]
湖廣等處地方[illegible]軍務兼理糧餉[illegible]

收回粵漢鐵路息票事。光緒三十三年四月二十五日，准

欽差出使美秘古墨國大臣梁　咨開：案照粵漢鐵路借票，

每年應給西五月、十一月兩期利息，前准貴部堂咨

以贖路餘款存貯銀行，按期交付，業經歷次按照辦理在

案。茲又屆本年西五月一號付交利息之期，經本大臣查

照前案，由紐約布朗銀行提取美金五萬五千五百五

十元，於西五月一號交前合興公司總理人，將息票四千

四百四十四張收回註銷訖相應備文將本年西五月一號息票四千四百四十四張計值美金五萬五千五百五十元咨請飭員點收銷毀見覆施行再上年西十一月一號贖回息票四千四百四十四張經於三十二年九月十七日備文咨送貴部堂查收在案未接准咨復並請查明見復備案等因到本閣爵部堂准此查前准梁大臣郵寄上年西十一月分息票一包茲准咨送本年西五月分息票一包除將兩期息票札發粵漢鐵路總

局照收銷號暨咨行外相應咨明為此咨呈

貴部謹請查照施行須至咨呈者

右　咨　呈

外　務　部

光緒三十一年[illegible]四　日

一五〇

伯唐仁兄大人閣下敬啟者津鎮鐵路廢約一事經弟秉承
南皮相國 項城宮保電示辦法與柯達士議定分借款辦路為二事
另指的款為抵押給以現利抵換將來二成餘利及購
料行用使兩公司不能藉口干預路權所有津鄂來
往各電業經鈔送
尊處轉呈
邸相鑒核惟借款既另指的款抵押應以籌定的款為
最要關鍵蓋有的款則議結可望有期無的款則辦
法必須全改的款一日不能指定即合同一日不能開議
也前經 項城宮保分電午橋制軍 蓮府中丞核商旋得 蓮
帥覆電東紳雖允籌畝捐鹽捐等項但僅議有名
目並未興辦不得謂之的款江南則至今未覆而柯
達士於的款指定何項屢來催詢是以弟於日前赴
津面謁 項城宮保請示機宜鄙意擬指三省釐金或
土稅以作抵押 項城以釐捐歲收甚微恐不敷作抵
之數土稅現歸統稅大臣主政外省無指撥之權以上
兩項究竟三省歲有若干此外煙酒糖等稅又有若干
能指何項作抵抑尚有他款可指囑即回京請由
大部分別電商三省督撫暨統稅大臣通盤計畫合力
籌商即日指定電覆以憑核辦而杜推諉用特泐函
奉布敢乞
執事回明
邸相俯賜查核照辦迅即發電三省指定見覆俾此
事早日議結路政幸甚三省幸甚至此項的款名
雖為抵押之需實祇作擔保之用並非實在動撥
不過虛指款目藉以徵信外人將來還本還利仍
係取給於鐵路進款併布
於電內聲明以免三省疑慮作難致稽答覆是所至
禱再柯達士已照議定宗旨擬送洋文合同草稿
一俟譯出漢文即與逐條磋商總以符合原議為
指歸不稍含糊遷就議有端倪再行函呈
大部核定知
念併及耑泐奉布祇請
台安諸惟
朗照

愚弟梁敦彥頓首

附件

張中堂梁星使洪頃接端午帥電稱津鎮路事兩奉
電示查蘇省所經路綫約得三分之一以借款五百
萬鎊計當攤一百六十餘萬鎊按時價約合銀一千
萬兩照原約年限歲需籌抵款數十萬兩苟有可指
的款自應力為其難乃飭據司局熟籌除地丁鹽課
出入各有常經已屬異常支絀外其關稅鹽釐貨釐
等款大半抵押居多實屬無從籌此備抵鉅款是指
他款抵借辦法蘇省實屬力所不逮云請查照直省
擬以釐金或煙酒稅作抵並附告凱養 六月二十二日到

一五一

伯唐仁兄大人閣下敬啓者頃奉
項城宫保電示接 午帥電謂抵款四百萬數目太
多茲將原電附上查借款係三十年還清每年約
應攤四十萬鎊彼以最高之價每鎊八兩計算合
三百二十萬又寬加二成五以防抵款將來或有減收
共合四百萬兩既指鎊價復加寬餘所估未免浮冒
因思只係虛指且抵款數目較多將來票價亦可望
長扣頭因而減少於我有益故未與深較若此數太
鉅實難湊足即三百餘萬當亦可商惟山東將膠
關百萬列入而海關業經抵押賠款不能再指減
去百萬所差大鉅必須另籌耳祈代轉陳
邸相再電山東將膠關百萬減去另指他項的款
補足以便與公司再商為禱專此佈達敬請
勛安

愚弟梁敦彦頓首 七月二十二日

卅三年七月廿二日乃宣字第廿一號

附件

三十三年七月廿六日乃字六百廿一号

收袁宫保來電

北京梁星使洪頃接午帥電稱津鎮鉄路借款按五厘利息計算五十年應加利二倍半而自十一年起以後逐年抽本則祇應加一倍半連本共二倍半以本款五百萬鎊計算五十年共應還本利一千二百五十萬鎊按現在鎊價核之約合庫平銀七千五六百萬兩分五十年匀攤每年約應攤銀一百五六十萬兩即使鎊價有增亦不能逾二百萬兩之數如謂第十一年後本利並還必有數年較多之時而最多亦祇三十七萬五千鎊距四百萬兩之數尚遠今該公司謂每年至少須有四百萬兩抵款過于浮多似未核實前經以此意電達外部謂按二百萬兩三省分任每省不過七八十萬兩查甯屬厘金每年約收八九十萬兩請即指此款全數作抵當可有盈無絀惟此款全經度支部指定應放之款今雖虛指亦應陳明度支部核准方能遵照辦理請由外務部咨明度支部核示遵辦于十三發電尚未奉復現外部函達尊處謂敝處已指定八九十萬自係前電已到之議承示令再加籌十萬自應遵照查淮安関税務自裁撤監督派員整頓以來上年收銀二十餘萬兩擬請再于淮安関常税項下指抵銀八萬兩以杜藉口惟淮関税款除解部及内務府外奏明全數截留充江北新軍餉需今雖虛指並不實撥亦應陳明度支部核示請公轉達外務部乞由外部與前指甯厘一款一併咨明度支部核復遵辦至公司所稱每年至少須有抵款四百萬兩按鄙見核算實甚浮多不知梁使與公司商辦時如何算法公想知其詳尚祈見示為幸云查津鎮借款現擬三十年還清午帥所言五十年係據草約立論至英公司所稱抵款每年至少四百萬實不免浮多此項抵款祇須約可抵每年分還本利不必再多前經電請執事先密為計核詳示望核明酌復凱二十一日

一五二

照復美柔使美孚行請在蕪湖建油池事南洋電復已允印契容函美領催美商來蕪辦理由

行

行

左侍郎聯

右侍郎汪

署右侍郎梁

八月 日

八月 日

榷算司

呈爲照復事。美孚洋行請在蕪湖建油池一事，迭經本部電催南洋大臣，因電復各節未有切實辦法，是以未經照復。本月初五日又准來照，復經本部電達南洋大臣轉飭議結去後，茲准電復稱：現飭據蕪湖道電稟，美孚事前致美領美

商函近未覆嗣劉懋恩來面允即契云赴潯面即辦

至今未來容函美領飭催詢等情電覆前來相應

據此照復

貴大臣查照可也須至照復者

美柔使

光緒三十三年八月　　日

一五三

致美國費署使
逕啟者茲准度支部文稱現由印刷局幫辦陳錦
濤帶同委員蔡世澄前往外洋聘請技師購辦機器
請給護照並請照會
駐京美國大臣給照等因為此繕就漢文護照一張蓋
用本部印信相應函請
貴署大臣簽字蓋印並配用洋文護照送還本部
以便轉給該員收執此佈順頌
日祉 附照一張
堂銜
光緒三十三年九月 日

一五四

欽命陸軍部尚書都察院都御史湖廣總督兼管巡撫事趙 為
咨呈事光緒三十三年十一月十四日准
代理美墨秘古使事周 咨呈開竊照粵漢鐵路借票每年應給西五月十一月
兩期利息前由梁大臣准前督部堂咨以贖路餘款存儲銀行按期交付歷次按
照辦理在案茲又屆本年西十一月一號付交利息之期經代辦查照前案由銀行
提取美金五萬五千五百五十元於西十一月一號交前合興公司總理人將息票四
千四百四十四張收回註銷訖相應備文將本年西十一月一號息票四千四百四十四
張計值美金五萬五千五百五十元呈送察照飭員點收銷毀賜覆備案等因

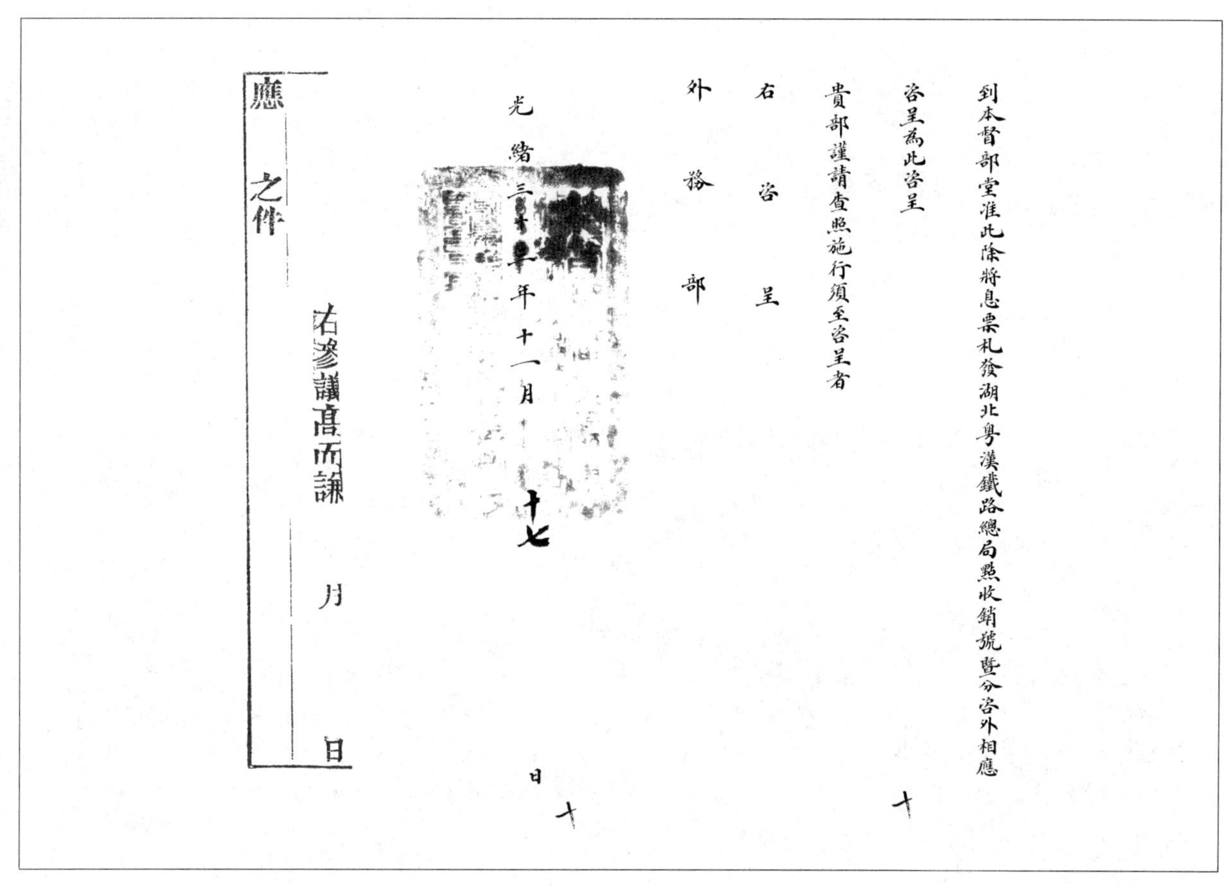

到本督部堂准此除將息票札發湖北粵漢鐵路總局照收銷號暨分咨外相應

咨呈爲此咨呈

貴部謹請查照施行須至咨呈者

右 咨 呈

外 務 部

光緒三十二年十一月十七日

應 之件

右參議高而謙 月 日

一五五

附件

洋務局委員廖欽元
蕪湖縣知縣沈寶琛會勘丹陽兩鋪煤油棧圖

南
北

郵傳部為咨呈事。路政案呈准雲貴總督咨開：滇蜀騰越鐵路總公司詳稱：滇省辦鐵路事極繁重，一切辦法及詳細情形，未能十分洞澈，擬派公司副辦四川補用知州李紳臨陽前赴美國考察，以期洞明利弊，詳請咨明出使美國大臣，俟李臨陽到彼，妥為照料，俾易調查確實等情，咨請查照施行等因前來，除分咨外，相應咨呈貴部查照可也。須至咨呈者。

右咨呈

外務部

光緒叁拾肆年貳月十六日

一五七

郵傳部為咨呈事路政司案呈前准雲貴總
督咨開據雲南滇蜀騰越鐵路公司詳稱擬
派公司副辦四川補用道李紳臨陽前
赴美國考查路政請咨出使美國
大臣侯李臨陽到彼妥為照料等情咨
請查照等因當由本部分咨
貴部暨出使美國大臣查照各在案茲復
准雲貴總督咨稱據公司詳稱李紳臨
陽因事辭差現改派本公司會辦丁憂吏
部主事陳度前往又派令候選知縣吳珣
隨同襄助等情咨照前來除分咨外相應

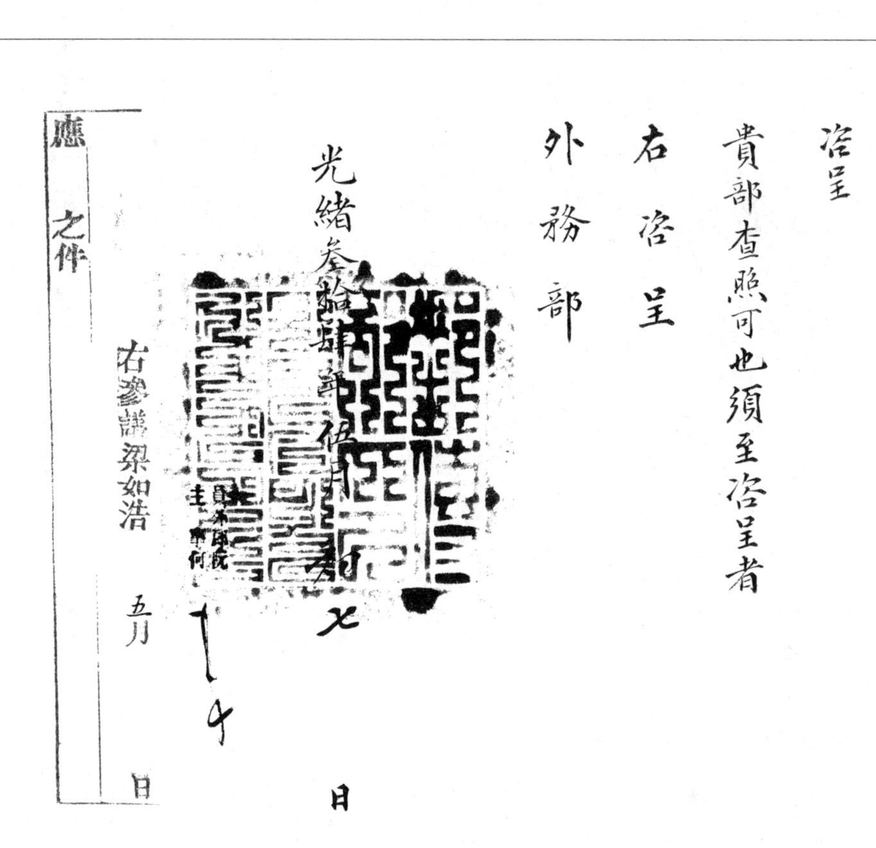

咨呈
貴部查照可也須至咨呈者
右咨呈
外務部
光緒叁拾肆年伍月　七　日

右參議梁如浩　五月　十七　日

應　之件

擬致郵傳部函

逕啓者粤漢鐵路收回自辦一案查美國合興公司售路合同内稱合興公司自訂約之日起四十日内將已經售出之

大清帝國政府借票二百二十二萬二千元或留存或繳還中國之處知照中國如此項借票業主或業主等不如期將所定辦法知照合興公司即作為該業主或業主等願意留存借票中國可將留存之票每元按九折在末次付款内扣抵等語業於光緒三十一年十二月間經　升任湖廣總督張　奏明照辦在案迺上年三四月間准比國柯使來照略稱

粤漢鐵路借票轉售與比國人共計二百二十二萬二千金元如按九扣還款不能承認須照票面條例二十五年以前還款每百加二五等語當經本部照駁去後本年二月間該使復申前說復經本部駁覆略稱當日中國與合興公司訂立贖路合同聲明已售之借票每元按九折扣抵該借票業主等並未將所定辦法如期知照合興公司即屬願意遵照九扣辦法留存借票等語去後該使復於三月間兩次來照堅執前說請派員商酌辦法當經本部函詢梁震東京卿兹據函復略稱此項借票不照票面數目亦可減價收回前年美公司總辦惠第爾曾有願以九十六七元代收借票之議

若由秋庸星使與之密商，當可辦到等語。本部查鄂湘粵三省議修粵漢錢路公共條款内第一條云：未贖之金元小票照七分攤派，湘粵各認三分，鄂認一分等語。案此事關係三省，貴部總持路政，此項借票應否於此時出價收回，票價應由何處籌備，相應鈔錄此使梁京卿來往文件函達

冰案，統希

籌見復爲盼。肅此，順頌

升祺。附鈔件

全堂銜

光緒三十四年六月　日

一五九

敬肅者：接奉

來函並粘鈔，敬悉一切。粵漢鐵路未贖之金元小票，前年與美國合興公司訂立贖路合同中葉，有中國可將留存之票每元按九折在末次付款中扣抵等語，是權利已極明確。乃比國柯使以比股東未嘗認可爲辭，屢向

貴部曉瀆，雖經再三駁斥，而要挾仍未有已，自非妥籌辦法，以期了結不可。承

詢借票應否此時收回，票價何處籌備，事隸鄂湘粵三省，遵即函商各該督撫，查照原案及原訂合同與各該省鐵路公司切實密商，究當如何辦法，一俟聲復到部，當即呈照

冰案。恭候

卓裁。先此奉復，敬請

爵綏

吴重憙
陳　璧　仝啟
沈雲沛

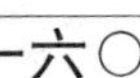
一六〇

照會
TO CHINA.

大亞美理駕合衆國欽命駐劄中華便宜行事全權大臣柔　爲

照會事：接准駐漢口美總領事官來函，附送湖廣總督與該總領事往復照會，爲美孚洋行在湖南長沙開行之事。茲本大臣檢查鄂督與總領事照内，知係長沙人民不願遵照長沙開闢商埠約章，該處官員畏懼衆民，不能勉其遵照開埠之諭。緣美孚行擬在長沙開行，擇於離百姓住家較遠合式之地建造油池、油棧，庶免危險，該處百姓仍不准其開行。查此事實係有違所降開埠之

諭且與中美兩國睦誼有關，是以本大臣即請

貴親王查照，速行咨飭湖南地方官設法曉諭人

民，飭其遵守開關約章，即准美孚行在長沙開設

行棧可也。須至照會者。附送洋文

右 照 會

大清欽命全權大臣便宜行事軍機大臣總理外務部事務和碩慶親王

一千九百捌年捌月初肆

光緒叁拾肆年柒月初捌日

附件

AMERICAN LEGATION,
PEKING, CHINA.

To F.O.No.430.

August 4th.,1908.

Your Imperial Highness:

I am in receipt of a communication from the American Consul General at Hankow, enclosing copies of correspondence between the Hu Kuang Viceroy and himself with reference to the establishment of the Standard Oil Company at Changsha.

From this correspondence it appears that the people of Hunan have leagued together to nullify the arrangements made between the Central Government of China and the foreign nations in regard to the opening of Changsha as an international trading port. The correspondence also shows that the officials of Hunan are afraid to exercise authority over the common people and to secure obedience to the Imperial will.

The American Standard Oil Company desires to open its business at Changsha in accordance with the treaty stipulations, building tanks and go-downs in a location sufficiently removed from the residence districts to be entirely safe. The people of Hunan are attempting to veto the exercise of a treaty right. It is as important to the Imperial dignity as to the maintenance of friendly relations with the Powers, that such irregular action on the part of the people should not be permitted.

To His Imperial Highness, Prince of Ch'ing,
President of the Board of Foreign Affairs.

AMERICAN LEGATION,
PEKING, CHINA.

2.

To F.O.No.430.

I therefore request Your Highness to send peremptory orders to the officials of Hunan Province that the treaty stipulations agreed upon between our respective Governments shall be carried out,and that the American firm in question shall be allowed to establish itself at Changsha without further delay.

I avail myself of this occasion to renew to Your Highness the asurance of my highest consideration.

W.W. Rockhill

一六一

部

陸軍部尚書都察院都御史湖廣總督兼管湖北巡撫事陳 爲

咨呈事光緒三十四年七月十七日准出使美墨秘古國大

臣伍 咨開粵漢鐵路借票每年西五月十一月兩期應付

利息經梁前大臣准前湖廣總督部堂咨以贖路餘款存儲

銀行按期交付歷次按照辦理在案本大臣抵任後檢查接

管卷内周前代辦移交此項存儲銀行之款計至本年西三

月五號止本息共美銀五萬一千八百四十七元四角四分

又自西三月六號起至西四月三十號止利息美銀一百五

部

十八元九角四分又收三月十四日前湖廣總督部堂趙
電滙來美銀三千八百元共存美銀五萬五千八百零六元
三角八分兹於西五月一號收回一千九百零八年五月一
號期息票四千四百四十四張計美銀五萬五千五百五十
元又支銀行由紐約寄息票郵費美銀一元保險費美銀四
元四角四分又支武昌電三十八字美洋四十六元三角六
分共支美銀五萬五千六百零一元八角除支外實存美銀
二百零四元五角八分此項暫存銀行下屆結算相應將收

部

部

回息票四千四百四十四張暨收支數目咨請查核等因到

本部堂准此除將息票札發湖北粤漢鐵路總局點收銷號

暨分咨外相應咨呈爲此咨呈

貴部請煩查照施行須至咨呈者

右 咨 呈

外 務 部

光緒三十四年七月十九日

應 之件

署右參議周自齊 七月 日

一六二

照復美業使長沙地窄人稠美孚行請建火油池棧局難照允由

行　行

外務部左侍郎聯　七月廿二日　〔押〕

外務部右侍郎梁　七月廿二日　〔押〕

榷算司

呈爲照復事。光緒三十四年七月初九日准

照稱：接駐漢口美總領事官來函，附送湖廣總督與該總領往復照會，爲美孚洋行在湖南開行之事。知係長沙人民不願遵照長沙開關商埠約章，緣美孚行擬在長沙開行，擇於離百姓住家較

遠合式之地建造油池油棧庶免危險該處百姓
仍不准其開行此事實係有違所降開埠之
諭請
速飭湖南地方官准美孚行在長沙開設行棧等
因當經本部電達湖廣總督湖南巡撫查復去後兹
准電復稱前據美領在湘照請關道於長沙建設
池棧該道未允嗣美領復以為請飭據關道查明地
勢民情碍難照允並據紳商在湘公呈長沙地窄
人稠請永禁建築池棧以杜危險查光緒二十七
年英德商人在漢口丹水池築造油池章程內有
聲明不得為中境他處地方口岸建立油池之
援例一語咨明前總理衙門有案蓋煤油能流
毒田畝江河為最危險在沿江沿海各商埠尚

難輕允況湘在腹地河窄水淺建築池棧實於
民生物産大有妨害請轉復等因前來查煤
油爲物最爲危險建造油池油棧必須擇相宜之
地並非一經開埠通商即應准洋商建築油
池油棧所以漢口丹水池章程有聲明他處不得
援例之語今長沙既係地窄人稠自不宜建設
火油池棧該處紳商係爲保安起見並非有違開埠
之宗旨所有美孚行在長沙請建池棧碍於該處地
方情形難以照允之處相應照復
貴大臣查照可也須至照會者

美案使

光緒三十四年七月　日

一六三

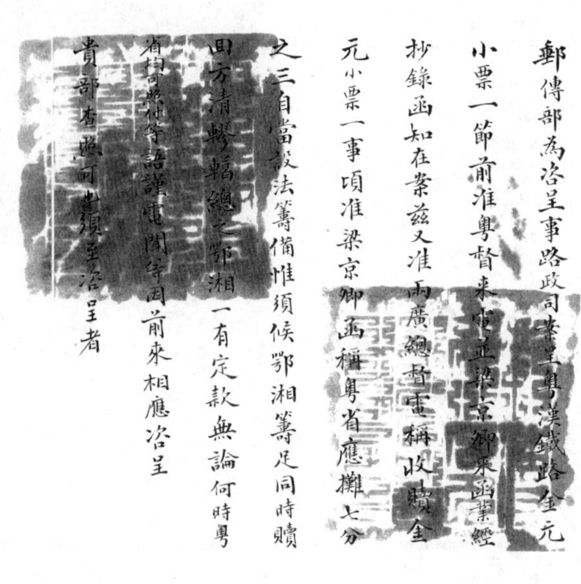

郵傳部為咨呈事路政司案呈粵漢鐵路全元小票一節前准粵督來電並梁京卿來函業經抄錄函知在案茲又准兩廣總督電稱收贖全元小票一事頃准梁京卿函稱粵省應攤七分之三自當設法籌備惟須俟鄂湘籌足同時贖回方清轇轕總之鄂湘一有定款無論何時粵省均當照付等語謹電聞等因前來相應咨呈

貴部查照可也須至咨呈者

右咨呈

外務部

光緒叁拾肆年柒月二十九日

員外郎阮
主事何

一六四

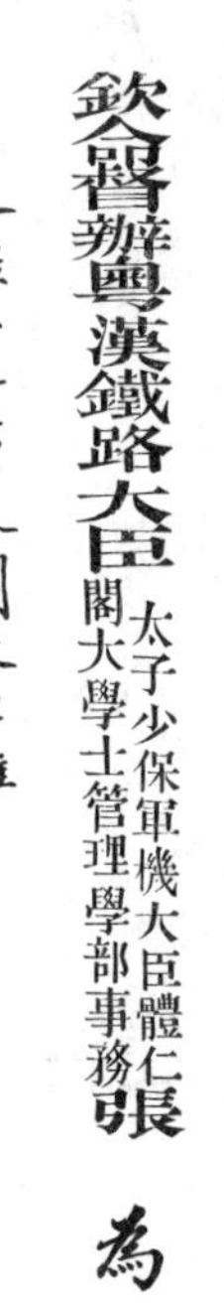

欽命督辦粵漢鐵路大臣太子少保軍機大臣體仁閣大學士管理學部事務張　為

恭錄咨行事本閣大臣准

禮部文稱所有添鑄

欽命督辦粵漢鐵路大臣關防一顆現已鑄妥應

派員赴部請領等語當經於八月初三日派員

領回即於是日奏明開用奉

旨知道了欽此相應恭錄咨呈

貴部欽遵查照可也須至咨者

右咨呈

外務部

光緒叁拾肆年捌月初叁日

監印官江蘇候補巡檢朱士宜

一六五

大亞美理駕合衆國欽命駐劄中華便宜行事全權大臣柔　為

照復事、前于西本年八月四號曾以美孚行在長沙開
行、該處不允、請速飭湖南地方官准其在該處開設行
棧、旋于西八月十八號准

復稱、以轉據湘撫電稱、以煤油為物最為危險、長沙地窄
人稠、該處紳商謂建築池棧、寔於民生大有妨害、美孚
行欲在長沙建設池棧、既有碍於該處地方情形、難以照
允、作復前來、據本大臣意見、此案仍應商酌如何了結、

兹擬請酌定日期，本大臣届時赴部面議，特此照會

貴親王查照，並希速復可也。須至照會者　附洋文

右　　照　　會

大清欽命全權大臣便宜行事軍機大臣總理外務部事務和碩慶親王

一千九百捌年　　月　初伍

光緒叁拾肆年　　月　初拾　　日

附件

10

AMERICAN LEGATION,
PEKING, CHINA.

To FO No. 443.
T.

September 5, 1908.

Your Imperial Highness:

On the 4th of August I sent a communication to Your Highness on the subject of the obstruction of the local authorities and people of Ch'ang-sha to the establishment there of an American firm, the Standard Oil Company.

On the 18th of August I received the reply of Your Highness in which you repeated the arguments of the local authorities and expressed your intention of accepting those arguments as a final settlement. In my opinion this matter calls for further consideration and I therefore request Your Highness to fix a date upon which we may confer together and effect a proper settlement of the case.

I avail myself of this opportunity to renew to Your Imperial Highness the assurance of my highest consideration.

To His Imperial Highness
Prince of Ch'ing,
President of the
Board of Foreign Affairs.

一六六

欽命督辦粵漢鐵路大臣兼督辦鄂境川漢鐵路大臣太子太保軍機大臣體仁閣大學士管理學部事務張　為

恭錄咨呈事。本大臣准

禮部片稱，所有改鑄

欽命督辦粵漢鉄路大臣兼督辦鄂境川漢鉄路大臣關防一顆現已鑄妥，應即派員赴部請領等語。當於正月初九日派員領回，時在封印期內，照例封存。茲於本月十九日開印日開用，其舊領

欽命督辦粵漢鉄路大臣關防一顆咨繳

禮部查銷於二十日專摺奏報奉

旨知道了欽此相應恭録咨呈

貴部欽遵可也須至咨者

右　咨　　　呈

外　　務　　部

宣統元年正月　二十　日

應　之件

監印官學部書記官朱士宜

一六七

陸軍部尚書銜都察院右都御史湖廣總督兼管湖北巡撫事陳 爲

咨呈事宣統元年二月二十五日准
出使美墨秘古國大臣伍 咨開粤漢鐵路借票每年西五月十
一月兩期應付利息歷經辦理有案光緒三十四年十月初八日
即西十一月一號係應付利息之期業經各省將應攤之款分別
匯交本大臣查收届期照付先經咨復在案茲由美都萬國寶通
銀行將經手代還款項數目並收回小票送交前來相應將該息
票四千四百四十四張查照歷届成案備文咨請查核見復等因

到本部堂准此除將息票發交督辦粵漢鐵路駐鄂分局點收銷
號暨分咨外相應咨呈爲此咨呈
貴部謹請查照施行須至咨呈者
右咨呈
外務部
宣統元年閏二月　日

應之件
署右參議曹汝霖　閏二月　日

一六八

榷算司

呈為照會事案查湘省紳民不允美孚行在長沙建火油池棧一事前經本部與鄂督湘撫往返相商並於上年九月十三日函致

貴大臣請轉知該行暫為停辦備日後由地方官開導紳民允認建築彼時再行商訂辦法等語在案茲准

貴大臣催詢此事本部已迭經囑該督撫開導紳民據該督撫之意見以為該省紳民所慮妨害各節均係實情如萬不得已惟有令美商備價交由湘省紳民代擇一相宜地址並一切存銀保險報効各章程比照漢口成案更加周密酌訂能允如此則或可商妥辦法云相應照請

貴大臣查酌如以為可行即飭美領事官與該省地方官會商辦法并希見復以便本部轉達該省督撫接洽可也須至照會者

美柔使

宣統元年閏二月　日

一六九

大亞美理駕合衆國欽命辦理全權事務大臣費　爲

照會事。本署大臣查有美國大湖船廠前致駐美

伍大臣函稿內云，該廠願爲中國製造商用船隻，無論代中政府及

華商各局製造，均按造船本價每百抽數若干之法辦理。中國若果允

辦，廠收中國學生數名，授以造船善法，用備中國嗣後刱立船廠自行構

造等情。本署大臣查製船廠近年精研妙法多端，如按該製造船廠提出

之意照允，中國獲益良多。且製造公私兩家船料，中國已無不備，若於此

時乘機得製船通達家指授，將來中國定可自行構造，無假他人。如政府

於此事不便商酌，即希轉知商家，因本國製船廠亦願與華商商酌核舉辦

也。爲此照會

貴親王查照，須至照會者。附送洋文及洋函稿

右　　照　　會

大清欽命全權大臣便宜行事軍機大臣總理外務部事務和碩慶親王

一千九百九年陸月初肆日

宣統元年肆月拾柒日

附件一

AMERICAN LEGATION,
PEKING, CHINA.

To FO No. 533.

June 3, 1909.

Your Imperial Highness:

I have the honor to enclose a copy of a letter from the Great Lakes Engineering Works, an American company, in which ~~letter~~ this company seeks contracts for the construction of vessels suitable for the coasting trade of China. The Company proposes to build these vessels either for the Chinese Government or for Chinese shipping companies on a percentage basis and will, if given the contracts, undertake to instruct a reasonable number of Chinese students in the art of modern ship-building, in order that work of this character may ultimately be done in China by citizens of China.

In view of the great progress which has been and is being made in the art of ship-building and the obvious advantages to be derived by China from acceptance of this proposal I have the honor to commend it to the careful consideration of the Chinese Government. China has at hand all resources necessary to build for herself both her public vessels and those of her merchant marine and

the

To His Imperial Highness
Prince of Ch'ing,
President of the Board
of Foreign Affairs.

2-2

- 2 -

the present proposal points the way in which this result may be obtained.

Should Your Highness' Government be not at present in a position to consider this proposal I have the honor to request that it be placed before those Chinese merchants to whom it may be of interest, pointing out that the offer with respect to the instruction of Chinese in the art of ship-building holds good whether the contracts refer to Government or merchant vessels.

I avail myself of this opportunity to renew to Your Imperial Highness the assurance of my highest consideration.

Henry P. Fletcher

Charge d'Affaires.

Enclosure:

Letter as stated.

附件二

Copy.
Enclosure in To FO No. 533.

Great Lakes Engineering Works.
Detroit, Mich., Feb. 27, 1909.

Honored Sir:

Our representative and personal friend, Honorable Edwin Denby, has been in correspondence with us for some time past in reference to some advantageous arrangement which might be entered into between ourselves and representatives of the Chinese Government for the building, eihher for the Government itself or for marine interests in China, a certain number of steamers suitable for the coasting trade of China, these steamers to be built suitable for the special requirements of the Chinese trade.

The object of our seeking this buisness is reciprocal. We would propose to enter into an arrangement whereby these steamers could be built on a percentage basis and in so doing we would undertake and guarantee to instruct and educate any reasonable number of Chinese students in the art of shipbuilding with the ultimate object in view of their being able to manage shipbuilding plantsin China. If such plants were established in China we would render every assistance in the way of furnishing plans for the organization of such shipbuilding companies. Naturally, a proposition of this kind would have to extend

over

over a period of three or four years in order to give thorough education to the young men who might be sent to us for that purpose.

We believe such an arrangement would be of great value to the Chinese Government because no place in all the world is the art of shipbuilding reduced to such a science as it is on the Great Lakes of America. The education of the Chinese students in the art as developed by the Great Lakes shipbuilders would introduce into your country a far advanced method of shipbuilding and in every way you would have the lead of all other countries in economic methods of doing the work, even in our own country the cost of building ships is far less on the lakes than it is on the coast. This is due to the systematic and well-organized methods which have been brought to such a high state of perfection.

Details, of course, Honored Sir, of such an arrangement as here proposed would have to be talked over and could no doubt be worked out to the satisfaction of both parties.

If the subject in general interests you, the writer will be pleased to have an appointment and give you such information as you might further desire.

We would be willing, if we could secure a sufficient number of boats to build to practically devote one of our plants to this work for the next three or four years.

With regards,

Yours very truly,

GREAT LAKES ENGINEERING WORKS,

Antonio C. Pessano,

President and
General Manager.

To the Honorable
Chinese Minister
Washington, D. C.

一七〇

咨郵傳部、農工商部准美費署使照稱美大湖船廠願爲中國製造商船希查照由

外務部左侍郎聯 行
外務部右侍郎鄒 行

四月廿二日
四月二十二日
行

考工司

呈爲咨行事。准美費署使照稱：美國大湖船廠前致駐美伍大臣函云，該廠願爲中國製造商用船隻，無論代中政府及華商各局製造，均按造船本價每百抽數若干之法辦理。中國若果允辦，願收中國學生數名，授以造船善法，用備嗣後

中國剏立船廠自行構造之用等情本署大臣查製船廠近年研究妙法多端如按該造船廠之意照允中國獲益良多且製造公私兩家船料中國已無不備若於此時乘機得製船通家指授將來定可自行構造無假他人如政府於此事不便商酌即希轉知商家因本國製船廠亦願與華商酌核舉辦等因前來相應咨行

貴部查核見復可也須至咨者

郵傳部

農工商部

宣統元年四月

一七一

照復美費署使大湖船廠願代中國製造商船一事已分咨農工商部郵傳部查照由

行 行

外務部左侍郎聯
四月廿三日 行

外務部右侍郎鄒
四月廿三日 行

考工司

呈為照復事准

照稱美國大湖船廠願為中國製造商船無論代政府及華商各局製造均按造船本價每百抽數若干之法辦理並願收中國學生數名授以造船善法等因一事業經本部分咨農工商部

郵傳部查核矣相應照復
貴署大臣查照可也須至照復者
美貴署使
宣統元年四月　日

一七二

農工商部為咨復事據准
咨開准美貴使照稱美國大湖船廠前致駐
美伍大臣函云該廠願為中國製造商用船隻
無論代政府及華商各局製造均按造船本
價每百抽數若干之法辦理等情本署大臣查
該製船廠近年研究妙法多端始按該造船
廠之意照允中國獲益良多始政府於此事
不便商酌即希轉知商家因本國船廠亦願
與華商酌核舉辦等語咨行查核見復
等因前來查此事關涉船政業經鈔錄
來文咨行郵傳部查核逕復
貴部辦理相應咨呈
查照可也須至咨呈者
右咨呈
外務部
宣統元年伍月初五日

應之件

日　日　日　日

一七三

照復美費署使遼河工程現已籌款興辦由

行　行

外務部左侍郎聯
外務部右侍郎鄒
七月十五日 七月十五日
行

榷算司

呈爲照復事宣統元年四月初四日准
柔大臣照稱兹與德英日本各大臣會商營口遼河行
船一事均願請速行設法維持近年東三省大
吏已明晰遼河旁出支流有碍行船若速設
善法辦理亦能免此困難現據專門工程師

勘估應用經費只須有二十萬銀元足敷應用

駐營口德美英日本四國領事迭與地方官相商該員亦

視為至要甚望本年夏季所與之工就緒俾遼

河不至旁流再將正河應如何酌修方保河流

順軌等因查遼河運道疏濬誠不可緩茲准東

三省總督等咨稱全河工程以雙台子為最要業

經籌款興辦以維航業等因前來該省督撫現

既籌集款項開辦遼河工程將來水道疏通於

中外商務均有裨益相應照復

貴署大臣查照可也須至照會者

美費署使

宣統元年七月　日

一七四

欽差出使美墨秘古國大臣伍　為

咨呈事竊據學生王景春禀稱竊生於光緒三十年來美留學三十四年由耶路大學鐵路專科畢業蒙前　周代辦保薦到部當差惟時生以畢業未久閱歷較淺部務綦重恐難勝任擬留美研究二年藉資閱歷據情陳請俸蒙大部允准於是生得以實行研究路政之外復於外交公法等科亦切實講求旋於去年夏間在耶林諾義大學研究科畢業得有路政科碩士學位且僥倖意外名列

卓異蒙該大學賞給最優等之名譽學額(Hon. Fellowship)邇來除研究路政鐵路管理法外於外交公法財政三門亦甚注意且時至附近之鐵路公司及鐵路局詳訪博諮專求至當之法以合我國之用誠以鐵路一門與我國前途有絶大之關繫開民智利交通興内政防外侮莫不以鐵路為根據故覘人國者恒視其鐵路之多寡及辦理之良莠以為斷我國近年來對於此舉更有欲罷不能之勢而國内之諳習工程熟悉路政之人尚屬無多故集股鳩工動輒掣肘與外人交涉每受欺侮生竊傷之出洋以來潛心苦學不遺餘力凡於吾國路政有關

緊要之處莫不切實注意精益求精以期學成圖報萬一但鐵路造端宏遠非親身閱歷不能真知灼見非參稽互證不能棄短取長竊按各國鐵路其商有官管之最善者為英美其國有之最完備者為德官商合辦之最著者為法與吾國有密切之關係者為俄之西比利亞生於五國路政之宗旨經理之大綱營造之規模已略有心得然其辦事之內容除美國外非生親往細查斷難得其奧竅故擬來年由歐洲返國藉以調查各國路政并考查西比利亞幹路之實在情形庶得諸考驗者可見諸實行日後回國任事不至毫無

握似此辦法較由太平洋返國需費既屬無過多而獲益甚大體用兼備一舉兩得緣此用敢肅禀上達轉咨

部憲臨時發給調查川資以便前往研究等情前來查該生所禀各節自係實情除批示外理合據情轉達爲

此咨呈

大部謹請察照施行須至咨呈者

右　咨　呈

外　務　部

宣統元年十月二十八日

一七五

大亞美理駕合衆國欽命駐劄中華便宜行事全權大臣費　爲

照會事。西四月十二號，本館柔前使接准

貴親王照稱：美孚行在長沙建火油池一案，當經柔

前使於西五月二十二號照復，擬定該商與官紳聚

會，詳查長沙相近地方，擇其於兩造合心之處，該行

願出公平地價等因。本署大臣以此事若果照辦，本

可無庸再議，不料該行雖甚歉讓，而應辦要事至今

仍未妥結。查西八月十二號，該行代表人與長沙官

紳聚會、所議擇建油池地址、係一空荒小島、離城十五里、在長沙河下流、所有該地租價及開辦油池章程、經長沙關道、允定於兩月内復知該行代表人迄至西十月十八號兩月期滿本國駐漢署領事函請

按所允辦法照辦云云乃該道於西十月二十四號函送油池章程反云該公司擬租地段尚未勘定等語是以該公司代表人於西十一月前往長沙該關道不但不允照租西八月所擇之地且將此事延擱

不理顯係該關道故違

貴部所定辦法實屬不合況該行於長沙紳民極表和平允讓據此以觀是美國官商始終主於和睦想

貴部必不允該關道仍用此攔阻之法俁該公司照約應辦事件該關道此等辦法於美國商務顯有偏害之意相應照會

貴親王查照即希嚴飭該關道速為遵照結案可也須至照會者附洋文

右
照
會

大清欽命全權大臣便宜行事軍機大臣總理外務部事務和碩慶親王

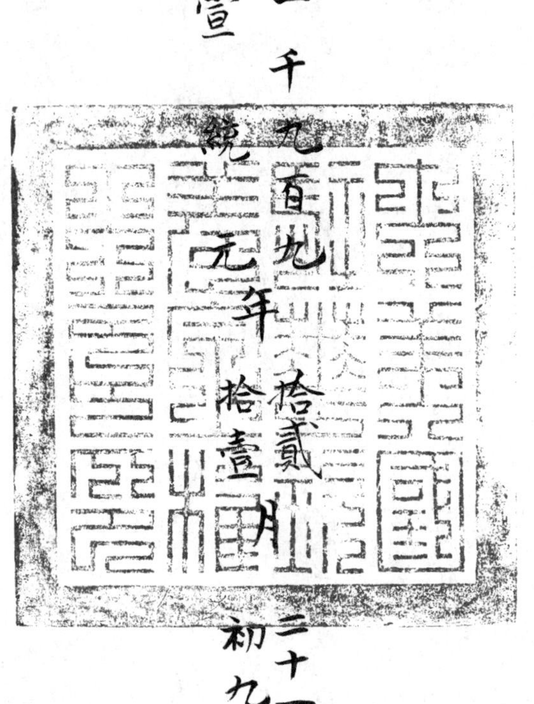

一千九百九拾貳年拾壹月二十一日
宣統元年拾壹月初九日

附件

AMERICAN LEGATION,
PEKING.

To F. O. No. 598.

December 21, 1909.

Your Imperial Highness:

On the 12th day of April, Your Highness sent a despatch to Mr. Rockhill concerning the erection of an oil tank at Ch'ang Sha by the Standard Oil Company and on the 22nd of May Mr. Rockhill replied to Your Highness, suggesting that a meeting be arranged between a representative of the Compnay and the Ch'ang Sha gentry and officials, to decide upon a site agreeable to all parties.

I had hoped that it might not be necessary to again refer to this matter, but I am surprised to learn that in spite of the very friendly spirit that has been shown by the American compnay concerned, no settlement has been reached. On the 12th of August a meeting was held between the representative of the Company and the Ch'ang Sha gentry and officials and a site was chosen for the oil tank on an unoccupied island about fifteen li below Ch'ang Sha. At that time the customs Taotai promised that he would inform the Company's representative within two months of the terms upon which the site chosen might be leased. On the 18th of October the Acting American Consul at Hankow reminded the Taotai that the two months had expired and requested him to fulfill his promise. On the 24th of October the Taotai replied, sending a copy of the regulations that had been drawn up for the

control

His Imperial Highness,

Prince of Ch'ing,

President of the Board of Foreign Affairs.

To F. O. No. 598.   -2-

control of the Compnay's business at Ch'ang Sha, but said that the site for the oil tank had not yet been definitely decided upon. In November the representative of the Company again visited Ch'ang Sha but instead of completing the arrangements for the lease of the site chosen in August, the Taotai declined to anything further about the matter.

It seems clear that the Ch'ang Sha Taotai deserves a severe reprimand for his failure to carry out the instructions issued to him by Your Highness's Board. The American company has made every effort to meet the wishes of the gentry and throughout the negotiations both the officials and the merchants of my country have shown the friendliest possible spirit towards China. I believe that Your Highness's Board will not allow that this American company be further hindered in its legitimate business operations by the obstructive spirit of the Ch'ang Sha Customs Taotai, whose attitude is clearly causing a discrimination against American trade. I trust therefore that strict orders will be issued to the Taotai to settle this case at once without further evasion.

I avail myself of this opportunity to renew to Your Imperial Highness the assurance of my highest consideration.

Chargé d'Affaires.

一七六

照復美費署使美孚在長沙建火油池應候另行擇地由

行 行

外務部左侍郎聯

外務部右侍郎鄒

十一月 十一月

行 十七日 行 十七日

榷算司

呈爲照復事宣統元年十一月初九日准

照稱美孚行在長沙建火油池一案西八月十二號該

行代表人與長沙官紳聚會所議擇建油池地址係

一空荒小島所有該地租價及開辦油池章程經長

沙關道允定於兩月内復知該行代表人迄至兩月

期滿本國駐漢署領事函請按所允辦法照辦該道反云該公司擬租地段尚未勘定該公司代表人又於西十月前往長沙該關道不但不允照租西八月所擇之地且將此事延擱不理實屬不合希嚴飭該關道速為遵照結案等因當經本部電達湖南巡撫去後茲准該撫覆電稱飭據長沙關道稟稱曾會紳擬購省河下游十五里龍洲地址由官收買轉租並與該行經理艾文瀾議訂試辦租地章程嗣以地主索價較昂囑該行買辦電致艾經理取決以便商購迄無回音並非延擱不理迨十月間艾始來湘則該處附近紳民均以與地方有礙紛紛呈控查建築油池不免危險必須與居民無礙始可購設目下該處民情梗阻未便稍涉

勉強致滋事端容另擇相宜地址再行商辦等語除
飭令趕緊另覓確勘妥辦外謹電復等因前來本部
查該關道所擬購之地段因候美孚行經理人回音未遽
購定尚非有意延擱現在既係該處民情不願自應另
行擇地除再電該省速辦外相應照復
貴署大臣查照轉飭該行靜候商辦可也須至照會者

美貴署使

宣統元年十一月　日

一七七

大亞美理駕合衆國欽命駐劄中華便宜行事全權大臣費　　為

照復事。西十二月三十號，接准

來照，以長沙關道所擬購之龍洲地段，因候美孚行經理人回音，未遽購定，尚非有意延擱。現在既係該處民情不願，自應另行擇地，希轉飭該行静候商辦等因。查長沙官紳與美孚行經理人已擇定龍洲地址，後因紳民梗阻，致未定妥，實屬於理未合。在關道禀内有云：未便稍涉勉强。然據本署大臣視之，中國政府當飭令地方官於條約章程勉强紳民遵守，方為合理。至所稱艾經理無回音一節，本署大臣前將駐漢美領及美孚行來往信件詳為調查並無關道函致艾經理未曾作復之事明係該經理候至兩月該關道實無回音。查西本月十七號 本署大臣照稱美官商於此事始終和睦並茲紳民多有和平允讓之處湘省官員見美國官商和平允讓尤須和平辦理否則因美官商和睦反違背約章以傷害美國商務據今日艾經理來電該關道於此事仍推託不辦云云是以本署大臣請

貴親王嚴加諭飭雖該關道曾以難辦之情具稟湘撫如果

貴部嚴飭辦法該關道定必早爲遵照結案相應照會

貴親王查照可也須至照會者 附洋文

右　　照　　　　　　會

大清欽命全權大臣便宜行事軍機大臣總理外務部事務和碩慶親王

一千九百九年拾貳月叁拾壹日

宣統元年拾壹月拾玖日

附件

AMERICAN LEGATION,
PEKING.

To F.O. No. 599. December 3ist., 1909.

Your Imperial Highness:

I have the honor to acknowledge the receipt of Your Highness's note of December 2Ist.in regard to the question of the acquisition of a site for an oil tank at Ch'angsha. The objections raised by the local gentry to the use of the Lung Chou site, after it had been carefully chosen by the officials, gentry and the representative of the American Company seem entirely unreasonable. I must take exception to the remark of the Ch'angsha Taotai that " it will not do to force the people in the least degree for fear of causing a disturbance." It is the duty of the Chinese Government. acting through the local officils who represent it, to compel the people to respect the Treaty regulations drawn up between the central government and the governments of other countries. Moreover I have a full report of the negotiations between the Company's agent. the American Consul at Hankow, and the Chinese officials, and I find no evidence that the Taotai sent any message to Mr. Everall to which he received no reply. On the contrary I find that Mr. Everall and the American Consul waited two months for a promised message from the Taotai concerning the purchase of the site.

As I remarked in my note of December 2Ist., the attitude of the American Company and of the American officials throughout these negotiations has been friendly

To His Imperial Highness, Prince of Ching,
President of the Board of Foreign Affairs.

AMERICAN LEGATION,
PEKING.

friendly and conciliatory in the extreme. Every effort has been made to meet the wishes of the local gentry. Instead of responding to this friendly spirit by friendly action, the Hunan officials seems disposed to take advantage of it to violate their treaty obligations and injure American trade. I have today received a telegram from the Company's agent, saying that the Ch'angsha authorities now refuse to take any further action in this case.

In view of these circumstances, I must request Your Highness's Board to send more peremptory instructions than those which the Board has already sent. In spite of the report which the Customs Taotai of Ch'angsha has sent to the Governor of Hunan, he can undoubtedly effect an immediate settlement of this matter if he is ordered to do so by Your Highness's Board.

I avail myself of this opportunity to renew to Your Highness the assurance of my highest consideration

To His Imperial Highness/ Charge d'affaires.
Prince of Ch'ing,
President of the Board of Foreign Affairs.

一七八

文

咨

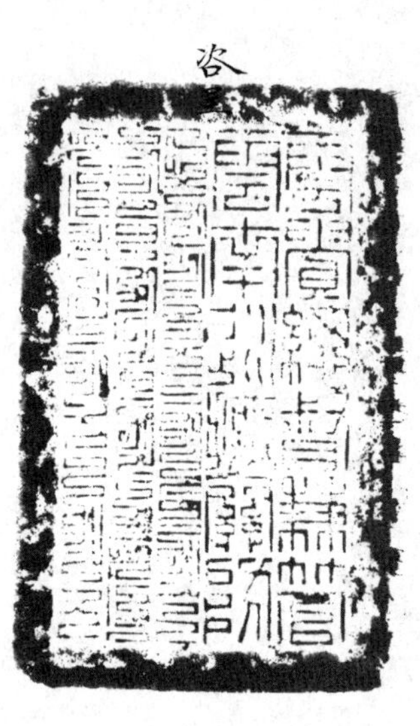

文

欽命頭品頂戴陸軍部尚書都察院都御史總督雲貴等處地方軍務兼理糧餉兼管雲南巡撫事丁　為

咨呈事據總理滇蜀騰越鐵路總公司雲南布政使沈秉堃等詳

稱案查前奉

郵傳部札開酌定各路訂用洋員合同格式以後遇有延用外國

工程司機器司等人員及期滿洋員續行延訂者均應按照新頒

式樣議訂呈部核准施行如有特別情形致有未能符合之處以

立法能補此稿所未及者應各於呈部合同内詳細聲明以憑核

訂札飭公司遵照辦理等因遵奉在案茲本公司延用美國人多

文

萊克總工程司哈克士克副工程司現均已到滇測勘路綫所有
議訂合同當詳咨委紳赴美延聘之時即經呈請電准
郵傳部將前項通行合同格式抄寄駐美使署轉發遵辦惟第五
条六条內情形未符均有酌加據委往員紳電告并即呈請電奉
郵傳部核定照准復滇轉電知照其餘各条均遵格式条款議訂
用華英文分別繕就簽字彼此收執遵守自應照印多本分送備
案除分別咨移照送并通頒備案外理合遵用預印空白具文詳
送請乞查核備案并祈分咨
郵傳外務部備考計呈送總副工程司合同三份等情到本督部堂據
文
此除存留一份備案外相應將合同咨呈為此咨呈
貴部謹請查核備考施行須至咨呈者
計咨呈總副工程司合同一份計二本

右咨呈

外務部

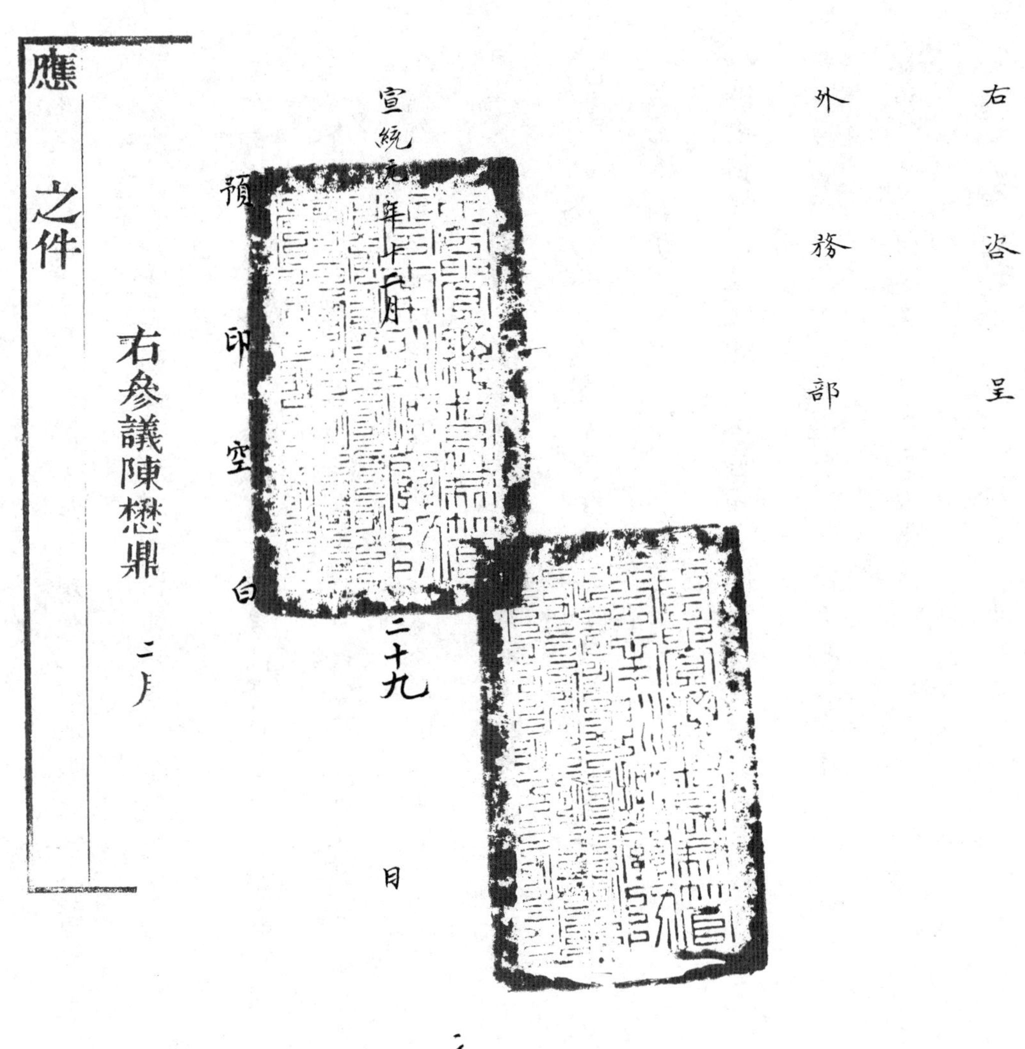

宣統元年十二月二十九日

預印空白

右參議陳懋鼎 二月

文

應之件

附件一

滇蜀騰越鐵路總公司延聘美國副工程司合同

大清國滇蜀騰越鐵路公司呈明郵傳部核准與大美合衆國之工程司哈克爲訂立合同事今因中國自辦滇蜀騰越鐵路需用工程司考驗得美國籍人哈克堪以僱充滇蜀騰越鐵路副工程司之選所有合同訂定各條開列如左

第一條總則　該工程司自願受僱充當滇蜀騰越鐵路副工程司所有本合同載明各條該受僱人當始終遵守不得稍有違背

第二條年限　該副工程司受僱年限以三年爲期如期滿該路工程尚未完竣該受僱人當靜候本總辦之合意與之續訂期限合同該受僱人即當接續趕築竣工不得稍有居奇及臨時要求等事倘彼此不願續訂或於合同期內辭差均須三個月前具函知照

第三條薪費　該受僱人應得薪水每年共計美金三千元自該受僱人到工之日起支至該受僱人卸事之日或在差病故之日爲止按照西歷每月底由公司給付金銀價格均應按照就近之市價合算無論漲落概不另給貼費如在合同期限以內不論何時該受僱人一經辭差薪水即日停止其當差不及一月者按日計算至請假及患病各在四星期以內經本總辦允准及經派有醫生驗明者概不扣減薪水惟每年總計請假患病各逾四星期者仍須按日核扣且請假究與患病不同雖在四星期以內該受僱人必須慎選堪以勝任人員暫爲代理以免貽誤要工否則不能允准此外該受僱人因公出差之住屋伙食以及自僱馬匹或他種代步舟車等費應由公司核實給發所有公費醫藥自僱僕役工食及一切雜費均包括在薪費之內

第四條川資　該受僱人由美赴華應給川資美金四百元如合同期滿工竣回國並無違犯事故以及合同期限未滿久病不能辦公辭退立時回國者准給回國路費美金四百元其合同期限以內因事撤退及期限雖滿適犯事故或另受中國他路他處之僱或藉病觀望逗遛經派有醫生驗明並非實在病重不能回國者回國川資概不照給

第五條權限　該工程司居於受僱之地位稟承本總辦之指示及總工程司合宜之命令擔任本路測勘建築及一切路工應辦之事或本總辦隨時派該僱人調查各路事件或中國各路商請派往協助經本總辦允認該受僱人遵命前往者悉照本合同第六條辦理凡中國國家暨郵傳部所訂一切律例規章並臨時所發之命令該受僱人均須敬謹遵守並須敬重中國官紳順洽華人性情至與地方交涉事宜該受僱人無與地方文武官員直接之權應呈明本總辦理處其所用書記繙譯一切人等均由公司黜陟其自行僱用之僕役人等如有不法情事亦聽公司照例懲辦該受僱人不得干預爭論至關繫本路事件只准隨時稟報本總辦不得向局外人道及並不得將往來公事在外洩漏倘有不稱職守違背合同條欵不遵守本路所定之各項規則章程及臨時命令或任性滋事倨侮欺詐本總辦有立時撤退之權但可聲明理由准其自行申訴由本總辦裁奪分別撤退一經撤退之後即行停止薪費不給川資該受僱人應即立時離工

第六條職務　該受僱人既爲本路僱用應將本身工夫心思材力統爲本路出力辦事並須愛惜日力時刻以路事爲重不得虛負時閒一經總工程司陳明白本總辦勿論派充測勘建築等事該受僱人責無旁貸務當竭力認眞辦理不得稍有貽誤其本路一切工程須從極省儉極堅固之法辦理平日本路應用器具材料該受僱人開單簽字呈由總工程司簽字轉呈本總辦核准後方可給發事後應行繳回者應即照繳設有遺失但係託其經理者該受僱人照

數賠償在合同期限以內不得自營他項事業不得爲他人代辦事件非有本總辦之命令亦不得預聞中國別路之事綜言之凡無關本路之各營業各事宜無論爲己爲人概不准出頭干預並不得暗中主謀平時非請假允准後尤不得擅離職守其洋人承攬包工非經本總辦允許該受傭人不得擅自傭用惟擔任本路事宜對於本路卽有應盡之職務如本路在差各華員堪以習學工程事宜者以及中國鐵路學堂畢業生奉派在本路練習者該受傭人應隨時隨事盡心教導俾得實地練習此外本路材料圖籍以及他項重要之件由本總辦飭交該受傭人照管或由其經手者必須妥愼經理立册登記一俟飭令移交他人須立時照數交代淸楚若未經本總辦委任者該受傭人不得過問

第七條身命　該受傭人與本路供差之華員無異應自認中國之飲食日用居住天氣衛生行旅治安各情形均所深悉甘願自爲籌備其旅華時及回國歸途之中該受傭人本身及其眷屬如有疾病災患傷廢等事中國國家及公司不擔責任惟在工作時間及在作工地面以內遇有受傷因而成廢者酌給醫治費薪水兩個月至三個月其有因而殞命者加給卹費共六個月如不在工作之時及工作地面以內遇有上項情事概不給費

第八條代理　該受傭人如每年請假逾四星期實有不得已之事故以及患病逾四星期尚未痊愈而又因平日辦事勤能感情甚好准該受傭人自覓同一職務堪以勝任之人暫行代理惟須先期呈明本總辦允准後方可權時照辦一切責任仍該受傭人擔承並須力保其確能稱職每月應得薪費卽暫由該代理人領付其應否分給該受傭人之處本總辦概不過問惟辦事權限聽受命令及其他一切事宜仍按照原訂合同辦理該受傭人病愈或銷假時該受傭人卽應將代理人辭退並無絲毫費項本人卽日到工照常任事不得恃有代理人私自謀營事業及受他路之傭用違者罰扣薪水三個月至本總辦遇有更替時其接任之總辦該受傭人仍應受命唯謹

第九條評判　該受傭人平日辦事須與本路同事華洋人員和衷商辦不得私自爭執如實有意見不合事有關係者應陳明本總辦秉公判斷總之無論何事該受傭人不得請其公使領事出頭干預

第十條聲明　此次所訂合同照繕華文英文各三份由公司會辦委員與該受傭人當面簽字並由公司加蓋關防照樣各執一份簽定之後不得翻悔設有疑義當以華文爲準

大清宣統元年四月二十八日

西歷一千九百九年六月十五號　訂於華盛頓

滇蜀騰越鐵路公司會辦陳　押

滇蜀騰越鐵路公司委員吳　押

滇蜀騰越鐵路公司副公程司　押

附件二

滇蜀騰越鐵路總公司延聘美國總工程司合同

大清國滇蜀騰越鐵路公司呈明
郵傳部核准與
大美合衆國米梭里省聖魯伊斯之工程司威里姆多萊爲訂立合同事今因
中國自辦滇蜀騰越鐵路需用工程司考驗得美國籍人多萊堪以僱充滇蜀騰越鐵路總工程司之選所有合同訂定各條開列如左

第一條總則　該工程司自願受僱充當滇蜀騰越鐵路總工程司所有本合同載明各條該受僱人當始終遵守不得稍有違背

第二條年限　該總工程司受僱年限自到工之日起以三年爲期如期滿該路工程尚未完竣該受僱人當靜候本總辦之合意與之續訂期限合同該受僱人即當接續勘築竣工不得稍有居奇及臨時要求等事儻彼此不願續訂或於合同期內辭差均須三個月前具函知照

第三條薪費　該受僱人應得薪水每年共計美金壹萬元自該受僱人到工之日起支至該受僱人卸事之日或在差病故之日爲止按照西歷每月底由公司給付金銀價格均應按照就近之市價合算無論如何漲落概不另給貼耗如在合同期限以內不論何時該受僱人一經辭差薪水即日停止其當差不及一月者按日計算至請假及患病各在四星期以內經本總辦允准及經派有醫生驗明者概不扣減薪水惟每年總計請假患病各逾四星期者仍須按日核扣且請假究與患病不同雖在四星期以內該受僱人必須選堪以勝任人員暫爲代理以免貽誤要工否則不能允準此外該受僱人因公出差之住屋伙食以及自養馬匹或他種代步舟車等費應由公司核實給發所有公費醫藥費自僱僕役工食及一切雜費均包括在薪費之內

第四條川資　該受僱人由美赴華如攜家眷應給美金八百元如合同期滿工竣回國並無違犯事故以及合同期限未滿久病不能辦公辭退立時回國者准給回國路費美金八百元其合同期限以內因事撤退及期限雖滿適犯事故或另受中國他路他處之僱或藉病觀望逗遛經派有醫生驗明並非實在病重不能回國者回國川資概不照給

第五條權限　該工程司居於受僱之地位稟承本總辦之指示擔任本路測勘建築及一切路工應辦之事或本總辦隨時派該受僱人調查各路事件或中國各路商請派往協助經本總辦允認該受僱人遵命前往者悉照本合同第六條辦理凡中國
國家暨郵傳部所定一切律例規章並臨時所發之命令該受僱人均須敬謹遵守平日並須敬重中國官紳順洽華人性情至與地方交涉事宜該受僱人無與地方文武官員直接之權應陳明本總辦理處其所用書記繙譯一切人等均由公司

黜陟但總辦可飭其服從總工程司合宜之命令其自行僱用之僕役人等如有不法情事亦聽公司照例懲辦該受僱人不得干預爭論至關繫本路事件只準隨時稟報本總辦不得向局外人道及並不得將往來公事在外洩漏儻有不稱職守違背合同條款不遵守本路所定之各項規則章程及臨時命令或任性滋事虐侮欺詐者本總辦有立時撤退之權但可聲明理由准其自行申訴由本總辦裁奪分別撤退一經撤退之後即行停止薪費不給川資該受僱人應即立時離工

第六條職務　該受僱人既爲本路僱用應將本身工夫心思才力統爲本路出力辦事並須愛惜日力時刻以路事爲重不得虛負時間本總辦與該受僱人討論工程疑難之處以及車務養路等事宜該受僱人責無旁貸當悉心籌議竭力贊助不得稍有推諉其本路一切工程須從極省儉極堅固之法辦理平日本路應用器具材料該受僱人開單簽字呈明本總辦核准後方可給發事後應行撤回

者應即照數設有遺失但係託其經理者該受僱人照數賠償在合同期限以內不得自營他項事業不得爲他人代辦事件非有本總辦之命令亦不得預聞中國別路之事綜言之凡無關本路之各營業各事宜無論爲己爲人概不准出頭干預並不得暗中主謀平時非請假允准後尤不得擅離職守至本路應購各項材料該受僱人須先期開單務求核實合用呈明本總辦查核或在中國採辦或在外洋訂購應由公司自行購辦該受僱人不得干預包攬其洋人承攬包工非經本總辦允許該受購人不得擅自僱用惟擔認本路事宜對於本路即有應盡之職務如本路在差各華員堪以學習工程事宜者以及中國鐵路學堂畢業生奉派在本路練習者該受僱人應隨時隨事盡心教導俾得實地練習此外本路材料圖籍以及他項重要之件由本總辦飭交該受僱人照管或由其經手者必須妥慎經理立册登記一俟飭令移交他人須立時照數交代清楚若未經本總辦委任者該受僱人不得過問

叁

第七條身命　該受僱人與本路供差之華員無異應自認中國之飲食日用居住天氣衛生行旅治安各情形均所深悉甘願自爲籌備其旅華時及回國歸途之中該受僱人本身及其眷屬如有疾病災患傷廢等事中國國家及公司不擔責任惟在作工時間及在作工地面以内遇有受傷因而成廢者酌給醫治費薪水兩個月至三個月其有因而殞命者加給郵費共六個月如不在工作之時及工作地面以内遇有上項情事概不給費

第八條代理　該受僱人如每年請假逾四星期實有不得已之事故以及患病逾四星期尚未痊愈而又因平日辦事勤能感情甚好准該受僱人自覓同一職務堪以勝任之人暫行代理惟須先期呈明本總辦允准後方可權時照辦一切責任仍該受僱人擔承並須力保其確能稱職每月應得薪費即暫由該代理人領付其應否分給該受僱人之處本總辦概不過問惟辦事權限聽受命令及其他一切事宜仍按照原訂合同辦理該受僱人病愈或銷假時該受僱人即應將代理人辭退並無絲毫費項本人即日到工照常任事不得恃有代理人私自謀營事業及受他路之僱用違者罰扣薪水三個月至本總辦遇有更替時其接任之總辦該受僱人仍應受命唯謹

第九條評判　該受僱人平日辦事須與本路華洋人員和衷商辦不得私自爭執如實有意見不合事有關係者應陳明本總辦秉公判斷設與總辦有所爭論者則由總辦呈請郵傳部派員斷定飭遵總之勿論何事該受僱人不得請其公使領事出頭干預

第十條聲明　此次所訂合同照繕華文英文各三份由公司會辦委員與該受僱人當面簽字並由公司加蓋關防照樣各執一分簽定之後不得翻悔設有疑義當以華文爲準

大清宣統元年四月十七日

西歷一千九百九年六月　四　號訂于聖魯伊斯

滇蜀騰越鐵路公司會辦陳　押

滇蜀騰越鐵路公司委員吳　押

滇蜀騰越鐵路公司總工程司　押

肆

一七九

費

照會事前接駐粵美總領事文稱美孚公司在梧州貿易因稅務司無理辦法以致商務有虧等因查從前火油辦法係裝鉄罐由外洋運入西江及各通商口岸先存於躉船或小帆船之内俟居售賣之期再撥裝本地小船運銷内地此歷經運火油之寔在情形玆英商令爐普臣公司美商美孚公司均在梧州對岸租定地址建造油池棧房英公司現已修妥美孚公司尚未修竣俟完工時將散艙油船運到瀉入河岸油池復由池裝罐存棧售出時再裝本地船隻運往其原裝有罐者並非

散裝之油，當運售時，先有兩項辦法：一令來船停泊，陸續起卸油箱；一先存於撥船，後裝於本地小船。此兩辦法，係英美兩火油公司在西江岸各口歷年常用之法。查西上年十月美公司運油撥船一隻，名兩廣，該船較前在梧州所用之船尺寸略大，專備裝存油箱，比前用之船較無危險，今換用此船，大爲有益。不料撥船至梧，該處稅務司不准用以存儲油箱，當經駐粵美總領事屢商粵督，該督惟憑稅務司一面之詞，以致將此案未曾了結。未悉該稅司係何意見，想係與美商有不和平之心意。雖經美總領事親自赴梧一次，勸解該稅務司辦事須合情理，仍執意不允。查該

稅司所云大約係疑美孚公司有意在大撥船之旁停泊小躉船一隻
接收所來之散艙油由小躉船裝罐後再儲存於大撥船此等求函辦法本署
大臣敢保其必無倘或有之決不成全保護令該公司用此新撥船存儲已
在外洋裝罐之火油無非按照從前辦法並無別項意見即希
貴親王查照咨行兩廣總督速與美總領事將此案早為商定切勿聽
信該稅務司不合理之辦法以免因一偏之見致將來美國商務有虧倘
該處地方官仍恐出有危險必須令該公司擔立保火險憑據即使按
照從前辦法訂立保險字樣亦無不可惟各國油商均當一律辦理方昭

公允相應照會

貴親王查照轉行可也須至照會者 附送洋文

右　照　會

大清欽命全權大臣便宜行事軍機大臣總理外務部事務和碩慶親王

一千九百十貳年貳月拾捌

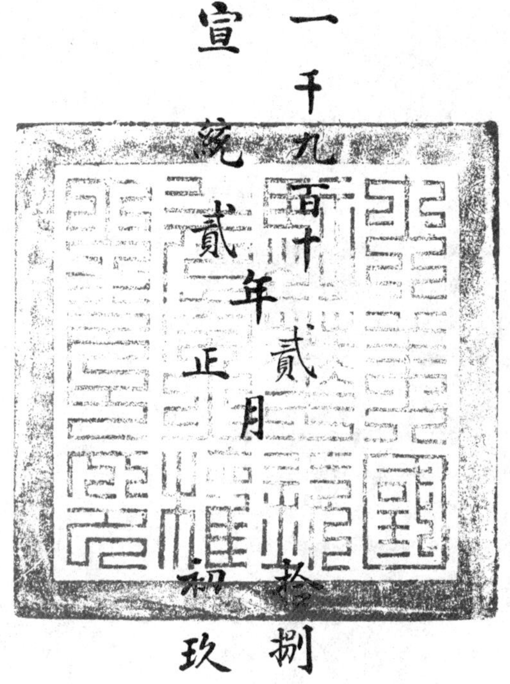

宣統貳年正月初玖日

附件

AMERICAN LEGATION,
To F. O. No. 621. PEKING.

February 18, 1910.

Your Imperial Highness:

I am in receipt of a despatch from the Consul General at Canton with regard to certain diffculties which have been made for the Standard Oil Company of America in the conduct of its business at the treaty port of Wuchou.

Up to the present time oil has been imported in cases and stored on lighters, or sailing vessels at the different West River ports until sold, when it has been transferred to the native boats which have taken it to its destination in the native markets. Both the Asiatic Petroleum Company, a British firm, and the Standard Oil Company, an American firm, have now leased land at Wu Chou for the erction of oil tanks and storage go-downs. The buildings of the British Company have been completed and those of the American Company are in process of erection. When the oil-tank and go-downs are finished the oil will be pumped from the tank ships into the oil tanks on shore and will be tinned on shore and the tins will be placed in the go-downs until sold, when it will be transferred from the go-downs to the native boats of the purchasers.

When kerosene oil is imported in tins and not

in

To His Imperial Highness
Prince of Ch'ing,
President of the Board
of Foreign Affairs.

in bulk it is either transferred from the vessel importing it to the native boats without first removing it to shore go-downs, or it is stored on lighters which are anchored at places indicated by the Customs authorities and loaded on to the native boats from the lighters.

This has been the custom of both the British and the American Companies at the different West River ports for many years.

The Standard Oil Company, last October, sent a lighter called the "Two Kuang" to Wu Chou for the storage of case oil at that port. The "Two Kuang" was somewhat larger than the vessel which had been previously used for that purpose at Wu Chou, but as it was especially constructed for safety it was distinctly an advantage to all concerned to use it rather than the smaller vessel which had been in use before, but to the surprise of the Company the Commissioner of Customs at Wu Chou refused to allow the new lighter to be used for the storage of oil.

The American Consul General has attempted to settle this matter with the Viceroy of the Liang Kuang, but His Excellency seems unwilling to act except on the advice of the Commissioner of Customs at Wu Chou, whose attitude seems distinctly unfriendly to the American Company. Our Consul General has also made a special trip to Wu Chou to endeavor to persuade the Commissioner of that port to take a reasonable position, but without success. The principal argument adduced by the Commissioner is that he suspects the Company to have the intention to tin the oil on a boat in the river after the oil tank has been erected on shore, and store the oil so

tinned

- 2 -

tinned on the new lighter instead of in go-downs on shore. The Company has no such intention and will not be supported by this Legation if they should attempt such a course. The new lighter is simply to be used for the storage of oil imported in tins.

I have the honor to ask Your Imperial Highness to issue instructions to the Viceroy of the Liang Kuang to settle this matter in consultation with the American Consul General, disregarding the unreasonable objections of the Wu Chou Commissioner to the use of the Company's lighter "Two Kuang" in this perfectly legitimate way, in order that the interests of American trade may not suffer. In case a guarantee against possible injury from the kerosene is demanded by the local authorities it must be a reasonable guarantee and any such drawn up must be enforced against all nationalities alike and not confined in its operations to American merchants only.

I avail myself of this opportunity to renew to Your Imperial Highness the assurance of my highest consideration.

Charge d'Affaires.

一八〇

咨粵督美使照稱美商火油在梧州換用存油撥船可否飭令妥商辦結酌核見復由

行 行

外務部左侍郎聯

外務部右侍郎鄒

正月十四日 行

正月十四日 行

榷算司

呈爲咨行事。宣統二年正月初九日准美貴署使照稱：前接駐粵美總領事文稱，美孚公司在梧州貿易，因税務司無理辦法，以致商務有虧等因。查從前火油辦法，係裝鉄罐，由外運入西江及各通商口岸，先存於撥船或小帆船之内，俟售賣之期再撥裝本地小船運銷内地。此歷經運火油之寔在情形。兹英商亞細亞煤油公司、美商美孚公司均在梧州對岸租定地址建造油池棧房英公司現已修妥美孚公司尚未修竣俟完工時將散艙油船運到瀉入河岸油池復由池裝鉄罐存棧售出時再裝本地船隻運往其原裝有罐者並非散裝之油當運售時先有兩項辦法一令來船停泊陸續起卸油箱一先存於撥船後裝於本地小船此兩辦法係英美兩火油公司在西江岸各口歷年常用之法當西上年十月美公司運油撥船一隻名兩廣該船較前在格〔梧〕州所用之船尺寸畧大專備裝存油箱比前用之船較無危險今換用此船大為有益不料撥船至梧該處稅務司不准用以存儲油箱當經駐粵美總領事屢商粵督該督惟憑稅務司一面之辭以致將此案未曾了結未悉該稅司係何意見想係與美商有不和平之心意雖經美總領事親自赴梧一次勸解該稅司辦事須合情理仍執意不允查該稅司所云大約係疑美孚公司有意在大撥船之旁停泊小躉船一隻接收所來之散艙油由小躉船裝罐後再儲存於大撥船此等水面辦法本署

大臣敢保其必無偶或有之決不成全保護今該公司用此新撥船存儲已在外洋裝罐之火油無非按照從前辦法並無別項意見即希查照咨行兩廣總督速與美總領事將此案早為商定切勿聽信該稅務司不合理之辦法以免因一偏之見致將來美國商務有虧倘該處地方官仍恐出有危險必須令該公司擔立保火險憑據即使按照從前辦法訂立保險字據亦無不可惟各國油商均當一律辦理方昭平允等因前來查此案稅務司因何不允美商換用存油撥船據美使所稱各節似亦屬照常辦法可否飭令妥商辦結之處相應咨行

貴督查照酌核見復以便轉復美使可也須至咨者

粵督

宣統二年正月　日

一八一

逕啟者，頃接本國駐粵署領事官來電，據美孚公司接梧州稅務司函稱，將來油箱船隻到梧，如為數甚鉅，切勿在油船停泊處所起卸等因。查此等辦法，該稅務司不但任意而行，冒失無理，且於美國所應有條約内之利益亦多妨礙，即希

貴親王札行總稅務司轉飭梧州稅務司，將前所知會美孚公司之語作廢，並以後該公司所運油箱，無論多寡，皆當照常起卸，相應函達

美國使署

貴親王查照轉行可也。此泐，順候

日祉。附洋文

費勒器啟　正月二十三日

附件

AMERICAN LEGATION,
PEKING.

To F.O. No.627.

March 4, 1910.

Your Imperial Highness:

I am in receipt of a telegram from the Acting American Consul General at Canton,stating that the Commissioner of Customs at Wuchow has notified the American Standard Oil Company that in future vessels with large cagoes of case oil cannot discharge at the usual anchorage.

I cannot but look upon this action of the Commissioner of Customs as arbitrary action in restraint of American Treaty rights, and I therefore request Your Highness to issue instructions to the Inspector General of Customs to order the Commissioner of Customs at Wuchow to rescind the notification which he has sent to the representative of the Standars Oil Company and to allow the said Company to discharge oil as before whether the same is imported in large or small quantities.

I avail myself of the opportunity to renew to Your Highness the assurance of my highest consideration.

Charge d'affaires.

To His Imperial Highness,
Prince of Ch'ing,
President of the Wai Wu Pu.

一八二

外務部

咨呈

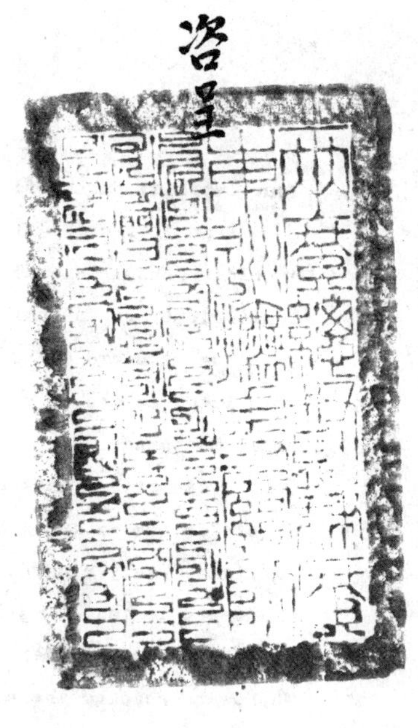

為

咨復事宣統二年正月二十八日承准

貴部咨開宣統二年正月初九日准美貴署使照稱前接駐粤

美總領事文稱美孚公司在梧州貿易因稅務司無理辦法以

致商務有虧等因查從前火油辦法係裝鉄罐由外運入西江

及各通商口岸先存於𢫬船或小帆船之內俟售賣之期再𢫬裝本地小船運銷內地此歷經運火油之實在情形茲英商今爐昔臣公司美商美孚公司均在梧州對岸租定地址建造油池棧房英公司現已修妥美孚公司尚未修竣俟完工時將散艙油船運到瀉入河岸油池復由池裝罐存棧售出時再裝本地船隻運往其原裝有罐者並非散裝之油當運售時先有兩項辦法一令來船停泊陸續起卸油箱一先存於𢫬船後裝於本地小船此兩辦法係英美兩火油公司在西江岸各口歷年常用之法當西上年十月美公司運油𢫬船一隻名兩廣該船較前在梧州所用之船尺寸畧大專備裝存油箱比前用之船較無危險今換用此船大為有益不料𢫬船至梧該處稅務司不

准用以存儲油箱當經駐粵美總領事屢商粵督該督惟憑稅務司一面之辭以致將此案未曾了結未悉該稅司係何意見想係與美商有不和平之心意雖經美總領事親自赴梧一次勸解該稅司辦事須合情理仍執意不允查該稅司所云大約係疑美孚公司有意在大躉船之旁停泊小躉船一隻接收所來之散艙油由小躉船裝罐後再儲存於大躉船此等水面辦法本署大臣敢保其必無倘或有之決不成全保護令該公司用此新躉船存儲已在外洋裝罐之火油無非按照從前辦法並無別項意見即希查照咨行兩廣總督速與美總領事將此案早為商定切勿聽信該稅務司不合理之辦法以免因一偏之見致將來美國商務有虧倘該處地方官仍恐出有危險必須

令該公司擔立保火險憑據即使按照從前辦法訂立保險字據亦無不可惟各國油商均當一律辦理方昭平允等因前來查此案稅務司因何不允美商換用存油躉船據美使所稱各節似亦屬照常辦法可否飭令妥商辦結之處相應咨行查照酌核見復以便轉復美使可也等因到本署部堂承准此查此事前據梧州關道轉據稅務司以美商三達公司經議定准租下黎水涌地方起建油池現該公司忽用大躉船停泊本口河面接收香港所來之散艙火油實屬大為危險稟請照會美領速為阻止以保公安等情當即照會美領迅飭該公司速將該大躉船刻日駛出西江並不得私運散艙火油至梧以免貽害地方文牘迭經往來嗣據美領來署面稱該公司已擬迅將油

池建築並遵美商亞細亞油池章程辦理惟油池未經築成以前請准其在兩廣大躉船存儲裝箱火油另先立保單倘有失事一切屋產物業人命概由公司賠償等語當以大躉船存儲裝箱火油該公司既須先具保單遇有失慎一切認賠應准其在大躉船暫存裝箱火油三個月俾其速建油池倘限滿尚未建成無論如何即令躉船退回香港以免不測電飭梧州關道會同稅司妥擬保單並油池章程再准開工其保單辦法亦經梧州關道擬妥相應抄錄咨復為此咨呈

貴部謹請察核轉復美使施行須至咨呈者

計抄保單式樣五條

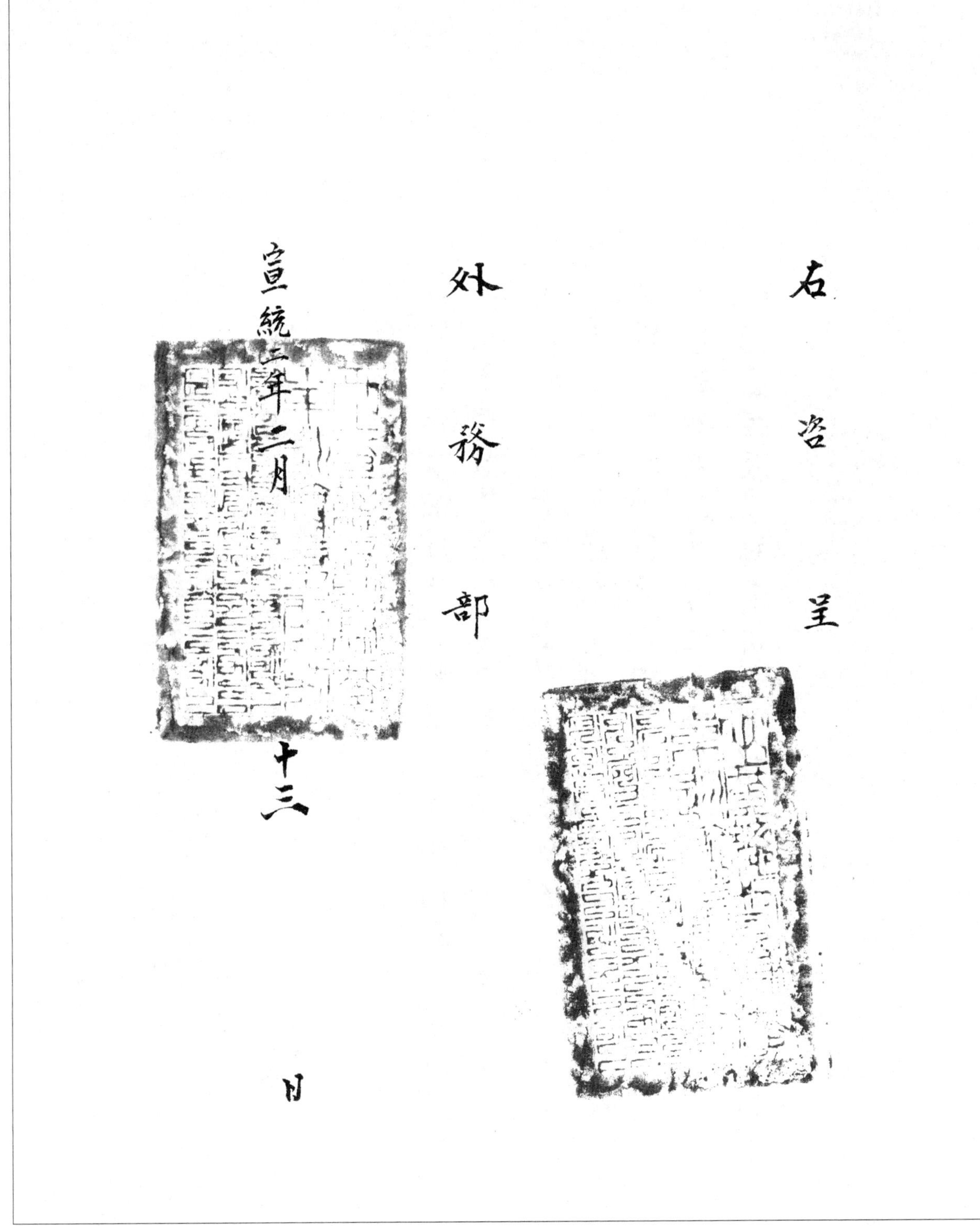
右咨呈

外務部

宣統二年二月十三日

附件

外務部收

商務

計開

一該公司承認梧州關監督准兩廣躉船存儲裝箱火油祗係三個月為限自宣統元年十二月初一日起以便該公司在岸建設油棧無論如何一至宣統二年三月初一日該公司即應將兩廣躉船內所有火油移出斯時而後再不准存儲火油此船亦退回香港

一所有在該躉船應防火患及各項意外之事該公司承認應從嚴專飭其用人等格外慎重譬如何處何

法設燈及吹爨吸烟並移動油箱及預防洩漏油艙
通氣各等情事
一倘有不測傷害人命及財產物業或出於管理躉船
之不慎或出於躉船以內或出於躉船以外有各項
意外之故該公司承認從優給資賠償其應給數目
由監督與總領事商訂如被傷害者係洋人應由各
該國領事與總領事商訂梧州地方官毫無責任
一爲担保以上款項起見三達公司不但在美國總領
事官前立具此等甘結亦甘願立時在滙豐銀號備
存至少三個月限銀弍萬兩並將該銀號存銀票據
交監督署收存
一該躉船出入之火油該公司應照本口現有各項章
程辦理以上甘結係該公司之司理人在廣州口美
總領事官前於宣統元年月日畫押蓋戳此據

一八三

函復美費署使據稅務處復稱美孚公司在梧州起卸火油如遵照地方官所定辦法訂立合同具交保結自可通融辦理由

行 行

外務部左侍郎聯

外務部右侍郎鄒

二月廿三日 行

二月廿三日 行

函復美費署使

逕復者宣統二年正月二十三日接准

函稱頃接本國駐粵署領事官來電據美孚公司接

梧州稅務司函稱將來油箱船支到梧如爲數甚鉅

切勿在油船停油（泊）處所起卸等情查此等辦法該

稅司不但任意而行冒失無理且於美國所應有條

約內之利益亦多妨礙等因當經本部咨行稅務處轉飭總稅務司查明聲復去後茲准復稱劄據署總稅務司申復稱查火油一物易出危險自不得准其裝船駛入口界中間俾免他船受意外之連累更不得准其裝於躉船在口界中間常行存儲以致危險更鉅凡裝載火油之船按照通商各口理船廳章程均指明特別處所令其停泊隔離他船以防出險查閱中國所訂各約章亦無允准此項油船駛入口界中間及在口界內躉船上常久存儲火油之語義惟若有特別情事通融辦理亦須特定保安之條款由火油公司承認遵行方能照允奉到前因即經電詢梧州關稅務司查明聲復茲據電復稱裝運火油船隻駛入本

口界内中間歷經地方官禁阻嗣由英商亞細亞火油公司往復磋商始由官憲訂定條款由該公司立有合同承認簽押並另具甘結聲明出險認賠等語繕就簽交遂經官憲特别通融辦理准該公司在口界岸上建築火油棧房並准該商裝載箱油船隻到口界内暫停立即卸油入棧每次准運至多之額數為一萬二千箱今美商美孚公司裝運火油在梧並未建有棧房又未立有合同承認條款另具之甘結亦未繕交竟欲力請將躉船停泊口界之内存儲箱油曾由紳士稟駁不准嗣由督憲准該公司如其具交甘結於三個月之間暫用大躉船存儲箱油於口界之内乃甘結繕就並未簽押忽於本年正月十二日該公司來有油船三隻入口泊於各他船之間計

共裝火油四萬五千箱之多伏思火油實屬危險而運數又如此之鉅原欲令其中極大之一船退移口界以外嗣經通融允准該油船在口界内祇此一次且告誡以此後不能再准入口界之中若果美孚公司建有棧房立有合同承認條款具交保結簽押一切均照亞細亞火油公司成案辦理亦可特別通融准其與亞細亞公司享受同等之利益等情申請轉咨等因咨請查照前來相應函復

貴署大臣查照轉飭美孚公司遵照地方官所酌定辦法辦理可也順頌

日祉

全堂銜

宣統二年二月　日

一八四

鐵路

洋債门

外務部收

鄂督文一件

宣統元年分粵漢鐵路借票息金已發交銷號由

頭品頂戴署理湖廣總督部堂兼管巡撫事瑞　爲

咨呈事宣統二年二月二十七日准出使美墨秘古國大臣

伍　咨開案照粵漢鐵路借票息金每年以西五月一號十一

月一號按期由鄂湘粵三省攤還其贖回之小票向係咨送

貴督部堂查收驗銷歷經照辦有案查宣統元年三月十二

日即西五月一號九月十九日即西十一月一號均係應還

息金之期鄂湘粵三省每期匯來之款共計美金五萬五千

五百五十元業已按期向合興公司如數付訖該公司每期

亦即將贖還之息票交由經手代還之寳通銀行呈送前來相應將該兩期息票各四千四百四十四張共計八千八百八十八張照案備文咨送查照驗銷並希見復等因到本部堂准此除將息票發交粵漢鐵路駐鄂分局照收銷號暨分咨外相應咨呈爲此咨呈

貴部請煩查照施行須至咨呈者

右咨呈

外務部

宣統　　　　日

應之件

右參議陳懋鼎　三月　日

一八五

美國使署

逕啟者茲因美國分設駐華借款包料公司其代表人費森敦呈送本大臣稟一件内稱中國鐵路及他項大工程該公司情願襄助包辦材料及出借款項之事據該代表稟内所開計有三路一條從海州過開封到西安一條從廈門到漢口一條從杭州到廣州此三項路事均可商辦本大臣向於合理之商務無不樂爲成全今查該公司尚有把握

貴國如有需用之事請將該代表稟内語意詳爲參考以便商辦相應將原稟函送

貴王大臣查照辦理可也此泐順頌

日祉附洋文並原稟

嘉樂恒啟　五月初一日

附件一

AMERICAN LEGATION,
PEKING.

To F.O. No. IO.

June 7, I9IO.

Your Imperial Highness:

I have the honor to transmit to Your Highness the copy of a note received from Mr. Fessenden, Attorney for the China Investment and Construction Company, relative to the desire of the Company he represents to participate in the financing, as well as in the construction and supplying of material, for railway and other enterprises of large magnitude in China, and notably in the following railway loans:

The Hai Chou, K'ai-fêng, Hsi-an Line,

The Amoy, Hankow Line,

The Hang Chou, Canton Line.

I need not inform Your Highness that the Legation takes pleasure in cordially endorsing every legitimate American enterprise in China, and bespeaks for the application of the China Investment and Construction Company the friendly consideration of the Imperial Government.

I avail myself of this opportunity to renew to Your Highness the assurance of my highest consideration.

W. J. Calhoun

American Minister.

To His Imperial Highness,

The Prince of Ch'ing,

President of the Board of Foreign Affairs.

附件二

To Their Highnesses and Excellencies; Members
of the Wai Wu Pu, Peking, China.

Respectfully represents, the China Investment and Construction Company, whose credentials were filed with the Chinese government in January, 1904;

That it is now informed and understands that the Chinese government having heretofore contemplated the building of railways in China from Amoy to Hankow and from Hang-Chow to Canton, now contemplate in addition thereto, constructing a railway from Hai-Chow to Kai-feng-fu and Hsin-gan-fu.

These are great undertakings and it requires large capital to carry out such enterprises successfully.

In the event that the Chinese government finds it necessary or desirable in order to adequately finance these great railway enterprises to raise money requisite therefor in foreign countries, or to avail itself of the services of foreign capitalists for that purpose, the China Investment and Construction Company respectfully lays before your Honorable Body for its careful consideration and to be placed upon the records of its office, the following proposition, namely:

In case the Chinese government decides to negotiate and contract with any foreign corporation for the loans necessary for the adequate construction of the said railway enterprises, the China Investment and Construction Company hereby begs leave to respectfully renew the application made by American capitalists to the Chinese government during the years 1895 and 1898 for the loan and contract for the construction of the Amoy to Hankow railway, and to renew the application made by this Company to the Chinese government in January and February, 1904 for the loan and contract for the construction of the Amoy to Hankow and Hang-Chow to Canton railways, copies of which applications are now on file with the American Legation at Peking. These applications and the privilege of continuing the negotiations thereunder will we trust be recognized in the interests of said Company by the Chinese government.

The China Investment and Construction Company hereby respectfully makes application for the opportunity to provide and contract for all loans that may be necessary for the construction of the Amoy to Hankow, the Hang-Chow to Canton and the Hai-Chow to Kai-feng-fu and Hsin-gan-fu railways.

This application is filed through the United States Legation at Peking, where one duplicate is retained for reference, one duplicate being filed with the State Department at Washington, D. C., and any communication that your Honorable Board may desire to make in relation thereto may be addressed to the United States Legation at Peking, or to Jernigan & Fessenden of Shanghai, China, the attorneys of the Company in China, or directly to the President, George H. Macy, at 140 Pearl Street, New York, U. S. A.

All of which is respectfully submitted by

-3-

said China Investment and Construction Company.

Dated New York, May 25, 1910.

CHINA INVESTMENT AND CONSTRUCTION COMPANY

By Geo. H. Macy

President.

附件三

Copy.

Peking, China, June 6, 1910.

Honorable W. J. Calhoun,
United States Minister,
Peking.

Sir:

I beg to submit to you that my firm, which is known to you, are attorneys for the China Investment and Construction Company of New York and represent the Company in China.

The China Investment and Construction Company is composed of a number of prominent American business men and capitalists who are identified either directly or indirectly with business interests connected with China. Among these may be mentioned Mr. George H. Macy of the firm of Carter, Macy & Co. one of the largest importers of China teas in the United States, Mr. Edwin Hawley of the Southern Pacific System which is directly interested in the carrying trade between China and the United States, the well known bankers of New York City, Messrs. Speyer, and Mr. James R. Morse of the American Trading Company.

The China Investment and Construction Company is not only capable but desirous of undertaking the financing as well as the construction and supplying of material for railway and other enterprises of large magnitude. The Company is aware that China has in contemplation the building of extensive lines of railway for which it is assumed that large loans will be required. Accordingly as representative of the China Investment and Construction Company

I

 3-2

I am instructed to make an application through the Legation on their behalf for the following railway loans:

Haichow, Kaifengfu, Hsianfu Line

Amoy Hankow Line

Hangchow Canton Line

I therefore beg to request that the application of the China Investment and Construction Company to make any loans which may be required in connection with the above mentioned railways be submitted to the proper department of the Chinese Government with the indorsement of the Legation.

I have the honor to be, Sir,

Your obedient servant,

(Signed) Stirling Fessenden

Attorney for the China Investment and Construction Company.

附件四

照譯美國借款包料公司上美嘉使禀

敬禀者，鄙人代表美國借款包料公司在華開設分行。本公司東家皆美國商業之廣有財力並與中國商務具有直接或間接之關係者，如美國最大華茶商家麥克因運茶與中國有關係，大西洋公司郝禮因轉運與中國有關係，紐約銀行司配爾詹梅士及美商真爾士等是。本公司凡遇借款及鐵路包工包料及一切大宗工程營業，不僅有力承辦，且亦甚願承辦。中國現正籌築各處鐵路，想必需商借大宗洋債，鄙人以代表資格奉本公司命令禀請使館轉向中國政府攬借下列各鐵路借洋債：

一、自海州過開封達西安之鐵路

二、自廈門至漢口之鐵路

三、自杭州至廣州之鐵路

為此具禀，懇將借款包料公司所有擬請攬借於上列各鐵路洋債事宜，由使館出具考語照會中國政府，實為公便。須至禀者。

代表賈森敬簽字

附件五

照譯美使照送包辦借款材料公司致本部節略

外務部鈞鑒：敬啟者，敝公司前於西一千九百零四年正月間曾將設立公司之憑送請貴國政府存查在案。現在聞知中國政府擬於從前擬造之廈門漢口及杭州廣東兩條鐵路外，加造海州開封以至新安府之一路。以上各路工程均關重大，非籌鉅大資本不能望有成功。設使中國政府以為須在外國籌備資本以辦各該鐵路，或託外國資本家代辦，敝公司茲將擬代籌辦節略開列於後，敬請貴部察核存案。

設使中國政府定見與外國公司議立合同籌備應需款項築造各該鐵路，敝公司則援前於一千八百九十三年及一千八百九十八年美國資本家所呈築造廈門漢口鐵路借款合同請願書，今再請照此辦理；并援敝公司前於一千九百零四年正月及二月所呈中國政府之築造廈門漢口及杭州廣東兩處鐵路借款合同請願書，亦再請照此辦理。其各該請願書均經鈔呈北京美國使署存查在案。敝公司盼望所呈之各請願書及接續議辦之條約均為中國政府承認。敝公司必辦至廈門漢口與杭州廣東及海州開封至新安府之各鐵路必須借款築造，敝公司亦請於此機會准予代為籌款。此次所呈請願書業經送由北京美國使署轉呈美國政府存案，並經鈔錄一分送交北京美國使署留備存查。備蒙貴部賜覆，祈交北京美館轉寄，或寄敝公司駐華律師上海佑尼干律師轉交，或逕寄敝公司總理梅西駐美國紐約珠街第一百四十號亦可。詳畧敬悉。鈞祺。

梅西謹照包辦借款材料公司總理梅西謹啟 一千九百十年五月二十五號自紐約發

六月十五日 英股股員伍璜譯呈

一八六

洛郵傳部美嘉使函稱美商駐華借款包料公司情願襄助包辦工程材料由

外務部左侍郎鄒 行
署外務部左侍郎曹 行
外務部右侍郎胡

五月 日
五月 日
福
行

考工司

呈為洛行事宣統二年五月初一日接准美嘉使函稱茲因美國分設駐華借款包料公司其代表人費森敦呈送本大臣禀一件内稱中國鐵路及他項大工程該公司情願襄助包辦材料及出借款項之事據該代表禀内所

開計有三路一從海州過開封到西安一從厦
門到漢口一從杭州到廣州此三項路事均
可商辦本大臣向於合理之商務無不樂為
成全今查該公司尚有把握貴國如有需
用之事請將該代表禀内語意詳為參考
以便商辦並將原禀函送查照辦理等因前
來相應抄錄原禀咨行
貴部查照核覆可也須至咨者 附抄件

郵傳部

宣統二年五月　日

一八七

咨

郵傳部 為咨呈事路政司案呈接准

咨開准美嘉使函稱兹因美國分設駐華借

款包料公司其代表人費森敦呈送本大臣禀

一件内稱中國鐵路及他項大工程該公司情

願襄助包辦材料及出借款項之事據該代表

禀内所開計有三路一從海州過開封到西

安一從厦門到漢口一從杭州到廣州此三項

路事均可商辦本大臣向於合理之商務無

不樂為成全今查該公司尚有把握貴國如

有需用之事請將該代表禀内語意詳為參

考以便商辦并將原禀函送查照辦理等

情相應鈔録原禀咨請查照核覆等因前

來查所開各路或由官撥款建造或由各省紳商集股陸續展築無須借用外款至色工色料一節查官商各路採買料件色造工程向由各該局及各公司較量各廠及各工頭材料良窳價值低昂隨時分起投標訂購毋庸預行指定相應咨復

貴部查照希即酌核照復美使可也須至咨呈者

右咨呈

外務部

宣統貳年伍月初九日

一八八

函復美嘉使准郵傳部復稱美國借款包料公司應隨時投標勿庸預行指定等語希查照由

行　行

外務部左侍郎鄒　五月十一日

署外務部左侍郎曹

外務部右侍郎胡　五月　日

復美嘉使信

逕復者前准

來函以美國分設駐華借款包料公司代表人（貴森敦）禀稱中國鐵路及他項大工程該公司情願襄助包辦材料及出借款項之事據該代表禀內所開計有三路一從海州過開封到西安一從廈門到漢口一從杭州到廣州此三項路事均可商辦貴國如有需用之事請將該代表禀內語意詳為參考以便商辦并將原

稟函送查照辦理等因本部當將原稟咨送郵
傳部核復去後兹准復稱查所開各路或由官撥款
建造或由各省紳商集股陸續展築無須借用外
款至包工包料一節查官商各路採買料件包造
工程向由各該局及各公司較量各廠及各工頭材料
良窳價值低昂隨時分起投標訂購毋庸預行指
定等因前來相應函復
貴大臣查照可也順頌
日祉

美嘉使

堂銜

宣統貳年五月　日

一八九

逕啟者五月初一日本大臣致函一件内稱美國分設駐華借款包料公司於海州過開封到西安厦門到漢口杭州到廣州三鐵路情願襄助包辦材料與出借款項一節現在該公司擬有詳細章程囑代表費森敦呈由本大臣函請

核奪相應將原件附送

貴王大臣查照可也此泐順頌

日祉 附洋文並原件

嘉樂恒啟 六月十三日

美國使署

附件

AMERICAN LEGATION,
PEKING.

To F. O. No. 20

July 19 1910.

Your Imperial Highness:

I have the honor to refer to my note of the 7th ultimo with reference to loans for the financing and construction of the following railways from Amoy to Hankow, Hangchow to Canton and from Haichou to Kifengfu and Hsinganfu, and to enclose herewith a communication which I have received from Messrs. Jernigan and Fessenden of Shanghai, Attorneys for the China Investment and Construction Company, which I am requested to transmit to Your Highness' Board.

I avail myself of this opportunity to renew to Your Imperial Highness the assurance of my highest consideration.

W. J. Calhoun
American Minister.

To His Imperial Highness
Prince of Ch'ing,
President of the Board
of Foreign Affairs.

一九〇

復美嘉署使
逕復者昨准
函稱五月初一日本大臣致函一件内稱美國分設駐華借款包料公司於海州過開封到西安厦門到漢口杭州到廣州三鐵路情願襄助包辦材料與出借款項一節現在該公司擬有詳細章程請爲核奪等因查前函所稱各節業准郵
傳部復文於五月十一日函達
貴署大臣在案該部既稱無須借用外款其工料應隨時分起投標毋庸預行指定則該公司所呈詳細章程自未便作爲存案並毋庸擬相應函復
貴署大臣查照飭知可也此復順頌
日祉
全堂銜
宣統二年六月　日

一九一

致美嘉使函美孚油池設浮橋船一事希飭美領與九江道和衷商辦由

行　　行

外務部左侍郎胡

外務部右侍郎曹

八月初十日

八月初十日

行

行

致美嘉使函

逕啓者，前准

貴館裴繙譯來言，美孚洋行於本月十二日有煤油一船運抵九江，備有浮碼頭以便卸油之用，被九江道阻止，請電飭勿阻，倘有窒礙難行之處，亦請電飭暫行允准等情。當經本部電達江西巡撫去後，現准電復稱此事先據九江道電稱美領來潯提議美孚油池擬仿鎮江設浮橋船等語當以應查明於該地水利等類有無妨碍潯地止有租地建池章程並無准設碼頭明文俟調查鎮江章程並體察地方情形方可商辦尚祈轉達

美國駐京大臣飭美領與關道和衷商辦等因合即函達

貴大臣查照轉飭貴國領事遵照商辦可也此泐順頌

日祉

全堂銜

宣統二年八月　　日

一九二

敬啟者：據本部造紙廠總辦劉聚卿京卿函稱，監造科科長戴沂號伯詠赴美聘請技師，並調查一切，准於九月初二日附搭高麗亞船放洋，務祈函請外務部發電知照駐舊金山領事黎榮耀觀察，於戴君坐該船進口時妥爲招待，免致梗阻等語。相應函達貴部查照辦理，並希見覆爲盼。專懇，敬頌台綏。

曾習經
陳宗嬀
傅蘭泰
晏安瀾
同啟
八月二十五日

一九三

函復度支部戴沂赴美聘請技師已電知舊金山領事妥爲照料由

行　行

外務部左侍郎胡
外務部右侍郎曹

九月初二日
九月初二日

行

復度支部　函信　參

逕復者，昨准

函稱：本部造紙廠監造科科長戴沂赴美聘請技師，准於九月初二日附搭高麗亞船放洋，請電知舊金山領事，於戴君坐該船進口時妥爲招待，免致梗阻等因。業由

本部電知駐舊金山黎總領事查照辦理矣

為此函復

台端查照並頌

勛綏

參丞銜

宣統二年八月　日

一九四

頭品頂戴兼護廣西巡撫部院布政使司布政使威勇巴圖魯張　咨

咨呈事案據廣西桂平梧鹽法道梧州關監督張祖祺詳稱竊查美商三達大油公司在梧州租地建立油池一案該公司先於光緒三十一年購成蒼梧縣民梁鳳儔三角嘴老虎埇地段聲明欲建油池該前縣李令均琦查勘以老虎埇附近民居通連木棧實有危險未允租契稟奉前督部堂岑　批飭速令梁鳳儔退還原租地價准美商改租下黎水埇經縣迭次催追詎梁鳳儔身故家屬赤貧而美商又以老虎埇為樞意堅不願意以致日久遷延旋經稟蒙前督部堂張　與駐粵美總領事再三磋議以下黎水

埔環山臨水四無民居飭縣勘丈尚屬合用最為兩便於
宣統元年三月始定議允贖前地奉札速籌地價該梁鳳
儔家屬既赤貧無力其款又不能延緩只得督飭府縣籌
挪梧城修濬公款不敷復另籌足稟奉批准共湊集原價
銀三千八百元於六月解經前護督部堂胡　照送美總
領轉交該公司收訖交還原契地圖札發註銷仍飭將換
租下黎水埔妥為辦結免生枝節當飭縣將贖回老虎埔
作為官地外職道查下黎水埔亦係民人施紀常之業聞
有賣與東商之言經飭府督縣傳集該民諭令明晰不得
售與別人隨據該公司代表洋商魯耳樂到梧由縣督同

與業主施紀常一併前往該處勘丈議定永租價銀二千元其地較前丈量畧有浮多作為官荒該洋商堅請併租只允價銀二百元否則地不敷用復經稟奉電飭照辦由縣督同立契交易明白照章印稅稟報計該處每年共應完錢粮銀四錢均飭據該公司承認按年照納此不在銀數之多寡原重征賦之國權惟該公司既租此地復又駛大躉船入口欲備成箱火油梧州河道狹窄船隻擁擠素多火患紳民公議力請阻止均經迭次稟詳嗣奉前督部堂袁 暫准該公司躉船儲油停泊三個月以待建設池棧飭經職道擬具保險章式稟呈轉送美總領查照而該

公司並未遵辦此原去年冬臘之議一至春水漲發對岸
河灘為各船艇避水之處斷難容其儲油躉船此固勢有
所不能尤為紳民所不願既經先後稟明期保公安迨至
宣統二年四月該公司始決意建池由美總領照送圖式
前來職道按圖詳核其間繪有油池有貨倉洋人名為灌
注房即用管引運池油裝罐之所並無繪有存放箱油棧
房迭經照會美總領事查詢原以杜其用躉船存箱油停
泊河面之意嗣據來文將圖聲明貨倉內止畫除丁方十
尺引油裝罐其餘地悉為存箱油之房核其容積可存萬
箱既經職道稟明即宜准照辦並奉飭述議建池章程職道以英

商爐昔臣即亞細亞公司去年在梧上黎水埇租地建池

曾經訂定章程詳咨有案自應援照一律當與美總領文

函磋商並將章程錄寄隨於九月十二日據美總領照覆

議定悉照英商成案辦理惟預備賠償款二萬兩銀票英

商係用香港滙豐銀行該公司[illegible]銀[illegible]遞來

行者行名雖別事屬一樣來文並稱該公司開[illegible]

於九月十七日稟奉撫部院[illegible]美[illegible]既照

亞細亞成案辦理所訂章程准由道先與簽押等因職道

遵將訂定章程飭即繕正一面電知美總領隨派副總領

到梧會同將繕正章程三份核對無訛於十月初一日簽

押蓋印以一份存職署一份存美總領事一份存稅務司
為據仍照會美總領務飭該公司遵守章程辦理毋稍違
越並由美總領將該公司所具保單交出銀行票據加印
送道收存以昭核實曾將會同簽押日期先為電稟各在
案職道伏核此案內多周折文牘紛馳電函往復磋磨論
辦相持數年至今始克辦結以清積牘其中建池防危保
險一切事宜均於章程內分款開列計訂定章程共十三款
暫行試辦如日後查有尚未詳盡之處再行互商酌改
期永遠相安所有美商三達大油公司在梧租地建造油
池議定試辦章程相應列摺詳請察核俯賜咨明

外務部查照等情到本護院據此相應咨呈爲此咨呈

貴部謹請查照施行須至咨呈者

計抄呈章程一扣

右　　咨　　呈

外　　務　　部

文

宣統十年十一月十一日

附件

分守桂平梧鹽法道梧州關監督謹將會同美總領事波賀禮議訂美商美孚三達火水公司在梧州下黎水埇租地設立存儲火水池棧試辦章程十三款開列呈請

核鑒

計開

一　美商美孚三達火水公司在梧州下黎水埇租地建造存儲火水油池油棧等項，必須照依最新之法築造，以免失火裂漏。並先將擬設池房繪圖貼説，交由美國總領事送交梧州關道核准，方能興築。俟建造工竣，即由梧州關道選帶幹練工程師會同美總領事官前往詳細察驗，如果堅固合用，由梧州關道准該公司以該池棧為存儲火水之用。

二　火水係惹火險物，該公司務須事宜預防，免生事故。儻建造池房之後如有不測傷害人命財產物業或出於管理池廠者之不慎或由意外另有不虞之故致損華人性命傷害身體及毀壞房屋田地舟船財產植物動物等項均由該公司限兩個月期內從優給資撫卹人命醫調損傷賠償物產其應給數目由梧州關監督與美國總領事官商議如有損傷洋人性命財產船物等項由領事官自行議辦與梧州地方官無涉

三為擔保以上款項起見美孚三達公司應在美國總領事官前立具保單並交出廣東省城開張之萬國寶通銀行票據一紙上寫明美孚三達公司有銀貳萬兩存備賠補撫卹之用屆時如尚不敷若干仍須該公司補繳此項保單並銀行票據交由梧州關道收存以昭核實至銀行票據照行規只載明一年為度以後到期仍須由該公司向銀行按年掉換送道收執償前

項銀票到期尚未掉換遇有意外之事無論銀行有無存款以
及銀行出有事故所有應付華人款項即由該公司照繳
四所有池房務須慎重建設免有損害鄰近產業之處其油池須
有雨傘式鐵蓋另豎引電鐵桿於油池旁以防雷擊並防火險
及滲漏之處該池房應用堅固之牆圍住以免滲漏之油流出
牆外池房造成後梧州關道可隨時遴派工程師前往查看倘
工程師以添搭一濠或加築一牆或他項工 程另有穩慎辦法
但於池房無礙而有防患之益該公司應照工程師所議立即
興修其費由公司自備公司當及早預備防火之器由公司所
派誠實可靠之人若干名管理無論雨雪晝夜認真查看後巡
以昭慎重該廠地圖應即繪送梧州關道存查並在木樁上各
立夜燈以警行人

五大水係引火毒物務須格外謹慎以免滲漏而防不測所有妥慎保安各事應為該公司擔認責任梧州關道可隨時委一熟悉工程師巡閱全廠如有滲漏等事即令該公司立限趕緊設法修補儻逾限尚未修完全廠油池即須暫行停止俟滲漏修補完竣由梧州關遣派工程師驗過方能再開

六該公司須雇一妥當之人常川住宿油廠内儻現在或他日油廠鄰舍產業購買保險而保險公司因其附近之油廠所索保險費較無油廠之地加多如有保險公司書寫之據言明此欵者為憑則多索之保險費由美商美孚三達公司代鄰舍補足

七梧州口岸行船及停泊章程與各他口章程畧同即起卸火油章程亦仿照各口辦理如稅務司以各章程有應行添改之處載運火水油到梧州之船及該公司應即一律遵照

八載運統艙火油船沿途不准跟隨民船拉縴之路行走及抵內
地各埠無論人暫不准挨近民船停泊應在距民船處所之下
空曠處灣泊進梧州口時照海關訂定准單放入擔保油池之
內該船主應即不載貨物立刻將船駛出西江至虎門外大洋
海面方准洗刷油船不得在西江或支河內洗刷致污江河之
水該船必須在大洋切實洗刷乾淨後方能再入中國口岸搭
載貨物凡載火油之船起程赴梧州時該公司或代理人務將
此事條切實告知船主遵辦倘該船主稍不恪遵此條辦理應
由領事官將該船主議罰關平銀不過壹萬兩其銀由該公司
擔認承繳罰款繳清乃准統艙火油船再行入口
九日後倘該油池有滲漏火油流出田地及河道或溪澗之內以
致居民稼穡飲水受害或因雷擊或因火燭爆炸以致傷損人

命產業除向該公司照所傷損取足賠償外則油池顯有危險確據梧州關道會同美總領事官即可令該公司立將油池拆毀不得再行建設

十美商美孚三達公司散艙油船所置引油入池鐵筒儻梧州日後興築堤岸或碼頭填至該油池棧地應由美孚三達公司將阻礙堤岸之鐵筒酌量更改所有官定碼頭堤岸章程各地主遵辦美孚三達公司當一律恪遵辦理

十一儻日後池廠換主其接辦東主應在梧州關道及稅務司處具結遵守現定章程辦理

十二現在梧州油池議暫不仿照漢口章程納捐漢口各油池亦不准援梧州現章邀免捐款惟此後梧州地方遇有一切公益之事如辦警察衛生消防及保衛地方各項事宜如果在梧州各

國洋商及華商均認捐費美商美孚三達公司亦一律照捐不
得邀免

十三以上各條係暫行試辦章程如日後查有尚未詳盡之處隨時
察看再行互商酌改總以增益防損以期永遠相安

以上共計議定十三款火油池棧試辦章程照繕三份在梧
州簽押蓋印以一份存總領事官衙門一份存梧州關監
督衙門一份存稅務司爲據

一九五

[illegible]為

咨呈事現據廣西桂平梧鹽法道梧州關監督張祖祺
詳稱竊查美商三達火油公司在梧州租地建立油池
一案該公司先於光緒三十一年購成蒼梧縣民梁鳳
儔三角咀老虎埇地段聲明欵建油池該前縣李令均
琦查勘以老虎埇附近民居逼連木棧實有危險未允祖
契稟奉前憲岑　批飭速令梁鳳儔退還原祖地價准美
商改祖下黎水埇經縣迭次催追詎梁鳳儔身故家屬赤
貧而美商又以老虎埇為愜意堅不願意以致日久遷延
旋經稟蒙前憲張　與駐粵美總領事再三磋議以下黎

水埇環山臨水四無民居飭縣勘丈尚屬合用最為兩
便於宣統元年三月始定議允贖前地奉札速籌地價
該梁鳳儔家屬既赤貧無力其欵又不能延緩只得督
飭府縣籌挪梧城修溝公欵不敷復另籌足稟奉批准
共湊集原價銀三千八百元於六月解經前護憲胡
照送美總領轉交該公司收訖交還原契地圖札發註銷
仍飭將挨租下黎水埇妥為辦結免生枝節當飭縣將贖
回老虎埇作為官地外職道查下黎水埇亦係民人施紀
常之業聞有賣與東商之言經飭府督縣傳集該民諭令
明晰不得售與別人隨據該公司代表洋商魯耳樂到梧

由縣督同興業主施紀常一併前往該處勘丈議定承租價銀二千元其地較前丈量畧有浮多作為官荒該洋商堅請併租只允價銀二百元否則地不敷用復經稟奉電飭照辦由縣督同立契交易明白照章印税稟報計該處每年共應完錢粮銀四錢均飭據該公司承認按年照納此不在銀数之多寡原重征賦之國權惟該公司既租此地復又駛一大躉船入口欲儲成箱火油梧州河道狹窄船隻擁擠素多火患紳民公議力請阻止均經迭次稟詳嗣奉前憲袁　暫准該公司躉船儲油停泊三個月以待建設池棧飭經職道擬具保險單式稟呈轉

送美總領查照而該公司並未遵辦此原去年冬臘之
議一至春水漲發對岸河灘為各船艇避水之處斷難
容其儲油躉船此固勢有所不能尤為紳民所不願既
經先後稟明期保公安迨至宣統二年四月該公司始決
意建池由美總領照送圖式前來職道按圖詳核其間
繪有油池有貨倉洋人名為灌注房即用管引運池油裝
罐之所並無繪有存放箱油棧房迭經照會美總領事查
詢原以杜其用躉船存箱油停泊河面之意嗣據來文將
圖聲明貨倉內止畫除丁方十尺引油裝罐其餘地悉為
存箱油之房核其容積可存萬箱既經聲明即稟明准照

辦理並奉飭速議建池章程職道以美商爐昔臣即亞
細亞公司去年在梧上黎水埇祖地建池曾經訂定章
程詳咨有案自應援照一律當與美總領文函磋商並
將章程錄寄隨於九月十二日據美總領照覆議定悉
照美商成案辦理惟須備賠償欵貳萬兩銀票美商係
用香港滙豐銀行者該公司今用廣東省萬國寶通銀行
者行名雖別事屬一樣來文並稱該公司開辦遲速當於
九月十七日稟奉前憲電批該美商三達油池既照亞細
亞成案辦理所訂章程准由道先與簽押等因職道遵將
訂定章程飭即繕正一面電知美總領隨派副總領到梧

會同將繕正章程三份核對無訛於其[illegible][illegible][illegible]簽押蓋印以一份存職署一份存美總領事一份存稅務司為據仍照會美總領務飭該公司遵守章程辦理毋稍違越並由美總領將該公司所具保單交出銀行票據加印送道收存以昭核實曾將會同簽押日期先為電稟各在案職道伏核此案內多周折文牘紛馳電函往復磋磨論辯相持數年至今始克辦結以清積牘其中建池防危保險一切事宜均於章程內分款開列計訂定章程共十三款暫行試辦如日後查有尚未詳盡之處再行互商酌改以期永遠相安所有美商三達火油公司在梧租

地建造油池議定議定試辦章程相應列摺詳請察核俯

賜咨明

外務部查照賓爲德便計呈章程清摺一扣等情到本兼

署督部堂據此除詳批發外相應咨呈爲此咨呈

貴部謹請察照備案施行須至咨呈者

計粘抄章程

右　咨　呈

外　務　部

宣統三年十一月十八日

附件

廣西分守桂平梧鹽法道梧州關監督謹將會同美總領事波賀禮議訂美商美孚三達火水公司在梧州下黎水埇租地設立存儲火水池棧試辦章程十三欵開列呈請

核鑒

計開

一美商美孚三達火水公司在梧州下黎水埇租地建造存儲火水油池油棧等項必須照依最新之法築造以免失火列衣漏並先將擬設池房繪圖貼説交由美國總領事送交梧州關道核准方能興築俟建造工竣即由梧州關道遴帶幹練工程師會同美總領事官前往詳細察驗如果堅固合用由梧州關道准該公司以該池棧爲存儲火水之用

二火水係惹火險物該公司務須事事預防免生事故倘建造池

房之後如有不測傷害人命財産物業或出於管理池廠者之不慎或由意外另有不虞之故致損華人性命傷害身体及毁壞房屋田地舟船財産植物動物等項均由該公司限兩個月期內從優給資撫卹人命醫調損傷賠償物產其應給數目由梧州關監督與美國總領事官商議如有損傷洋人性命財産船物等項由領事官自行議办與梧州地方官無涉

三為担保以上欵項起見美孚三達公司應在美國總領事官前立具保單並交出廣東省城開張之萬國寶通銀行票据一紙上寫明美孚三達公司有銀二萬両存備賠補撫卹之用屆時如尚不敷若干仍須該公司補繳此項保單並銀行票据交由梧州關道收存以昭核寔至銀行票据照行規只載明一年為度以後到期仍須由該公司向銀行按年掉換送道收執俾前

項銀票到期尚未掉換遇有意外之事無論銀行有無存欵以
及銀行出有事故所有應付華人欵項即由該公司照繳
四所有池房務須慎重建設免有損害鄰近產業之虞其油池須
有雨傘式鉄蓋另豎引電鉄桿於油池旁以防雷擊並防火險
及滲漏之虞該池房應用堅固之牆圍住以免滲漏之油流出
牆外池房造成後梧州關道可隨時遴派工程師前往查看俟
工程師以添掘一濠或加築一牆或他項工程另有穩慎辦法
但於池房無碍而有防患之益該公司應照工程師所議立即
興修其費由公司自備公司當及早預備防火之器由公司所
派誠實可靠之人若干名管理無論雨雪晝夜認真查看梭巡
以昭慎重該廠地圖應即繪送梧州關道存查並在木樁上各
立夜燈以警行人

五火水係引火毒物務須格外謹慎以免滲漏而防不測所有妥慎保安各事應為該公司担認責任梧州關道可隨時委一熟悉工程師巡閲全廠如有滲漏等事即令該公司立限趕緊設法修補倘逾限尚未修完全廠油池即須暫行停止必俟滲漏修補完竣由梧州關道派工程師驗過方能再開

六該公司須雇一妥當之人常川住宿油廠内倘現在或他日油廠鄰舍産業購買保險而保險公司因其附近油廠所索保費較無油廠之地加多如有保險公司書寫之据内中言明此故者為憑則多索之保險費由美商美孚三達公司代鄰舍補足

七梧州口岸行船及停油章程與各他口章程畧同即起卸火油章程亦仿照各口辦理如税務司以各章程有應行添改之處載運火水油到梧州之船及該公司應即一律遵照

八載運統艙大油船沿途不准跟隨民船拉縴之路行走及抵內地各埠無論久暫不准挨近民船停泊應在距民船處所之下空曠處灣泊進梧州口時照海關訂定准單放入担保油池之內該船主應即不載貨物立刻將船駛出西江至虎門外大洋海面方准洗刷油船不得在西江或支河內洗刷致污江河之水該船必須在大洋切實洗刷乾淨後方能再入中國口岸搭載貨物凡載大油之船起程赴梧州時該公司或代理人務將此事條切實告知船主遵辦倘該船主稍不恪遵此條辦理應由領事官將該船主議罰關平銀不過一萬兩其銀由該公司担認承繳罰欵繳清乃准統艙大油船再行入口

九日後倘該油池有滲漏大油流出田地及河道或溪澗之內以致居民稼穡飲水受害或因雷擊或因火燭爆炸以致傷損人

命產業除向該公司照所傷損取足賠償外則油池顯有危險
確据梧州關道会同美總領事官即可令該公司立將油池拆
毀不得再行建設
十美商美孚三達公司散艙油船所置引油入池鉄筒儻梧州日
後興築堤岸或碼頭填至該油池棧地應由美孚三達公司將
阻碍堤岸之鉄筒酌量更改所有官定碼頭堤岸章程各地主
遵办美孚三達公司當一律恪遵办理
十一儻日後池廠換主其接办東主應在梧州関道及税務司處具
結遵守現定章程办理
十二現在梧州油池議暫不仿照漢口章程納捐漢口各油池亦不
准援梧州現章邀免捐款惟此後梧州地方遇有一切公益之
事如办警察衛生消防及保衛地方各項事宜如果在梧州各

國洋商及華商均認捐費美商美孚三達公司亦一律照捐不
得邀免
十三以上各條係暫行試办章程如日後查有尚未詳盡之處隨時
察看再行互商酌改總以增益防損以期永遠相安
以上共計議定十三欵火油池棧試办章程照繕三份在梧
州簽押蓋印以一份存總領事官衙門一份存梧州關監
督衙門一份存税務司為據

外務部

咨呈

一九六

致湖廣總督函

莘儒制軍閣下逕啟者接准來咨以美孚洋行在宜昌城內開設利記分行售賣零油不允完落地捐一事美領事既函稱移往駐京美使核辦應請照會美使轉飭照約辦理等因查此事現在美使尚未來言此項洋油落地捐既係漢口沙市等埠均經照辦且宜昌之亞西亞等洋油亦遵完捐自碍難因美孚一家之抗違獨予豁免惟洋貨由通商此口運通商彼口照約即未完子口半稅亦須免厘至謂城內不作為口岸不能准洋商開設行棧此又是歷來為各國所力辯之問題證以天津條約載明城口日本條約載明城鎮各款文亦屬無詞可以解釋故此事如抱定條約與之理論恐愈辯愈難解決似祇可以此項落地捐係取諸零售之貨無碍於洋商躉批貿易他埠及他商均照完捐並無違言美商未便獨異等語婉拒美領或尚易就範未便由部先行照會美使相應函復

閣下查照酌核以備因應專此順頌

勛綏

全堂銜

宣統二年三月　日

一九七

外務部

欽差大臣東三省總督兼管東三省將軍事奉天巡撫事錫　為

咨呈事。勸業道案呈：案查前據上海職商唐元湛聯合中英美商人組織鑛務營業公司，籌集資本一百萬元，開採奉天海龍府屬海仁社香爐盌子金鑛一案，業經前道趙鴻猷與該公司代表人訂立合同，呈蒙憲台奏奉硃批飭部議奏，經外務部會同農工商部於宣統二年三月二十一日具奏議覆，本日奉

硃批依議欽此欽遵行道轉飭該公司知照在案查該公司原訂
合同第九條内開自奏准之日起線公司必須於十二個月
内動工開採否則此合同作廢等語計自二年三月二十日
奏准之日起扣至本年三月二十一日已届十二個月期限尚未
據該公司赴鑛開工迭經前道及署道先後函催據該公司
復稱寔因東省上年及本年辦理防疫交通不便英美鑛
師未能來奉以致合同期内不克動工應按照合同第十九條
内載設爲不可抗力之事故所阻一節請寬展期限六個月俟
疫癘淨盡即可來奉開辦請轉詳咨部等情到道署道查
奉省自去冬今春以來鼠疫流行交通阻滯該公司鑛師人等
不能來奉係屬實在情形刻下疫癘已清而該公司籌備開

工一切事宜既已因此躭延據請展限六個月以便前來開辦自

應照准以示体恤而興鑛利理合具文呈請查核批示祇遵並

懇轉咨

外務部暨

農工商部備案實為公便須至呈者等情據此除批據呈該

公司因防疫交通阻隔以致不克依限動工尚屬實情所請展限

六個月姑即照准如展限期滿仍未開辦應即將合同批銷作

廢轉飭該商知照並候分別咨

部查照繳等因印發並分咨外相應咨行

貴部請煩查照備案須至咨者

右咨呈

外務部

宣

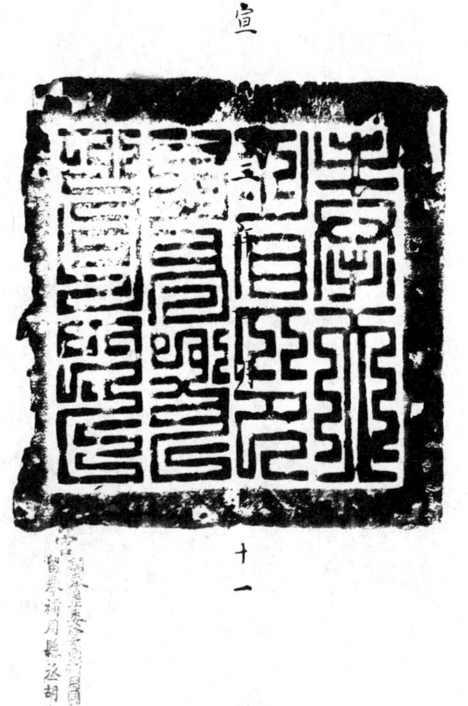

十一

月

一九八

片行郵傳部川粵漢借款發行廣告事

行　行

外務部左侍郎胡
外務部右侍郎曹
五月十六日
五月十六日

考工司

呈爲片行事本月十三日准駐美張大臣電稱美外部稱川粵漢借款合同内載招票告白由駐使簽名十八日四國同時發行請即簽名等語如何乞示遵等情又准英使面稱前因除由本部分别電達四國駐使並將合同鈔寄外相應鈔録電稿片行

貴部查照可也須至片者附鈔件

郵傳部

宣統三年五月　日

一九九

考工司

呈為咨行事宣統三年六月十九日准美國韓署使函稱現奉本國外部通行文劄囑為函達如有官刊各處鐵路報告清册請將每項見賜二分藉資研究等因相應咨行

貴部查照如有此項報告清册即希檢送二分以便轉交可也須至咨者

郵傳部

宣統叁年陸月　日

二〇〇

頭品頂戴都察院都御史湖廣總督兼管湖北巡撫事瑞　為

咨呈事宣統三年六月初四日承准

貴部咨開宣統三年四月初六日准美嘉使照稱據駐漢總領事文稱本國商人前在宜昌城內住[illegible]貨物地方官竟勒追屋金其故蓋以江岸卸貨處所為[illegible]地云

查宜昌既開為通商口岸[illegible]城內為內地請速飭地方官將此無理爭執早為退讓是所至盼等因查此事前准來咨當經本部函覆在案旋又准來函意在執約力爭以城口二字作城門之口解釋查講解條約向以洋文為準城口二字係指城鎮與口岸洋文原約所載甚為明晰歷來為此等問題與各使交涉既毫無效果應仍照本部前函婉拒美領冀可因應得宜免滋駁論相應

咨文

咨行查照轉飭交涉使斟酌辦理竟覓復以憑轉復美使可也等因到本督院准
此當經札飭交涉司並北布政司宜昌關道會同具復以憑核咨去後兹據兼署
湖北布政使[illegible]交涉使施炳燮暨宜昌道監督宜昌沙市關吳筠孫會同
詳稱伏查此案係因美商美孚洋行在宜昌城內開設分行銷售洋油欲將城
內繞作口岸不完半稅亦不完釐金此時欲辦是否應准免納稅釐必當先
行考究約章以口岸處之城內是否准開洋行為斷復查各國在

中國通商因領事有裁判權不能照各國通例使各
國商民遵我法律歸我管理故居住貿易之處亦復
設有限制不能如在別國可以散居雜處是以同治
七年美國續約第一款即載明凡中國已經指定准
美國官民居住貿易之地及續有指准之地或別國
人民在此地內居住貿易等事第七款亦載明可在

中國按約指准外國人居住地方設立學堂又光緒
二十九年中美續約第三款美國人民准在已開及
日後所開各口岸所定外國人民居住合宜地界之
內均准賃買房屋行棧等又第十二款奉天盛京二
處地方開埠通商訂定外國人公共居住合宜地界
又法約第十款奧約第九款亦均載明各口地方會

同酌定法奧人宜居住建造之地日本約第四款亦載
明凡通商各口岸城鎮無論現在已定及將來所定
外國人居住地界之內均准賃買房屋租地起造照
給與最優待國一律無異又續約附件北京內城外
畫定界址開作各國商人居住貿易之所各國商民
散居城內外者均須遷入界內均不得仍前散居各

處又英國烟台約第三端第一節各口租界作為免抽洋貨釐金之界第二節新舊各口岸除已定有各國租界應毋庸議其租界未定各處應由領事會同地方官商議將洋人居住處所劃定界址前烟台續約雖有第三端第一節所擬辦法現在議定兩國日後再行商酌之語然揣其訂約之後復欲再商者無非因第一節洋貨免釐僅在租界不能滿意其第二節内有已定各國租界應毋庸議一語礙其欲擴已定之界如上海一口英國本已早定租界乃至今一再圖擴不已則其命意所在顯然可見並非謂洋商在口岸居住貿易不應劃定界址況光緒二十八年中英續約第八款已載有不得在租界内征

收銷場稅之條該款第十二節更載明長沙萬縣安慶江門開作口岸非得華官允准不能在該通商口岸之界内自設工部局及巡捕則英商居住貿易之處必須定有界限更不待言其餘諸國因商務無多俄則重在陸路大都援酌各國已定辦法及准各國商民通商之處一律准其居住貿易為言是考諸英美法與日本各約無論約開口岸及自開商場凡洋商居住貿易必須畫定地界不能因該地開作口岸即可任意散處復考洋文各約所載其應指定議定居住貿易界址之語與華文約所載均屬相符此最為扼要關鍵未便置之不論任其獨執城口字樣以為違約雜居之計至江甯約華文係港口二字英文

係城鎮二字天津英約第十一款華文載城口二字英文該款上文言廣州等五處載城鎮通商係照江寧英文原約解釋下文所云現添之牛莊等處亦僅城與口三字細譯約意並參考事實城鎮二字果如各使解釋應作城內則當時廣州福州廈門甯波上海等五口擇定洋商居住貿易之地即應在於城內何以該五處洋商居住通商之地均在濱江臨海之處則洋文所謂城鎮係指該五處有城鎮之地方而言不解自明斷不能將城鎮二字強作城內解釋即如日本商約附件北京劃作商場之地載明內城之外考諸該約英文亦復相同各約果准城內通商自應亦如日約之詳切載明城內字樣今天津約華文

載城口二字英文則載城與口三字所謂城者本有城內城外之分既不如日約附件所載分別城內外字樣即不能因一城字含城外而強作城內且縱如各使之硬欲以城口二字以城為城內口係口岸曲為分解亦不過指或城或口皆可通商而各約既載明洋商居住貿易之地必須指定界址亦未能或城或口酌定一處斷不能藉此無論城內外皆可以任意雜居置指定界址各約於不問況自道光二十二年與英立約通商以來所定洋商居住貿易之地皆在濱臨江河之處實因其便於設立碼頭棧房上下貨物蓋通商之初各國惟擇其便於營運故貿易之地各約皆注意近水之處近者更欲擴充貿易要索廣

闢口岸之外復藉約文含混之處冀在口岸外以廣其設行之地殊不知解釋約文當互證參觀不能斷章取義同治元年英商查爾等欲藉津約第十二款凡英國民人在各口並各地方意欲租地蓋屋設立行棧英國總理各國事務大臣照會內稱此款必連上第十一款合看該款既限定只可於某某等口岸方准獲沾此等利益爾等呈請實無從得其情理云云上海工部局有案可稽尤為解釋約章須統核全約之証今津約城鎮城口等字既不應強作城內解釋是以歷來各省闢口通商亦從無城內開作商埠之事況照各約洋商居住貿易必須擇定地方指定界址只有日本馬關立約後之文憑載有四口准設

專界之條實無准各國商民雜居之約且各國商民照約既須指定界址或准設專界則不應任意雜居更不待言如在口岸無論城內外皆可設立行棧則各約何必須指地界或設專界反覆推究理尤顯然此有約文可憑有實事可証更無所用其強辯宜昌租界既擇定城外濱江之處即不能再在城內開設分行洋貨照英約只有租界免釐之條續約雖有再商之語而二十八年英約已定租界不能抽銷場之稅此即續後商定辦法是洋貨免稅免釐亦均只能在於租界之內現在調核洋文約章雖有城與口三字既未實在指明城內字樣洋商在口岸居住貿易照約又必須議定地界不能散處雜居美字之在宜

昌城内開設分行抗免稅釐均屬違約而美使所說
實爲索觧不得太無情理此事若但就宜昌美孚在
城内分設洋行言之似乎所失者不過一隅一事然
不亟爲辯正則此後凡闢口之處無論城内外皆可
任意設行雜居較之擴充已定之界尤爲漫無限制
實爲暗啟内地雜居之漸不僅稅釐有虧治權侵損
已也默察列强外交手腕不獨以得步進步爲事凡
有所利不憚委曲繁難以求其逞且每辦一事其機
括必早伏於數年之前現既改良法律亟思收回裁
判之權則茲事實屬利害相關萬不可不早爲杜漸
防微之計惟既經領事詳於駐京大臣若再由外間
與之商辦則領事惟駐京公使之命是聽斷不能允

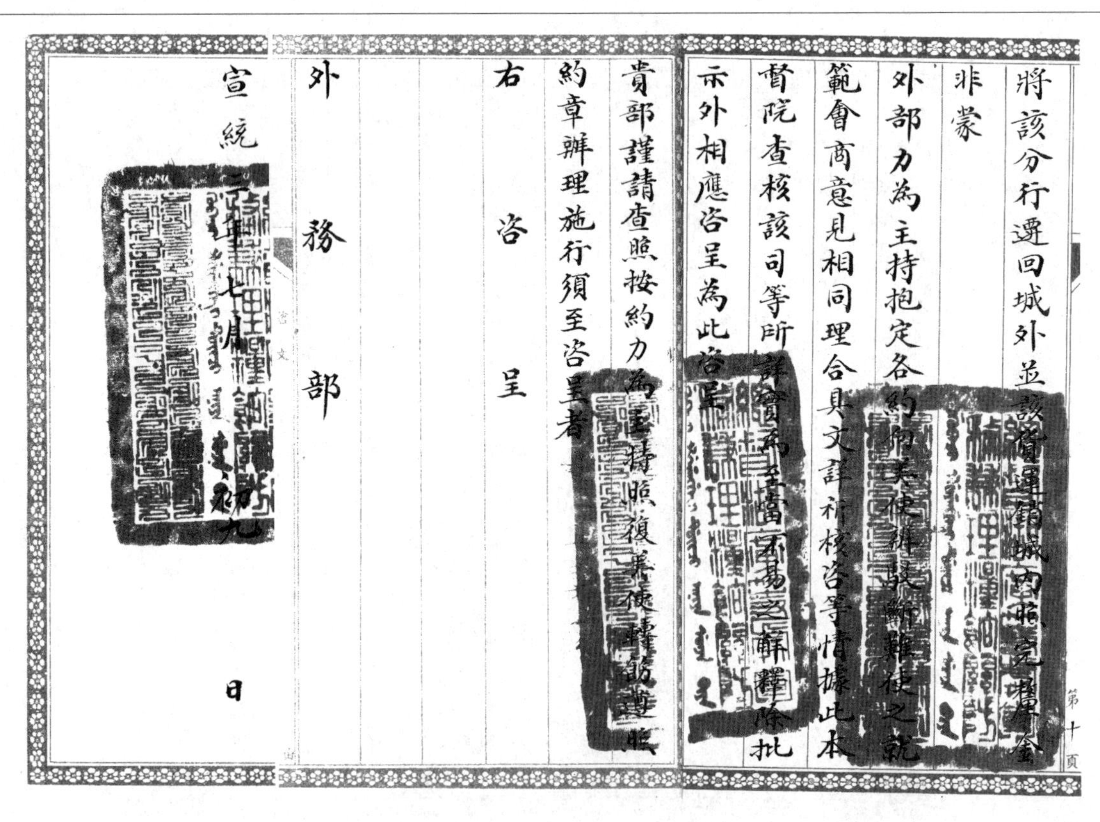
將該分行遷回城外並該貨運銷城内照完釐金
非蒙
外部力爲主持抱定各約向美使詳駁斷難使之就
範會商意見相同理合具文詳祈核咨等情據此本
督院查核該司等所詳實爲至當不易之解釋除批
示外相應咨呈爲此咨呈
貴部謹請查照按約力爲主持照複美使轉飭遵照
約章辦理施行須至咨呈者
右　咨　呈
外　務　部
宣統二年七月初九日

二〇一

逕啟者本大臣前曾達知本國政府以各國駐華欽差商訂保護北京至海岸之鐵路辦法特請政府派美兵一營共計一千二百人並聲明中政府無不樂從等語茲准美政府復文雖以按照辛丑條約可允此辦法而保護鐵路現屬不甚緊迫之事且中政府甚望其自保鐵路所以美政府酌定只派兵五百人亦可略敷布置現在已照數撥出矣為此函達

貴部大臣查照可也此佈順候

日祉 附洋文

嘉樂恆啟 十一月二十四日

美國使署

附件

158

The American Minister has the honor to inform the Ministry of Foreign Affairs that the Government of the United States was duly made acquainted through its Legation with the fact that the representatives of the Powers were in accord as to the expediency of providing troops to keep open railway communication between Peking and the sea, for which purpose the American Minister had suggested that the United States might send a regiment of some twelve hundred men. The American Government was also informed by its Legation of the acquiescence of the Chinese Government in the proposed arrangement.

The American Minister is now advised by his

Government

- 2 -

Government that, while it was prepared in pursuance of the protocols to take the action suggested, yet understanding from later information communicated by its Legation that the situation on the railway was less acute and that the Chinese Government expected to be able to keep the railway open, it has decided to send but five hundred troops which it is led to believe will be for the present satisfactory. The American Government has accordingly issued orders for the despatch of five hundred men for the purpose mentioned.

Mr. Calhoun avails himself of this opportunity to renew to the Ministry of Foreign Affairs the assurance of his highest appreciation.

Peking, January 12, 1912.

二〇二

逕啟者，接准駐津美總領事函稱，兹有僑寓天津之英人阿樂基擬欲開辦門頭溝礦務，已具稟請發執照云云。查此項開礦執照，前已發給段益三收執，内有美人幫辦。如現在另發執照，恐於美人利益有損，希為轉請該管衙門，俟三個月後再行妥定，以便在此期内庶可查明美人有無應得利益等因，相應函達貴部，查照即希貴大臣照准是荷。此佈，順候日祉。附洋文。

嘉樂恒啟 十一月二十五日

美國使署

附件

159

The American Minister has the honor to inform the Ministry of Foreign Affairs that he is in receipt of a despatch from the American Consul General at Tientsin containing the information that a British subject of Tientsin, Mr. A. F. Algie, is applying to the Chinese Government for the renewal of a concession to mine for coal near the town of Men-t'ou-kou, the original permission having been given to one Tuan I-san, a Chinese; that an American citizen has certain rights in the original patent which it is to be feared would be obliterated in the granting of a new concession; and the American Consul General requests that the Ministry of

Foreign

- 2 -

Foreign Affairs be asked to instruct the authorities concerned to stay the proceedings in connection with the issuance of the new concession until such time as the adjudication of the rights of the American citizen shall have been accomplished which adjudication will occupy the space of about three months from the present date. The American Minister has the honor to express the hope that this request may meet with compliance.

Mr. Calhoun avails himself of this opportunity to renew to the Ministry of Foreign Affairs the assurance of his highest consideration.

Peking, January 13, 1912.

二〇三

咨農工商部華商吳熙庚承辦通興煤窰一案美使請俟三箇月後再行妥定希核復由

行

外務部

署外務部副大臣胡

外務部副大臣曹

十一月廿六日

行

考工司

呈爲咨行事。接美嘉使來函,以據駐津美總領事函稱:茲有僑寓天津之英人阿樂基擬欲開辦門頭溝礦務,已具稟請發執照,云云。此項開礦執照前已發給段益三收執,内有美人幫辦,如現在另發執照,恐於美人利益有損,希爲轉請該管衙門俟三

箇月後再行妥定以便在此期内庶可查明
美人有無應得利益即希照准等因本部
正在核辦間復准
來咨以准直隸總督咨開據交涉司勸業
道會詳前據職商吳熙庚禀稱順天府宛
平縣門頭溝魏家村西坡向有通興煤窑
一座光緒五年宛平縣給段益三窑照一張准
其開採嗣段益三無力獨辦合入美商施穆
洋股成爲華洋合辦施穆病故其妻找由
美國駐津領事經手將該礦轉租與英商
哀基紀爾馬等接辦至今段商華股全行
消滅刻英商欲招新股職商等設法收回改
歸華商承辦會同洋商合辦資本壹百萬

兩華洋各半公司一切事權歸華商經理
一切章程均照現定鑛章商律辦理公司內
洋商兼有該國領事保證懇請咨部立案
所稟各節係爲收回鑛權起見似可准如所
請等情已咨復直隸總督照准立案等因暨
合同鑛圖抄送前來查吳熙庚承辦通興煤
窑既係按照鑛章商律辦理原可照准惟美
使以美人利益爲言是其中尚有轇轕未清
之處自未便遽准接辦致生枝節相應咨行
貴部查照轉咨直督核辦並聲復本部以
憑轉復美使可也須至咨者

農工商部

宣統三年十一月　日

二〇四

咨駐美容代辦美國開慶賀路成大會希就近派員赴會由

行

外務部副大臣胡
署外務部副大臣曹

考工司

呈爲咨行事宣統三年十一月二十七日准美嘉使函稱茲因本國吉衛海島城創造從海島至陸地之鐵路工竣擬開慶賀路成大會該會備有請帖一份暨接待各國官員章程囑代轉交等因相應咨行

行

十一月二十一日

貴代辦查照就近派員届時赴會並將赴會情形聲復本部可也須至咨者

駐美容代辦

宣統三年十一月 日

二〇五

函美嘉使慶賀路成大會已咨容代辦就近派員赴會由

約字本拾

行

外務部大臣胡
署外務部副大臣曹

十一月廿二日

行

復美嘉使信

逕復者，接准

函稱：本國吉衛海島城創造從海島至陸地之鐵路工竣，擬開慶賀大會，請屆時赴會等因。查

貴國吉衛鐵路告成，舉行慶賀典禮，承約赴

會至爲欣悅惟本大臣因有公務不克前往
至爲歉然除咨行出使
貴國大臣屆時就近派員赴會外爲此函復
貴大臣查照爲荷即希
轉達
貴國政府爲荷順頌
日祉
宣統三年十一月　日

二〇六

咨郵傳部美國開慶賀路成大會已咨駐美容代辦就近派員由

行

外務部
署外務部副大臣胡
外務部副大臣曹

行

十月　十三日

考工司

呈爲咨行事。接准美嘉使函稱：兹因本國吉衛海島城創造從海島至陸地之鐵路工竣，擬開慶賀路成大會，請届時赴會等因前來。除由本部咨行駐美容代辦就近派員届時赴會外，相應咨行

貴部查照可也須至咨者

郵傳部

宣統叁年拾壹月　日

二〇七

逕啟者，十一月二十五日本館去函內稱：僑寓天津之英人阿樂基擬具稟請領開辦門頭溝礦務執照，因查此項執照前已發給段益三，內有美人幫辦，請該管衙門候三個月再行妥定，以便在此期內庶可查明美人有無應得利益等因。查此事已經雙方代表聲明商訂妥協，並無妨碍之處，希轉請發給執照等語，相應函請

貴大臣查照可也。此候

日祉。附洋文

嘉樂恒啟 十二月初八日

美國使署

附件

164

The American Minister has the honor to refer to his communication to the Ministry of Foreign Affairs of January 13, 1912, wherein he requested a stay in the proceedings regarding the renewal of a connession to mine for coal near the village of Men-t'ou-kou, owing to the fact that an American citizen had certain rights in the original patent which it was feared would be obliterated in the granting of a new concession. He therefore asked that the matter be delayed until the rights of the American should have been adjudicated.

The American Minister now has the honor to

inform

- 2 -

inform the Ministry of Foreign Affairs with regard to this matter that he is informed by the representatives of both parties to the dispute that a satisfactory agreement has been arrived at and that all objection to the granting of the new concession is therefore removed.

Mr. Calhoun avails himself of this opportunity to renew to the Ministry of Foreign Affairs the assurance of his highest consideration.

Peking, January 26, 1912.

二〇八

咨農工商部英人阿樂基擬開辦門頭溝礦務據美使函稱並無妨礙希轉咨直督查照由

行

外務部副大臣胡

署外務部副大臣曹

十二月

行

考工司

呈為咨行事前准美使函稱有僑寓天津之英人阿樂基擬開辦門頭溝礦務請發執照恐於美人利益有損希轉該管衙門俟三箇月後再行妥定等因當經咨行

貴部在案茲復准美使來函以此事已經雙方代表聲明商訂妥協並無妨礙希轉請發給執照等語相應咨行貴部轉咨直隸總督查照辦理可也須至咨者

農工商部

宣統三年十二月　　日

二〇九

咨直督職商吳熙庚等請發通興煤礦執照希查照由

行

外務部副大臣胡
署外務部副大臣曹
十二月廿日

考工司

呈爲咨復事。接准
來咨，以職商吴熙庚等承辦通興煤礦一事，昨准美總領事函請迅即批准開辦，並據該商將洋商舊照二張、美領事文憑一張呈銷，請准發給華洋合辦礦照，咨請核

復等因查此事前准美使來函恐於美人利
益有損請轉該管衙門俟三箇月後再行妥
訂是以本部據情咨行農工商部核辦旋
復准該使函稱此事已經雙方代表聲明商訂
妥協並無妨碍請發給執照等語業經咨行農
工商部轉咨辦理矣相應咨復
貴督查照可也須至咨者
直隸總督
宣統三年十二月　日

欽差大臣辦理北洋通商[illegible]總督部堂陳 為

咨會事。據交涉司王克敏詳稱：竊奉憲台札飭准

農工商部咨准

外務部咨：接美嘉使函，以據駐津美總領事函稱，有英人阿樂

基擬開辦門頭溝礦務，已據稟請發照等語。查從前段益三

開辦該礦，內有美人幫辦[illegible]美人利[illegible]有損

希為轉請該管衙門候[illegible]後再行[illegible]等因。本部[illegible]在

核辦間，復准來咨，以准直隸總督咨開：據交涉司、勸業道詳據

職商吳熙庚稟擬收回門頭溝煤礦，改為華洋合辦，請立案[illegible]情

詳咨到部，已咨復照准立案等因[illegible]吳熙庚[illegible]煤礦既

係按照礦章商律，原可照准。惟美使以美人利益為言，是其中

尚有轇轕未清之處，未便遽准接辦。應請咨查等因，由部咨直

札司查復等因。奉此，查此案於本年十二月十二日接准駐津美總

領事函稱，華人吳熙庚擬在門頭溝開礦一案，昨奉敝國駐京欽差

大臣札開：前已照會外務部，此礦亦許有美人要求，請緩准吳熙

庚開辦在案。茲已復行照會，取銷前次照會等因。札飭前來，相應

函致查照等因。查據美總領事函稱各節，是門頭溝煤礦已無

與美人轇轕未清事項，理合詳復鑒核，分咨

外務
農工商部察照等情。到前大臣移交本大臣，據此，除批「此案前據

勸業道來詳業經抄錄美總領事原函分咨

農工商
外務部核辦在案，據詳前情，候再咨會查照」繳，掛發外，相應

咨會

貴部，請煩查照。須至咨者。

右

咨

外務部

預印空白

宣統三年十二月二十二日

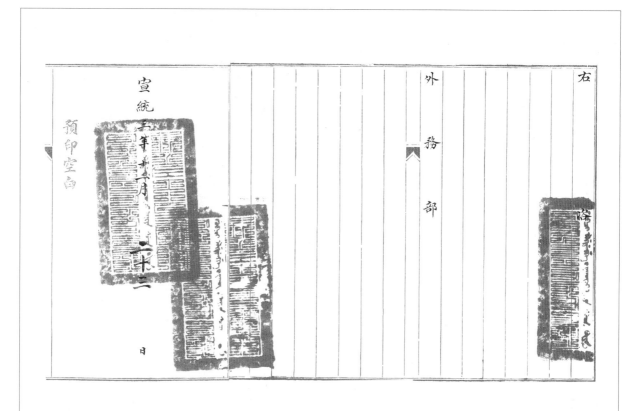

Editorial Name List of Volume Ⅳ

A SERIES OF DOCUMENTS ILLUSTRATING THE DIPLOMATIC RELATIONS BETWEEN CHINA AND FOREIGN COUNTRIES IN THE QING DYNASTY

CORRESPONDENCE BETWEEN CHINA AND UNITED STATES

VOLUME IV

RAILWAYS AND MINES

THE FIRST HISTORICAL ARCHIVES OF CHINA
PEKING UNIVERSITY, CHINA
LA TROBE UNIVERSITY, AUSTRALIA